本书为广西大学国家大学生文化素质教育基地研究成果

DAXUE YUANZHANG
DE
JUESE YANJIU

大学院长的角色研究

任初明 著

教育科学出版社

·北京·

序

　　随着我国高等教育改革由外而内深入到大学组织内部以及大学自主权的逐步落实，学院院长在振兴一所大学中的作用显得越来越重要。甚至有人认为，大学的发展"成也中层，败也中层"。可见中层管理者对大学兴衰的重要性。学院作为大学组织结构的重要组成部分，是从事教学、科研和社会服务的核心单位，也是大学自主权运行的重要场所。院长作为学院的负责人，在大学组织中具有特殊地位，无论是在促进学院发展还是在促进大学组织目标的最终实现方面都发挥着重要作用，扮演着重要角色。但是，就现有研究而言，对大学校长、教师及学生的研究比较多，而对大学院长的研究远远不够。院长已成为大学组织中被研究最少而又被误解最多的一个群体。对院长研究的不足会影响我们对院长性质与作用的认识，而对院长的误解又不利于院长角色功能的实现。因此，我们需要重视和加强对大学学院院长的研究。

　　本书是任初明博士在其博士论文《我国大学院长的角色冲突研究》的基础上修改而成，是目前见到的率先采用实证研究方法来研究大学院长这一群体的专著，在这一研究领域具有一定的引导作用。该论文选取院长角色作为研究对象，围绕着"大学院长扮演了哪些角色？院长角色扮演过程中的角色压力与角色冲突状况如何？角色冲突有何影响？影响我国大学院长角色冲突的因素有哪些？如何帮助院长应对角色压力与角色冲突？"等问题展开。对这几个问题的回答有助于我们加深对大学组织情境中院长角色的理解，也有助于院长们更好地发挥其角色功能。因此，该研究具有非常重要的理论意义和实践价值。

正如作者所言，院长就像一面镜子，折射出我国大学和学院组织内部一些深层次的问题。例如，面对多样化的角色期望，院长无法有效地满足，这涉及大学内部治理结构的改革；资源供应不足，尤其是制度资源供应不足而引发的角色冲突，反映的是校—院两级权职关系的重新调整问题；院长承担了太多的行政事务，加剧了管理者与学者之间的角色冲突，反映出我国大学管理中的行政泛化现象。这些问题需要通过深化高校内部管理体制改革来解决。总体而言，本著作具有以下创新和发现。

首先，作者坚持历史与实践相统一的原则，采用定性与定量研究相结合的研究方法展开研究。先从历史视角梳理了学院及院长角色的历史嬗变，作者认为学院起源于中世纪大学的慈善会馆，但其功能嬗变经历了由单一到多元的发展过程。学院出现之初，其主要功能是为贫寒学生提供食宿供应和代替家庭进行道德看护。后来学院功能得到扩展，教学活动开始进入学院。最后学院成为大学的中心单位，集教学、生活和住宿等功能为一体。院长的角色性质同样经历了一个演变过程。院长最初的职责是为学生提供食宿方面的便利，提供道德和物质上的庇护，充当学生的监护人角色，同时也兼任某种辅助性、补充性的教师角色。随着教学中心向学院内部转移，并最终确立了学院在大学中的教学中心地位后，院长被赋予教育者和管理者双重身份，其角色体现出一个由简单到多元的变化，其性质也经历了从学生的监护人、首席学术管理者到首席执行官的变化轨迹。

其次，作者在吸收和借鉴前人研究成果的基础上，在研究中形成了环境、组织、角色、个体和人际关系五因素共同作用的分析框架。通过该框架的分析，发现院长是学科子系统和科层子系统两维交汇处所形成的一个独特的中间管理职位。院长扮演着多重角色，既是学校决策的执行者，又是学院的决策者；既要代表学校，又要代表学院；既要代表管理系统，又要反映学术系统，是大学内部各种利益诉求的集结对象。这种独特性使角色压力与角色冲突成为院长角色扮演中的常态现象。院长的角色冲突既受环境、组织和角色属性等客观因素的影响，又受个体和人际关系等主观因素的影响。院长的角色冲突既具有一定程度的不可避免性，又具有一定的缓解空间，需要从组织和个体两个层面帮助院长进行角色压力与角色冲突管理。

再次，研究有大量经验材料的支撑。国内已有的大多数研究都是借助角色理论的概念框架进行思辨分析，不是建立在对研究对象的实证研究基础之上的，这也使研究结论缺乏经验材料的支撑。本研究建立在实证研究基础之上，通过问卷调查和深度访谈以收集材料，使研究的实证性得到加强，研究结论也得到了更多经验材料的支撑。

当然，对大学院长这一主题的研究需要全方位、多视角展开。本书虽然进行了一些尝试，但受研究条件和时间的限制，作者还有一些方面没有涉及，这为后继研究留下了很大的空间。例如，学院规模、区域位置、院长就职动机对我国大学院长角色扮演的影响；角色冲突对院长的工作满意度、职位忠诚、流动率、组织内的公民行为、工作场所中的越轨行为的影响；院长的工作角色与家庭角色、生活角色之间的冲突与调节；院长与学院书记之间的关系等，这些都是有待深入研究的、很有价值的主题。

任初明博士在研究的过程中，深入多所高校，直接和院长、教师交流、探讨，掌握第一手资料。在此基础上，以科学严谨的态度，运用相关理论进行深入分析，形成概念，发现规律。在研究和写作过程中，几易其稿，精益求精。这种科学态度和科学精神难能可贵。希望作者在今后的研究中，产出更多、更好的研究成果，为我国高等教育的改革、创新和发展做出自己的贡献。

刘献君

2012 年 9 月 29 日

目　录

第一章

绪　论

第一节　问题的缘起

美国钢铁大王卡内基曾说："将我所有的工厂、设备、市场、资金夺去，但只要保留我的组织和人员，四年之后，我将再是一个钢铁大王。"IBM（International Business Machines Corporation）创始人沃尔森也曾说："你可以接管我的工厂，烧掉我的厂房，但只要留下我的员工，我就可以重建IBM。"显然，卡内基四年再铸一个钢铁大王与沃尔森重建IBM的豪言与自信并不是建立在他拥有多少物质资本之上的，而是建立在他拥有良好的组织和人力资源之上，由此可见人力资源对组织成功的重要性。在组织所拥有的各种资源中，人力资源的作用日益受到重视，被越来越多的管理者视为组织中最重要、最关键的要素，开发组织人力资源成为组织管理者的重要职能。因为人力资源能支配、使用其他资源，使其他资源发挥效用，保障组织目标的顺利实现。在人力资源的开发与使用中，一项重要内容就是如何让每个组织成员扮演好各自承担的角色，顺利发挥各自的角色功能。由于组织结构中的"地位"差异，不同组织职位承担的职责各异，对组织目标的影响与作用也各不相同，大学组织中科层子系统与学科子系统交汇形成了一个独特的组织职位——院长，该职位的独特性赋予了院长独特的角色，"在一个组织中，把组织联系在一起的关键领导阶层位于组织的中部，他们既被视为组织的领导者，同时，组织的声誉又依赖于他们的工作，在今天的大学中，学院院长就扮演着这个角色。"① 院长的角色扮演状况也因其独特的组织地位而会对大学组织目标的实现产生不可轻视的影响，这种潜在影响之大，以至于我们不能轻视对它研究的价值，"在大学的主要职位中，院长是研究得最少而被误解最多的职位，尽管许多学者对高等教育组织与治理著书立说很多，但对领导和支持学院的院长们却知之甚少。"② 因此，对大学组织中院长这一独特群体进行研究显得非常必要与重要。

另外，笔者在高校行政管理部门的一些工作经历也引发了我对院长角色扮演的一些思考，由于工作关系，与各院系负责人接触较多，"每天忙不完的事情"、"事情太多"、"分身无术"、"瞎忙"、"双肩挑"、"既要上课又要搞科研"等，是他们比较常见的交谈话语，透过这些话语反映的是他们普遍感受到的角色冲突的无奈，于是萌生出了对我国大学院长角色扮演状况进行探究的好奇。

第二节　选题背景和研究意义

一、选题背景

1. 我国高等教育体制改革的重点正经历由外而内的转变

随着我国市场经济体制的建立和高等教育体制改革的深入，我国大学所处社会环境已发生了根本性变化。"全球化"、"国际化"、"知识经济时代"、"大众化"等词汇经常被人们用来描述我国大学所处的新环境。高等教育管理体制改革重新调整了大学与政府间的关系。政府宏观管理、学校面向社会

---

① Mimi Wolverton, Walter H. Gmelch, Joni Montez, et al. The changing nature of the academic deanship [M]. San Francisco, CA: Jossey Bass., 2001: iii.

② Walter H. Gmelch, Mimi Wolverton, Marvin L. Wolverton, et al. The academic dean: An Imperiled Species Searching for Balance [J]. Research in Higher Education. 1999, 40 (6): 717 – 740.

自主办学的体制逐步建立，政府"包办"高等教育的局面得以改善，由过去对学校的直接行政管理，向运用立法、拨款、规划、评估、信息服务、政策指导等方式转变。高校和政府由以前的行政附属关系逐步向两个平等的组织间关系转变，大学作为一个独立的组织面向社会自主办学的法人地位逐步得到落实。这种关系调整的中心内容是要重新界定政府与大学各自的边界和权、责、利范围，大学与政府外部关系的调整为大学面向社会自主办学提供了空间和制度保障。大学独立法人地位的确立开始使大学享有在组织教学、科学研究、专业调整、机构设置、干部任免、经费使用、职称评定、薪酬分配和国际交流等方面的一定自主权的同时，也要求按照《中国教育改革和发展纲要》中"学校要善于行使自己的权力，承担应负的责任，建立起主动适应经济建设和社会发展需要的自我发展、自我约束的运行机制"的要求，形成和树立自主意识、服务意识、成本意识、竞争意识等管理理念和意识，具有主动适应经济和社会发展需要的积极性和能力。

大学外部制度环境的变化为大学面向社会自主办学创造了条件，然而，大学作为组织实体获得的自主权又只能在大学组织内部运行，大学组织结构是其运行的基本场所，通过在大学内不同部门与层级间的权力配置或授权来运行。由于受计划经济体制的影响，我国大学内部管理体制还不能完全适应面向社会自主办学的需要，深化高校内部管理体制改革成为我国当前高等教育体制改革的重点，而推行学院制改革又成为深化高校内部管理体制改革的重要内容。学院作为大学组织结构的核心组成部分，是从事教学、科研和社会服务的基层操作单位，可以称之为大学自主权运行的重要场所，院长作为学院的直接负责人，无论是在促进学院发展还是在促进大学组织目标的最终实现方面都发挥着重要作用，扮演着重要角色。正如任何角色的扮演者都离不开一定的"舞台"一样，院长角色扮演的舞台就是大学组织，大学的组织环境、组织目标、组织结构、组织文化和规章制度共同搭建了一座院长角色表演的"大舞台"。

2. 学院在大学组织结构中所处的特殊位置，使其成为满足利益相关者群体需要的直接承担者

大学与外部环境的资源依赖正在加强，一个具有多样化需要的大学组织

环境正在大学外形成。大学担负着高深知识的传递、保存和创新的使命，通过教学、科研和社会服务发挥着培养人才、发展知识和服务社会的三大职能。大学职能扩展的过程也就是大学走出"象牙塔"，由社会边缘逐步走向社会中心的过程，大学在现代社会中"动力站"的新形象和在有效地满足社会需要方面所发挥的积极作用，吸引着各种社会群体更加关注大学的同时，也把大学作为满足他们各种利益诉求的对象，这种组织环境的变化也迫使大学不断地根据内外部要求来调整其组织目标。在政府高等教育大众化政策的指导下，1999年以来，我国高等教育连续多年扩招，大学规模迅速扩大，很多高校在条件准备并不充分的情况下承担了扩招的任务，经费不足成为许多高校普遍面临的问题。国家财政拨款在高校总经费中的比重逐年下降，学费和其他非财政收入所占比例逐步上升，大学的经费来源渠道和资源依赖的主体也变得更加多样化，大学对政府之外的其他经费提供者（如学生、用人单位、项目提供者）的依赖程度也变得更加紧密。关注资源提供者的需要，把这些需要纳入大学组织目标并给予有效的满足，直接关系到大学的生存与发展。高校规模扩大后，缴费上学和自主择业政策大大增强了学生的成本意识和教育服务的消费者观念，更加强调大学与学生之间的购买交换关系。学生间个体差异和入学动机的多样化，要求大学必须更好地考虑和满足除政府之外的学生和社会需要的呼声也日趋强烈。在大学组织，大学对这些要求的满足也只能通过院系等基层组织的教学和科研等活动来实现。然而，大学对这些要求满足的程度通常取决于学院作用发挥的状况。

由于"组织结构是行使权力、决策并进行其他组织活动的基本场所。"[①]在组织中，什么样的地位对应着相应的权力，不同的部门及组织层次所拥有的权限也不同，这些权力运行的基本途径和方向通常也都是由组织结构所决定。在大学组织结构中，教学、科研和社会服务等活动通常是以学院为单位进行，开展这些活动所需要的各种资源也是以学院为单位在大学组织内进行配备。因此，学院发展的状况直接影响到大学组织目标的实现程度，学院对各种利益主体要求的满足状况又直接影响到大学从外部环境中获取资源与支

---

① 金东日. 现代组织理论与管理 [M]. 天津：天津大学出版社，2003：17.

持的能力，影响到大学运行的效率甚至组织的生存。由于大学两维交叉的组织结构、松散连接的组织形式以及"有组织的无序状态"等组织因素的综合作用，学院组织设计上的各种美好愿景和潜在优势，要想转变为现实，一个关键因素就是有效发挥院长的角色。

3. 学院制改革在调整学校和学院责、权、利关系的同时，也赋予了院长更大的责任

随着高等教育外部管理体制改革取得阶段性成果，面对高等教育规模的扩展，为了让大学真正成为能面向社会自主办学的实体，需要对原来计划体制下形成的高校内部管理体制进行改革。根据新的需要调整内部组织机构和部门之间的关系，其中对纵向组织结构进行调整就是重要内容之一，推行学院制改革就是这种体现。这种以管理重心下移为主旨的学院制改革，是当前我国很多大学内部管理体制改革的核心和重点，是为了理顺校院两级关系，优化资源配置，强化学院职能，推进教育创新，提高教育教学质量和办学效益，使学院成为充满活力的办学实体。其实质是对大学组织结构的调整和权责利关系的重新调配，使学院成为学校管理的实体，具有相对独立的行政地位和应有的办学自主权。布劳和斯科因赫尔的研究表明，"如果其他条件相同，组织规模的扩大会降低集权程度或提高分权程度。这主要是由于组织规模扩大后会增加业务量，所以不能不把一部分业务委托给其他部门或下级。"[1] 高校通过内部管理体制改革调整着大学组织结构，相应地调整着大学组织内各部门或层级的地位、角色和权力。学院制的实行是在遵循学科发展逻辑和大学与社会相互作用规律下，旨在让学院更好地适应科技、高等教育自身发展和外部环境的需要，让学院更好地发挥在教学、科研、社会服务等活动中的积极性和自主性。很多原来集中在学校层的权力下放给学院，学校由直接行政管理转变为目标管理，主要任务是统筹规划、宏观调控、资源分配、组织协调和评估监督，赋予学院在教学、科研、人事、财务等方面更大的责任。院长作为学院的负责人，在领导一所学院更好地实现学院及大学组织目标，履行大学职能方面承担的责任也越来越大，这无疑对院长角色的有

---

① 转自金东日. 现代组织理论与管理 [M]. 天津：天津大学出版社，2003：23.

效扮演提出了更高的要求。美国学者威尔逊（B. R. Wilson）认为，所有对他人高度负责的角色，都要经受相当多的内在冲突和不安全感。①

4. 我国高校面临的效率与生存两大主题正考验着包括院长在内的高校管理层

管理学研究经历了从关注效率向关注生存的主题转变，对企业生存的关注是由于企业面临的环境比以往更加复杂多变和充满不确定性，竞争更加激烈。对效率的关注在企业界引发了一场科学管理的革命。随着全球化、国际化和教育消费主义时代的到来，对我国大学来说，过去那种完全由政府包办的"无衣食之忧"、不讲究效率的年代已经一去不复返，复杂多变和竞争日益激烈的外部环境使效率和生存两个主题同时摆在我国大学面前。美国大学面临的公众问责和信任危机也将在我国出现，如何提高办学效率，如何更好地生存，如何通过大学组织目标的实现和社会需要的有效满足来向社会证明大学组织存在的合理性和必要性，正考验着包括大学院长在内的高校管理层。各学院要在日趋激烈的竞争环境下运行、生存与发展，必须要求院长有效地履行其角色职责，发挥其领导作用。

因此，在目前高校组织结构中，学院发挥着承上启下的桥梁作用，学院作为承担教学科研活动的基层操作单位，其组织活动的运行效果直接关系到大学组织目标和任务的完成状况，直接影响着高校的运作效率和生存能力。然而，大学围绕着这两大主题所进行的教学、科研、社会服务等活动的有效开展除了受制于既有的制度、体制和机制外，还受组织内各部门和成员的微观实践活动的影响。院长的角色扮演就是典型的微观组织活动，大学院长履职过程中的角色压力、角色冲突等角色扮演状况将直接影响着大学院长角色功能的实现，将直接影响到院长角色作用的发挥。因此，本研究主要围绕以下几个问题展开：我国大学院长扮演了哪些角色，院长角色扮演过程中的角色压力与角色冲突状况如何？有何影响？影响我国大学院长的角色冲突的因素有哪些？如何帮助院长应对角色压力与角色冲突？

---

① 佐藤学. 课程与教师［M］. 北京：教育科学出版社，2003：213.

二、研究的意义

科学研究就是为了回答一个问题、解决一个难题或者创造新的知识，而通过系统的资料收集、整理和分析，最后达到描述现象、解释问题或解决难题以及创造知识的活动过程。一个选题的研究意义与价值很大程度上也取决于其在描述、解释、创新等功能的实现程度。当通过一项选题的研究，描述清楚了一个现象，解释透彻了一个问题，解决完成了一个难题并增加了一些新知识时，对该选题的研究就具有比较大的意义与价值。

角色压力与角色冲突既是企业组织行为学研究的重要主题之一，也是高校人力资源管理研究的重要内容，对大学院长的角色进行研究，可以拓宽角色压力与角色冲突这一研究主题的外延范围。对院长角色压力与角色冲突实然状况进行描述非常有意义，它展现了院长的角色扮演状态，可以增进我们对院长角色状况的了解，有助于我们更好地理解院长这一职位。

对学院和院长角色性质的历史演变进行探讨，可以丰富高等教育史学知识。从微观视角上对我国大学院长的角色压力与角色冲突的影响和原因进行研究，把大学和学院的组织特性与具体的组织行为结合起来，有助于加深我们对大学和学院组织特性的理解，可以丰富大学组织行为学的研究成果。高质量的高校管理研究不能总是忽视管理情境中的微观"个人"，对大学管理情境中的院长角色进行研究，对提高院长的角色扮演功效，帮助院长缓解角色压力以及应对角色冲突，从而更好地实现其角色功能，提高大学组织人力资源的使用效率等都具有较大的实践意义与参考价值。

现有文献中，采用定性与定量相结合的方法对我国大学院长的角色进行研究还比较缺乏。在社会科学研究中，为了帮助人们更好地理解某一研究对象或主题，进行历史比较研究既重要也必要，而积累一定的研究文献是有效进行历史比较研究的前提。目前，由于对我国院长角色扮演及角色冲突研究文献资料的缺乏，使本研究无法有效地进行历史比较，本研究通过调查获得的有关院长的社会特征、角色扮演及角色冲突现状等一手资料，在一定程度上，起到了累积文献资料的作用，可以为后续研究者提供比较的历史坐标，因为大学组织行为学科和高校管理学的健康发展需要建立在大量的、历时的、经验的研究成果的累积之上，因此，本研究也具有一定的文献累积价值。

第三节 国内外研究综述

一、国内关于院长的研究综述

一般来说，对某一研究对象或领域的研究程度，从研究成果的数量和研究人员的队伍状况可以反映出来。鉴于有关我国院长角色的研究文献和成果比较缺乏，而在恢复学院制前实行的校—系两级组织结构中的系主任与实行校—院—系三级组织结构中的院长处于极为相似的组织位置，所以笔者把我国有关系主任和院长研究的文献一起进行综述。

关于系主任的角色研究。朴雪涛将系主任置于高等学校技术管理和行政管理交互作用的焦点之上，对中国大学系主任的角色进行了分析，认为系主任承担着系级组织的挂名首脑、变革的设计者和发起人、资源的分配者、联络者或中介人、组织利益的代表者、本部门的"守门人"、校职能部门的"大干事"、学术工作的评价者、组织的"公关"者和系资产的经营者十种角色。由于大学中正式组织和非正式组织对系主任角色行为的规定主要是功能性的角色行为，呈现出一种"目标规定性"的特点，而较少地体现"过程规定性"，这为系主任创新性和灵活性地开展工作提供了可能。系主任角色行为受专业、科层、政党及系务工作等多方面力量的制约，表现出不同甚至有时相互冲突的角色类型，容易产生系主任身份的合法性危机。[①] 潘如勤、彭子柱把师范院校系主任的角色分为教育者、管理者、师生服务者和教改教研

---

① 朴雪涛. 中国大学系主任角色行为分析 [J]. 现代教育科学, 2002 (7): 25 – 27.

的带头者四种角色。① 这只是从系主任在系部活动中所起的作用来分析，没有把视野扩展到大学组织以及大学组织之外更广阔的背景环境。刘耀军从系主任在教学活动中的作用出发，认为系主任在教学活动中应定位为教学管理的领导者、指导者、服务者、协调者、学者、监督者和教学改革的探索者。② 这些角色是系主任在系部教学活动中各种关系的反映。袁爱华从系主任所肩负的责任出发，认为系主任要履行好系的使命，要重视学科建设和规划，要强调师资队伍建设和制度创新。③

　　关于大学系主任素质和能力的研究。崔韵琛总结认为良好的政治素养，较高的业务水平，较强的组织管理能力和高尚的道德风尚是系主任应该具备的素质。④ 眭依凡认为系主任作为系科的主要行政负责人，对系科资源的合理使用，创造性地发挥组织的结构性功能，促成组织目标的实现等都起着至关重要的影响和作用，同时由于系科既有学术性又有行政性的特点，这就决定了系主任应具有专业和领导两大素质结构。⑤ 刘尧认为大学教育学院院长应该具备的素质包括"预测教育未来的能力、应变能力、获取信息的能力、协调教育学院与大学及其各部门关系的能力、办学资金的筹措能力、清醒的教育使命感、责任感、公正诚实处事、评价的态度、关心全体工作人员的思想作风和幽默感。"⑥这里所列的各项素质，有些只是工作原则或工作要求，并非真正素质，而且也没有真正反映出作为教育学院院长所必须特有的素质。裴春秀认为系主任要更好地履行其职责，需要具备管理能力、开拓能力、专业能力、学习能力和个性魅力。⑦

　　对于系主任与党总支书记的关系。20 世纪 80—90 年代的一些研究者主张要实行系主任负责制，党总支主要起思想保证和监督作用，做到党政分开。

---

　　① 潘如勤，彭子柱．谈师范院校系主任的角色作用 [J]．山东教育科研，1999 (Z1)：66 - 67.

　　② 刘耀军．系主任在教学管理中的作用探讨 [J]．太原师范学院学报 (社会科学版)，2007 (3)：133 - 134.

　　③ 袁爱华．论大学系主任之责任 [J]．海南医学院学报，2005 (3)：239 - 240.

　　④ 崔韵琛．关于系主任负责制的思考 [J]．广西师范学院学报 (哲学社会科学版)，1988 (2)：18 - 21.

　　⑤ 眭依凡．大学系主任研究 [J]．上海高教研究，1990 (1)：53 - 57.

　　⑥ 刘尧．大学教育学院院长的素质要求 [J]．南阳师范学院学报，2003 (5)：107 - 108.

　　⑦ 裴春秀．高校系主任能力体系及其建构 [J]．中国市场，2006 (31)：8 - 9.

1996 年颁布《中国共产党普通高等学校基层组织工作条例》规定了系级单位党的总支部（直属党支部）委员会在思想保障、组织作风建设等方面的主要职责外，还特别强调要参与讨论和决定本单位教学、科研、行政管理工作中的重要事项。为了落实该条例精神，各高校陆续实行院（系）党政共同负责制。规定高校院（系）党政领导班子在学校党委、行政的领导下，对院（系）的重大事项实行共同负责，院（系）党政共同负责制既是院（系）的领导体制，也是工作机制。院（系）实行党政共同负责制应遵循集体领导、民主决策、分工合作、共同负责的基本原则。自此之后，对院系领导体制的研究基本止步。

从以上文献综述可知，对院系负责人的研究成果发表于 20 世纪 80—90 年代居多，内容主要涉及院长角色和素质、院长及支部书记的关系等内容。对院系负责人角色和素质的研究，往往局限于院系或大学组织内部环境，还没有把院系负责人放到一个开放的社会环境中来分析其应该具备的素质和角色，也没有涉及院长的角色压力、角色冲突等主题。随着 20 世纪 90 年代以来包括收费制度、就业分配制度等一系列改革的推行和高校扩招，大学组织已无法在一个封闭的组织环境中生存，大学对政府之外的其他资源渠道的依赖大大加强。大学必须以一种开放的姿态与外部环境进行资源交换才能求得生存与发展，院系作为大学组织内部的一个亚组织，同时也无法不"睁眼看世界"，这对院系负责人提出了更大的挑战。院系负责人的角色除了通过院系内部各种活动体现出来，同时还通过与校级各部门、各功能团体及校外组织的交往来体现。在大学所处的外部组织环境发生了巨大变化之后，开放办学的理念在各大学被广泛接受，院系负责人在感受到外部"清新气息"所带来的欣喜之余，其角色要求也相应地在发生变化。原来政府"包办"的计划体制为大学营造了稳定的生存环境，在这种组织环境中的院长扮演的角色完全不同于当前市场经济体制下的动态环境对院长角色的要求。组织环境的变化也对院长角色扮演带来了一些新的问题，例如，不同群体的角色期望和权责不统一所产生的角色冲突和角色模糊，行政和学术事务双重压力所带来的角色负荷等。院系负责人的素质除了要胜任院系内部活动的需要之外，还必须能胜任与院系之外的环境互动的需要。

因此，对院系负责人角色的研究必须放到校内和校外双重关系共同架构起的坐标之上来审视。对院系负责人角色的研究，不能仅仅停留在角色扮演所需的素质和能力之上，这还只是一种静态的研究，只有把院长角色置于一个动态开放的环境下来研究，才有助于我们更好地理解院长这一角色。国内研究者对我国院长角色压力与角色冲突这一主题尚未涉及的现实为本研究提供了探索空间。

二、国外对院长角色研究综述

国外对院长的研究起步比国内要早，尤其在美国，随着"二战"后美国高等教育进入大众化，高校的规模变得越来越大，大学在战争中所显示出的巨大智力支持力量使人们寄予大学更多的期望，大学逐渐从社会边缘步入社会中心，成为各类群体表达各自利益诉求的对象。大学与外部环境之间的互动也更加频繁，大学在从外部环境中不断获得各种资源支持的同时，其活动也受到外部环境更大程度的影响，学校的管理事务变得更加复杂。处于大学中层管理职位的院长，"面临的挑战是复杂的，没有哪个人愿意以成为一名院长来开始他的职业生涯，即使是对组织结构中的院长的基本任务进行界定也不是它看上去那么简单，人们寻求以比喻的方式来理解他们的职责，虽然人们早就得出结论说院长们既不是鱼也不是肉，然而他们却被视为可攻击的对象。"① 甚至发出了"院长是指导者还是怪物？"的疑问。② 目前国外对院长角色的研究主要包括以下几个方面。

1. 院长的角色冲突和角色模糊研究

院长的角色扮演活动也是国外研究者重点关注的内容之一，国外研究者通过对美国大学院长的实证研究表明，院长在角色扮演过程中存在着角色冲

① Williams D Z. A Personal Perspective "on Deaning" [J]. Decision Line, 2004 (october): 20 - 23.

② Myatt E M. Mentors, monsters & more: All Spritzer's hobby benefits new deans, leaders [J]. The Business Journal, 2003, September.

突和角色模糊的问题，学校类型、院长的人口统计学特征、自我定位都会对院长的角色冲突和角色模糊产生影响。在美国，"早期专门对大学行政管理的研究显示，角色冲突问题弥漫于整个的大学和院长身上。"① "在一个动态的环境中，大学院长摆脱不了角色冲突，没有哪样工作会永远清晰而不出现阶段性的角色模糊。"② "研究者已经证实超过常态水平的角色冲突和角色模糊会对工作压力、工作满意度、效率和组织承诺产生影响，特别对处于专业组织中层职位的个人来说更是如此。"③卡恩（Kahn）等研究发现，过度的角色冲突的情感代价是较低的工作满意度、较低的组织承诺和较大的工作压力。也有一些证据表明，机构的规模和类型会影响角色冲突和角色模糊，大学规模越大，所处环境越复杂和竞争越激烈，潜在的角色冲突和角色模糊就越大。大学的目标定位也会影响到院长的角色冲突，"研究型和学士型大学的院长没有遇到比其他类型大学的院长更高程度的角色冲突，综合大学中的院长的角色冲突程度最大"④，这是因为研究型和学士型大学的使命清晰，复杂性更少，分别以研究和教学作为自己明确的目标，而综合型大学处于一种不稳定的中间地带，它们不再是纯粹的教学型大学，也没有博士学位授予权，但它们非常渴望拥有博士学位授予权。因此，综合型大学的院长一方面面临着要根据教学任务来配置教师，与此同时，上级行政部门又非常关注研究所能带来的潜在的财政资源和声誉，这种组织目标的多样性使院长产生了角色冲突。沃尔弗顿（Wolverton）等⑤对美国大学院长的角色冲突进行了实证研究，分析了大学组织因素、个体因素对院长角色冲突的影响和差异，沃尔弗顿等认为，性别对角色冲突和角色模糊没有影响，性别对研究型大学院长的角色冲

① Baldridge , J V. Power & conflict in the university：Research in the sociology of complex organization [M]. New York：John Wiley & Sons, 1971.

② Mimi Wolverton , Marvin L. Wolverton, Walter H. Gmelch. The impact of role conflict and ambiguity on academic deans [J]. The Journal of Higher Education. 1999, 70（1）：80 – 106.

③ Mimi Wolverton , Marvin L. Wolverton, Walter H. Gmelch. The impact of role conflict and ambiguity on academic deans [J]. The Journal of Higher Education. 1999, 70（1）：80 – 106.

④ Mimi Wolverton , Marvin L. Wolverton, Walter H. Gmelch. The impact of role conflict and ambiguity on academic deans [J]. The Journal of Higher Education. 1999, 70（1）：80 – 106.

⑤ Mimi Wolverton , Marvin L. Wolverton, Walter H. Gmelch. The impact of role conflict and ambiguity on academic deans [J]. The Journal of Higher Education, 1999, 70（1）：80 – 106.

突程度没有差异，但对综合型和学士型大学则有显著性差异，并且综合型大学的差异比学士型大学更大；在公立和私立高校的所有学院中，只有商学院的院长角色冲突的程度有较大的差异；位处城市的大学院长比位处农村的大学院长更易产生角色冲突；工作环境也会影响角色冲突的程度，工作环境越好，角色冲突越小。学院的学生规模和学院内部系部的数量并不影响院长角色冲突的程度。年龄、任职时间、婚姻状况和院长的自我定位会影响角色冲突。50 岁以下的院长角色冲突增加更显著，任期两年以上的院长角色冲突更大，已婚并和子女居住的院长角色冲突中等。另外，院长对自己个人的学术成就越满意，角色冲突就越小。角色模糊在不同机构类型之间几乎没有差异，但在学科之间有差异，护理学院比其他学院院长的角色模糊程度更小，而且这种学科间的差异非常显著，与此相比，文科学院院长的角色模糊程度更高。另外，受聘担任院长的原因之间也有显著性差异，受命于促进学院成长的院长的角色模糊程度明显低于受命于促进变化、处理危机、维持现状和临时担任的院长。虽然角色模糊在性别间没有差异，但在少数民族身份间存在变化，少数民族身份的院长角色模糊程度更小。婚姻状况不影响角色模糊，但和子女同住的院长角色模糊程度更高，和子女同住的已婚院长比那些和子女同住的单身院长角色模糊程度更高。50 岁以下的院长角色模糊程度更高，有人指导的院长角色模糊状况要好于没有人指导的院长。院长的自我定位和自我身份归属会影响角色模糊程度，把自己视为教师或既是教师又是行政人员的院长比那些把自己仅仅视为行政人员的院长角色模糊程度更大。对个人的学术成就满意的院长角色模糊程度更小。

角色冲突和角色模糊状况"会造成院长和教师之间的误解、在确立学院优先发展领域方面缺乏协调"①，美国大学院长角色冲突产生的原因包括个体价值观与院长角色要求的不一致，不同群体对院长的不同期望，角色资源不足以及多重角色。"院长角色冲突的来源是：和两个或两个以上的不同团体一起工作，所做的事情为一些人接受但不为另外的人接受，在没有适当的资

---

① Mimi Wolverton , Walter H. Gmelch, Joni Montez, et al. The changing nature of the academic dean-ship [M] . San Francisco, CA: Jossey Bass, 2001.

源或人员的情况下接受某些任命。"① "当院长必须参与和其价值观相冲突或相互间冲突的情境时，就出现角色冲突"。② 随着对院长的要求和期望的不断增加，对其提出要求的不同团体的意图之间也存在着不一致，这必将加剧院长的角色冲突。"院长越是把自己视为教师成员，他们经历的角色冲突就越大。"③ 这反映的是学科系统和行政系统不同的角色价值观之间的冲突。角色模糊表现为："不清楚自己的职责，没有清晰的工作目标，不知道权力数量，不知道上级行政人员的期望。"④ 沃尔弗顿等认为，当确保组织的效率所必需的信息不足时就会出现角色模糊，因此，当院长对学院的预算优先和决策缺乏清晰的指导时，他们会表现出反复无常。也有研究证实大学的规模和类型也会对院长的角色冲突和角色模糊产生影响，赖安（Ryan）研究认为规模越大，所处环境越复杂，面对的竞争越激烈，院长潜在的角色冲突和角色模糊就越大。"研究证实，角色冲突和角色模糊会影响工作压力、工作满意度、效率和组织承诺，对处于专业组织中层管理职位的个体尤其如此。"⑤

在一个动态的高等教育环境中，由于院长无法逃避角色冲突与角色模糊，院长和其机构必须在对角色冲突和角色模糊有着更深刻了解的基础上，采取措施来使其消极影响最小化。为此，沃尔弗顿等从个人和学校两个层面提出了一些参考建议。

在个人层面，院长必须学会平衡职业生活和个人生活，这对与子女共同居住的院长来说尤其重要。大多数院长已取得一定的学术声誉，然而院长职位要求他必须谨慎地评价其优先事项，他必须认识到要成为有效的行政人员

---

① Joni Mina Montez, Mimi Wolverton, Walter H. Gmelch. The roles and challenges of deans [J]. Review of Higher Education, 2003, 26 (2): 241–266.

② James C. Sarros, Mimi Wolverton, Walter H. Gmelch, et al. Stress in academic leadership: U. S. and Australian department chairs/heads [J]. The Review of Higher Education, 1999, 22 (2): 165–185.

③ James C. Sarros, Mimi Wolverton, Walter H. Gmelch, et al. Stress in academic leadership: U. S. and Australian department chairs/heads [J]. The Review of Higher Education, 1999, 22 (2): 165–185.

④ Mimi Wolverton, Marvin L. Wolverton, Walter H. Gmelch. The impact of role conflict and ambiguity on academic deans [J]. The Journal of Higher Education, 1999, 70 (1): 80–106.

⑤ Mimi Wolverton, Marvin L. Wolverton, Walter H. Gmelch. The impact of role conflict and ambiguity on academic deans [J]. The Journal of Higher Education, 1999, 70 (1): 80–106.

就必须牺牲科研和写作时间。如果他还想保持积极的学术活动，他必须有研究项目并组建一支研究团队来分担研究工作，他必须利用好周末时间，建立一支理解、支持并自愿从事科研活动的行政管理团队。重视担任院长的早期准备，早期准备对理解院长的角色期望至关重要，学习扎实的管理和人际交往技巧有助于减轻对期望的模糊感，可以利用专题学术讨论会、研讨会、解决冲突的课程、谈判、计划编制、交流和与其他院长讨论等方式来提升和增加他们的处理能力。给新聘院长配备指导人，指导者不一定非是院长，也不一定非要是本院的人，指导者要愿意担任宣传者和好听众，他必须懂得，与个人单打独斗相比，与他人一起和通过他人一起努力去实现目标具有更大的意义，他必须承认院长做出优先选择时面临的两难选择。

在学校层面，大学也应该帮助院长处理角色冲突和角色模糊。鉴于目前大学对院长的期望模糊不清的状况，大学应让新聘院长了解其所在学院的基本情况，给予他们头几年初步的目标指导有助于克服角色模糊，有助于他们更有效更轻松地工作，也有助于防止他们浪费宝贵的摸索时间。鉴于很多院长上有老下有小的现实，学校应该积极采取措施来帮助他们平衡职业职责和个人义务，例如，给他们的小孩和老人提供日常或生病照看服务，给予他们弹性上班制度。

2. 院长角色面临的挑战研究

研究者对全美大学院长所做的一项调查显示，院长认为未来 3 年—5 年主要面临七大挑战，"紧张的财政资源、外部问责、对课程和项目相关性的要求、技术进步和教育多样化、职业与个人平衡、教师满足学生和制度要求的准备不足。"[1] 而像聘任、任期和晋升等许多传统上被认可的职责并没有被院长列为未来的挑战，除非它们影响到学院回应学生和社会需要的能力。在这七大挑战中，70% 的被调查院长把前三项列为最大的挑战，这些挑战源于高等教育的快速发展。

从"二战"后到 20 世纪 80 年代，美国大学获得公众信任由于两个主要的推动力，一是扩大了高等教育入学机会，二是建立了一个领导世界的研究

---

[1]　Joni Mina Montez, Mimi Wolverton, Walter H. Gmelch. The roles and challenges of deans ［J］. Review of Higher Education, 2003, 26 (2): 241 – 266.

机构。然而，自那以后，公众优先关注的问题发生了转移，他们感到大学和学院没有对公众新的需要做出回应。对教育投入和产出的社会价值的怀疑和普遍的不信任感已经影响到了大学对外部资源的可利用度，使大学院长开始面临财政经费紧张的挑战。随着民众高等教育信念的逐渐变化，高等教育日益被视为理应由直接受益的个人来付费的私人产品。政府对高等教育的投入比例日趋下降，造成许多大学基础设施和资产维护费用减少。伴随着资源减少而来的是呼吁对教育和财政问责的挑战，正如海伦·阿斯廷（Astin）所说"询问高等教育：你还和我们在一起吗？最简单的方式是对质量、问责、大学生产力的日益关注。"① 这种外部强加的限制迫使大学努力削减开支的同时，希望各学院能发起新的项目来消除公众的怀疑。

3. 有关院长的压力研究

大量的研究认为，工作环境中合理的压力可以提高工作效率和业绩，但压力过大会导致体力和精力过于疲劳，削弱工作业绩和产生不满意。戈蒙奇（Gmetch）等②通过研究认为院长的压力包括与工作有关的压力、与教务长有关的压力、与教师、与系主任有关的压力、时间压力、学术压力、报酬压力和筹资压力七个方面。与工作有关的压力主要指行政任务的压力，是围绕着日常运行而产生；与教务长有关的压力反映的主要是院长与上级管理人员之间的紧张关系，"院长在试图解决与教务长之间的分歧时有挫折感，没有充分的职权来履行其职责，不清楚上级如何评价他们。"③ 研究表明，这种压力一直以来都存在，与上级监督者不能和谐共处成为过去 20 年来院长离职的主要原因。与教师、系主任有关的压力揭示出学院行政管理人员职位冲突四起的性质，这种压力部分源于要评价员工并做出晋升和任期决定。时间压力源自正常工作时间之余的活动，例如，与工作有关的社会义务、旅行，个人生活和职业生活争夺时间等。出现学术压力主要是因为院长没有充足的时间使

---

① Albert L S. Beyond ourselves: An interview with AAHE board chair Helen Astin. In 1994, 47 (1): 10 - 12.

② Walter H. Gmelch, Mimi Wolverton , Marvin L. Wolverton, et al. The Academic Dean: An Imperiled Species Searching for Balance [J] . Research in Higher Education, 1999, 40 (6): 717 - 740.

③ Mimi Wolverton , Marvin L. Wolverton, Walter H. Gmelch. The impact of role conflict and ambiguity on academic deans [J] . The Journal of Higher Education, 1999, 70 (1): 80 - 106.

其处于学科领域前沿或在学术职业取得进步，同时很难在领导职责和学术职责之间取得平衡。报酬压力主要发生在那些认为自己的行政和学术业绩没有获得充分补偿和认可的院长身上。古尔德（Gould）[1]、鲍克（Bowker）[2] 和兰伯恩（Lamborn）[3] 的研究指出院长的不满意与薪水有一定的关联，经济报酬是考虑申请院长职位的首要激励因素。戈蒙奇等研究认为上述七种压力同时受许多个体和工作变量的影响，例如，年龄、任职时间、性别、种族、婚姻状况等，年龄较大的院长更多遇到的是行政任务压力、与教务长有关的压力和筹资压力，而较少遇到教师压力、时间压力和学术压力。[4] 任职时间更长的院长较少遇到行政任务压力和筹资压力，更多的是报酬压力，女性或有色人种较少遇到与教师有关的压力，女院长更多地遇到行政任务压力，有色人种院长更多地遇到与教务长有关的压力。自我期望值较高的院长，行政任务压力、与教师有关的压力和时间压力都较大。

4. 作为行政人员的院长的绩效评价研究

在当前美国高等教育问责浪潮中，评价是一个非常重要的政策杠杆。随着对稀缺资源竞争的加剧和公众对高等教育活动信任的降低，导致要求大学展示他们的效率和效力的要求空前高涨。大学也以提供包括学生保持率、毕业率、教师工作量、工作和作业布置记录等数据做出回应。对包括大学院长在内的行政管理人员的业绩进行评价也成为一个重要方面，因为行政人员的业绩可以提供有关大学履行职能情况所需要的和适当的信息。研究者对如何对院系行政管理人员的绩效进行评价也进行了相应的研究。由于对行政管理人员进行评价也是一个高风险的过程，因为评价结果可能和晋升、加薪、合同续签或者解聘等活动紧密关联，所以特别强调需要确保评价的公正、准确和可靠。在评价的目标、目的和标准方面，考虑到行政管理人员的特殊性，

① Gould J W. The academic deanship [M]. New York: Teachers College Press, 1964.

② Bowker L H. The academic dean: A descriptive study [J]. Teaching Socioloty, 1982, 9 (3): 257 - 271.

③ Lamborn M L. Motivation and job satisfaction of deans of schools of nursing [J]. Journal of Professional Nursing, 1991, 7 (1): 33 - 40.

④ Walter H. Gmelch, Mimi Wolverton, Marvin L. Wolverton, et al. The Academic Dean: An Imperiled Species Searching for Balance [J]. Research in Higher Education, 1999, 40 (6): 717 - 740.

提出评价的目标可包括态度、行为、决策、成绩和效力等方面。[①] 也有研究者提出可从基于角色、基于结果、基于标准和基于结构等多个角度对行政管理人员进行评价，[②] 对大学院长的评价提出了一些基于院长角色的评价方法。

总体而言，目前国内对院长的角色研究主要集中于院长的素质与要求方面，沿用的是管理学中领导特质理论的路线，尚未见到有关大学院长的角色压力与角色冲突研究，这为本研究提供了研究空间。国外有关院长角色的研究涉及的内容比较广泛，所用的研究方法以调查研究和访谈为主，定性分析与定量统计相结合。因此，其研究结果的信度较高，使前期的研究为后继同类研究提供了坚实的成果累积。反观我国的研究，"在大学的主要职位中，院长是研究得最少而被误解最多的职位，尽管许多学者对高等教育组织与治理著书立说很多，但对领导和支持学院的院长们却知之甚少。"[③] 对院长的研究急需加强，研究方法也应坚持实证经验研究与逻辑思辨研究相结合，既要防止重思辨轻经验而使研究结果缺乏证据支撑，又要防止重经验轻思想而把研究变成纯粹的数字材料的堆积，力争使前期的研究结果能真正为后继研究者提供可信度较高的知识累积，从而促进我国在该领域的研究。

第四节　研究思路与研究方法

一、研究思路

首先，从历史的角度对院长角色的演变进行梳理，分析其角色性质和职责演变过程。通过对我国大学院长的访谈，分析大学组织结构中我国大学院

---

① Ronald H. Heck, Linda K. Johnsrud, Vicki. RosserHeck. Administrative Effectiveness in Higher Education: Improving Assessment Procedures [J]. Research in Higher Education, 2000, 41 (6): 663–684.

② Glasman, N. S., and Heck R H. Role-based evaluation of principals: developing an appraisal system. [M]. Boston: Kluwer Academic Publishers, 1996.

③ Walter H. Gmelch, Mimi Wolverton, Marvin L. Wolverton, et al. The academic dean: An Imperiled Species Searching for Balance [J]. Research in Higher Education, 1999, Vol. 40. No. 6: 717–740.

长承担的角色类型。

其次，采取调查研究法，对我国大学院长的角色扮演过程中遇到的角色压力、角色冲突、工作倦怠等进行实证研究，对大学院长的角色实然状况进行描述。

同时，结合大学的组织结构、目标、权力、文化等因素对院长的角色冲突产生的原因进行学理分析，并从学校和个体两方面来思考应如何应对。

二、研究方法

研究方法取决于所要研究的问题与目的，不同性质的研究问题需要选取不同的研究方法。研究方法本身并无优劣之分，选择研究方法的关键之处在于方法的适切性和有效性，适切性强的研究方法是研究结论信度和效度的重要保障，采用的研究方法要能有助于研究者有效地解决问题。劳伦斯·纽曼（W. Lawrence Neuman）在论述社会工作研究方法时，提出了"三角测量"原则，以此来确保研究结论的科学性，他把从不同的角度或位置来观察事物，以便获得对某个物体真实位置的定位过程叫作三角测量，把它运用到研究活动中，三角测量原则强调从多角度、多方面入手来研究某一课题，形成证据三角链，三角测量的方式包括测量形式上的三角测量、观察者的三角测量、理论视角的三角测量、研究方法的三角测量。三角测量强调将质性研究和定量研究的方法与资料混合起来。[①] 他认为一项研究如果能够同时采用这两种方法，将会更全面，研究结果也会更加科学可信。

本研究遵循研究方法的三角测量原则，采用了定量研究与质性研究相结合的研究方法，先采用定量问卷调查，从面上对我国大学院长的角色压力、角色冲突、工作倦怠、工作满意度等现状进行资料搜集，进而进行分析，然后运用质性研究方法，选取院长进行访谈，与定量研究材料相互印证补充。

---

① 劳伦斯·纽曼，克罗伊格. 社会工作研究方法：质性和定量方法的应用 [M]. 刘梦，译. 北京：中国人民大学出版社，2007：169 – 170.

（一）调查研究法

1. 问卷调查法

国外对院长角色的研究主要采用实证调查方法，编制和开发了一些比较成熟的量表。本研究准备遵循国外同行的研究方法，采用角色压力量表对我国大学院长的角色冲突和角色模糊状况进行调查，同时，根据对文献的梳理，自行设计了大学院长工作压力调查问卷。角色压力采用里佐（Rizzo）等于1970年所编制的角色压力量表（也称为 RHL 量表），该量表是目前使用最广泛的量表，包括角色冲突与角色模糊，这个工具被大量的研究所验证，国内外许多最近的研究也验证了它的有效性和稳定性[①]。

在影响院长角色扮演的各因素中，除了角色冲突和角色模糊外，角色负荷也是一个重要因素。角色负荷，也称角色过度负荷，包括角色量负荷和角色质负荷。角色量负荷指由于布置的工作任务时间太紧，工作量太大，超过了个体精力所能承受的范围而引起的压力。角色质负荷指角色要求过高或过于苛刻，个体缺乏足够的资源和能力去完成工作任务而感知到的压力。角色负荷和角色冲突、角色模糊一起构成角色压力的三个维度，这已得到相关研究的验证。而且通过日常访谈和观察，我国院系负责人普遍存在着工作负荷过重的问题，本研究拟采用角色负荷量表对院长角色负荷进行测量。角色负荷量表采用台湾学者林世昌参考马特森（Matteson）的角色负荷的题目所修订的译本[②]。角色负荷分为质和量两个方面，角色质负荷分量表共5题，角色量负荷也共5题，都为正向题，采用7等尺度计分，分数越高，表示受试者感觉到的角色负荷程度越高。孙曼采用此量表对我国白领进行研究，Cronbach α 系数分 0.7432，王觅也使用此量表进行研究，角色质负荷分量表的 Cronbach α 系数为 0.790，角色量负荷分量表为 0.754。

由于这几个量表都具有较高的可靠性，笔者根据调查对象的不同，对文

---

① Mimi Wolverton，Marvin L. Wolverton，Walter H. Gmelch. The impact of role conflict and ambiguity on academic deans [J]. The Journal of Higher Education，1999，70（1）：85.

② 廖玲珠. 内部稽核人员角色压力及工作满足与内部稽核工作品质关系之研究 [J]. 当代会计，2004，第五卷（第二期）：235 - 270.

字表述进行了相应的调整，如把角色负荷量表中的"公司"、"顾客"改为"学校"、"教师"。

2. 访谈法

本研究采取半结构性访谈，访谈提纲围绕角色冲突展开，包括他们对自身扮演的角色类型的认识，担任院长过程中遇到的角色冲突与困难，以及他们是如何应对等内容。由于国内对高校院长角色的研究比较少，既有的研究成果比较缺乏，仅有的几篇关于院长角色的文献所得出的结论，并没有提供充分的经验材料。通过对院长进行深度访谈，有利于获得有关大学院长角色扮演及角色冲突方面的经验材料，也有助地我们更好地了解院长对自身在大学中所扮演角色的看法。2008年3月选取了华中科技大学的四位院长进行预访谈，并对访谈提纲进行了修订，正式访谈从2008年4月到5月中旬对北京、武汉、济南、厦门、青岛、南宁、成都、广州等地的35位大学院长进行了深度访谈，受访对象包括"985工程"大学、"211工程"大学和一般本科高校的院长。访谈总体上遵照提纲进行，同时也鼓励受访者提出自己的问题，访谈过程中根据访谈的具体情况对访谈的程序和内容进行了灵活的调整。在征得受访者同意的情况下，对大多数访谈进行了录音，并整理成20多万字的文字稿，然后运用质性研究软件NVIVO7.0进行资料处理与分析。为了保护受访者的隐私，所有的受访者都采用字母代替，受访者所在学校只列出所属省份，同时用一个字母代替学校名称。

（二）文献研究法

查找和收集相关历史文献，包括国家及各高校的有关政策文件、相关会议资料、院长日志和网络材料，在此基础上进行资料加工、分析和处理，与访谈和问卷调查所得结果进行相互印证，相互支撑。

第五节　研究范围界定及本书结构

一、研究范围界定

1. 大学

大学是实施高等教育的社会组织，是高等学校种类之一，我国的《普通高等学校设置暂行条例》规定了大学的设置条件，本书所研究的大学并不是严格意义上的科学分类的大学，而是泛指提供学士和学士以上教育，向毕业生授予学士或学士以上程度的学位与证书的普通高等学校。人们习惯上把高等学校称为大学，本研究即采用人们对高等学校的习惯称谓。

2. 院长

我国目前的大学组织结构有校—院—系三级和校—系两级两类，院长和系主任是我国大学组织结构中，受学校聘任或任命，全面负责一所院系工作的负责人。从大学组织管理结构来看，院长和系主任处于大学的中间管理层，从学院的管理结构来看，院长和系主任又处于管理上层，其组织地位和角色功能基本相同。因此，本研究把三级结构中的院长和二级结构中的系主任统称为院长，在问卷调查取样和选取访谈对象时都包括这两者在内。

我国高校实行的学院制，根据学院的办学自主权，有实体学院和虚体学院两种形式，实体学院在人事、财务、学科专业建设、内部机构设置等方面都拥有一定的自主权，同时也承担相应的责任。虚体学院没有相对独立的办学自主权，更多的只是一个协调部门，院长更多的只是挂名首脑，因此，本研究只对实体学院的院长进行研究，暂不包括虚体学院院长。

根据投资主体的不同，我国高校分为公办和民办两大类，从层次上可分为本科和专科，由于受研究条件所限，本研究只对公办本科层次高校的院长进行研究，暂不包括独立学院、私立高校、普通高等专科学校、高等职业技术学校和各类高等成人学校，但其结果对这几类高校的院系负责人也有参考价值。另外，本研究暂没纳入这几类高校，并不意味着笔者忽视这几类高校院长角色冲突研究的价值，在条件允许的情况下，可以另行研究。

二、本书结构

本书共分六章：

第一章　绪论，主要内容包括选题的缘起、选题的背景与研究意义、文献综述、研究方法、理论基础与分析框架等。

第二章　学院和院长角色性质的历史演变。从历史演变的角度对学院和院长的起源进行探讨，梳理出院长角色性质的演变过程以及我国大学院长扮演的角色类型。

第三章　大学院长角色压力实证研究。运用调查法对我国大学院长的角色压力现状进行研究，在掌握和了解我国院长角色压力现状的基础上，分析院长的角色冲突、角色模糊、角色负荷等在人口学特征、高校类型、学科等方面的差异，勾勒出我国大学院长角色扮演的现状图景。

第四章　影响角色冲突的因素分析。既然角色冲突是组织中的一个普遍现象，那探讨引起组织中角色冲突的因素有利于我们更好地对角色冲突进行管理，本章分析了环境、组织、角色、个体与人际关系等因素对我国大学院长角色冲突的影响。

第五章　院长角色冲突的影响与应对。在分析院长角色冲突影响的基础上，从提高组织人力资源使用效率出发，为了更好地帮助院长进行角色扮演，促进院长角色功能的实现，分析了院长应对角色冲突的策略，并从大学组织和个体两个方面提出了缓解院长角色冲突的建议。

第六章　西部高校院长的工作倦怠与工作满意度。采用问卷调查法对西南三省高校的大学院长进行调查研究，探讨院长的工作倦怠与工作满意度之间的关系。

第六节　理论基础与分析框架

一、角色理论及其概念框架

（一）角色理论

角色理论是用角色概念来研究人的社会行为的理论[①]，借助于舞台戏剧术语"角色"概念创造了包括角色扮演、角色认知、角色期待、角色冲突、角色模糊、角色负荷、角色学习等一套概念体系。美国著名的社会心理学家G. H. 米德（G. H. Mead）将"角色"这一概念引入社会心理学之后，许多学者运用不同的观点和方法对角色问题进行了大量研究，提出了不同的观点，使角色理论成为一个独特的较完整的体系。其中贡献较突出的代表人物有莫雷诺（J. C. Moreno）、林顿（R. Linton）、纽科姆（T. Newcomb）、萨宾斯（T. Sarbin）、默顿（K. D. Merton）和戈夫曼（E. Goffman）等，他们分别从人类学、社会学或心理学的领域对角色理论做出了贡献。

角色理论认为，角色是指个人或人们在群体和社会中由于占据一定的地位而显示的态度与行为模式的总和。人们在执行自己的角色时，也同戏剧舞台上的角色表演一样，取决于剧本（社会生活本身）、场景（角色面临的客观环境或具体情境）、导演（家长、教师或领导）的指示、同伴演员（同事或对手的表演）、观众（周围真实的旁观者或假想的人群）的反应以及演员（个体自己）对角色的理解和扮演技能。社会生活中，无论由谁扮演某一角色，其行为都有相似性，且可预料，这是由社会"剧本"决定的，而行为的差异性则是由每个人对自身角色的不同理解或不同的角色扮演技能造成的。

既然每个人在互动的社会关系系统中处于一定的角色位置，周围的人总是按照社会角色的一般模式对他的态度、行为提出种种合乎身份的要求，并寄予

---

① 车文博. 心理咨询大百科全书［M］. 杭州：浙江科学技术出版社，2001：188.

一定的角色期望。一个人的态度、行为如果偏离了角色期望，就可能引起周围人的异议或反对，这时，人就会通过观察或想象，依据他人对自己的表情、态度而形成"镜像自我"，从而产生"自我概念"，并按照别人，尤其是"一般化他人"的角色期望调节自己的行为、塑造自己，达到"角色获得"。

日常生活中，一个人往往会同时处于几种地位、具有不同的身份和扮演多种角色，形成不同的角色丛。每种角色都对应着各自的角色内容与行为规范要求，当这些角色在特定条件下互不相容时，就会出现角色间的冲突。为了摆脱这种困境，就必须明确自己当时主要的角色地位及行为界限，同时还要考虑社会对自己的角色期望及角色义务，从而做出既得体又尽本分的决策和行为。若当一种角色不能同时实现两个或更多的角色期望时，就会产生角色内冲突，这时须分清轻重缓急，采取先后兼顾或舍末求本的决策和行为。

（二）角色理论的概念框架

1. 角色

角色是角色理论的核心概念，又称社会角色，原是戏剧、电影中的用语，指演员在戏剧舞台上按照剧本的规定所扮演的某一特定人物。在我国的戏剧艺术中称为"行当"，我国戏曲界把演员所扮演的人物按其性别和性格分为"生"、"旦"、"净"、"末"、"丑"，戏剧或电影中的角色指的是舞台角色。C. 肖和 P. 康斯坦佐认为，从历史渊源上说，角色概念借自于古希腊罗马剧场中的戏剧和舞台，意指在一场戏剧中演员所扮演的某个人物的特征。[①] 德国社会学家格奥尔格·齐美尔最早使用了"角色"概念，20 世纪 20 年代美国社会学家米德将这个概念借用到社会学中来，以解释个体的社会行为及群体关系。角色以其舞台原意进入社会科学领域，其概念本身并无变化，它指的是一个人在一定的社会背景下所表现出的行为特征以及这种行为所发挥的作用。正如演员扮演角色要受到同台演出的其他演员的制约，社会中的角色也在一定程度上受制于该社会环境中与之发生关系的其他人。因此，角色是指与人们的某种社会地位、身份相一致的一整套权力、义务的规范和行为模

---

① 周晓虹. 现代西方社会心理学流派 [M]. 南京：南京大学出版社，1990：221.

式。它是人们对具有特定身份的行为期望，它构成社会群体或组织的基础，主要包括下面四个方面的含义：角色是社会地位的外在表现；角色是人们的一整套权力、义务的规范和行为模式；角色是人们对于处在特定地位上的人们行为的期待；角色是社会群体或社会组织的基础。①

角色是个体因占据一定的社会位置而产生的行为模式。这种行为模式一方面取决于社会位置的性质，另一方面又受到个体生理心理特征的影响。角色的本质内容就在于它的主观与客观的统一性。② 一定的个体进入或占据一定社会位置的过程也就是扮演和形成相应社会角色的过程。角色是个体与社会之间的联结点，介于社会和个体之间，在这里，"社会"不再是一个虚无的概念，而是被赋予了一定权力和义务的"地位"的集合，而个体也是具有一定生理和心理特征的各种角色扮演者。只有当角色作为联结社会与个体的桥梁并构成一个有机体时，这时的角色才是实实在在的，图1－1描述了这种关系。具体到一个组织内部，角色则是个体因在组织结构中占据了一定的组织地位而产生的行为模式，当角色被安置于组织中后，组织的目标和关键成员在角色建构过程中就显得相当重要，组织目标就成了角色合法性、评价和预期的重要标准，"在组织中，地位与角色开始融合，组织中的角色也趋于在书面协议中不断地正式化。"③

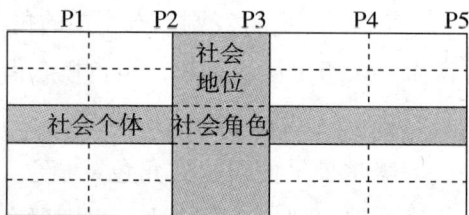

图1－1　社会角色矩阵示意图

社会角色总是与某种行为模式相联系，即依据社会角色的权力、义务规范，做出相应的行为。角色权力、角色义务和角色规范共同构成了社会角色

---

① 郑杭生．社会学概论新编［M］．北京：中国人民大学出版社，1987：126.
② 奚从清，俞国良．角色理论研究［M］．杭州：杭州大学出版社，1991：53.
③ 乔纳森·特纳．社会学理论的结构（下册）［M］．邱泽奇，译．北京：华夏出版社，2001：54.

系统结构中的三个基本要素。角色权力是指角色扮演者履行角色义务时必须具有的支配他人或使用所需的物质条件的权力。[①] 角色权力包括运用一定物质手段的权力和同交往对象进行交往的权力。社会角色在履行角色义务时，必须有使用一定的物质手段，例如，工具、设备、原材料等的权力，没有这种权力，就难以履行角色义务；除了一定的物质支配权，社会角色还必须同其他社会角色进行交往与合作，交往对象也必须有与之交往与合作的权力，没有这种权力，也不能履行角色义务。角色义务是指社会对角色所规定的应尽的社会责任。[②] 在组织中，角色义务通常与组织任务和目标的实现紧密相连。角色权力的确立通常决定于角色义务的要求，有什么样的角色义务，就会确立什么样的角色权力。角色权力对履行角色义务又具有保证和激发作用。角色规范是社会所规定的角色的行为要求或行为模式，对角色行为具有调节作用。角色功能的实现通常需要这三个要素之间保持匹配，尤其是角色权力与角色义务之间的匹配，这两者之间的不匹配会导致角色功能紊乱或者无法实现，对角色扮演者来说，也会因为角色权力与义务之间的不匹配，容易出现由于无法实现其他人对他提出的角色期望而产生角色冲突。

2. 角色压力

压力，指个体受到外界的冲击，在精神与身体上伴随而来的反应。角色压力由卡恩等学者于 1964 年提出。依据角色理论，角色压力指个体在组织中扮演一种或多种角色时感知到的压力，它是由于个体知觉的外在环境与内在认知不符时造成的不平衡结果。从社会结构观点来看，个体进入组织中，如能实践组织的规范与要求，表现个人能力及贡献于组织，即为成功扮演工作中的角色，但"当个人因无法学习与角色有关的权力、义务，或受到其他不利因素干扰角色任务运作，以至于不能有效的表现社会角色时，则会陷入无所适从的困境，于是角色压力便产生了。"[③]

对于角色压力的维度划分主要有两种观点：一种把角色压力分为角色模

---

① 丁水木，张绪山. 社会角色论 [M]. 上海：上海社会科学院出版社，1992：48.
② 丁水木，张绪山. 社会角色论 [M]. 上海：上海社会科学院出版社，1992：42.
③ 纪宏儒，刘晏羽，江兴远，等. 被并公司员工角色压力与离职意愿之关系研究——以工作满足与组织承诺为中介变项 [R]. 辅仁大学企业管理学系第三十七届人力资源管理专题报告，2003.

糊和角色冲突两个维度；一种分为角色模糊、角色冲突和角色负荷三个维度。斯考布罗艾克（Schaubroec）等认为卡恩在提出角色理论时认为角色负荷、角色模糊和角色冲突是三个不同但相关的角色压力源。斯考布罗艾克等在他们的研究中也对三者作了区分，并认为他们的研究证实了角色过载作为一个区别于角色冲突的概念是有效的。① 笔者认同角色冲突、角色模糊和角色负荷是角色压力的三个主要来源。

3. 角色冲突

角色冲突是社会学角色理论中的一个概念，1957 年罗伯特·K. 默顿（Robert K. Merton）在《社会理论和社会结构》一书中提出。由于个人在不同社会群体中所处地位不同，往往需要同时扮演若干角色，当这些角色对个人的期待发生矛盾、难以取得一致时，就会出现角色冲突。目前对角色冲突的定义，比较有代表性的有如下几种，卡恩认为角色冲突是指个人经常被要求扮演与他们价值系统不一致的角色，或同时扮演两种以上相互冲突的角色。里佐（Rizzo）认为角色冲突是形容角色要求与评判角色绩效的政策和标准方面发生的冲突，或者多个角色期望之间的冲突。② 琼斯（Jones）认为角色冲突是指个体不能同时满足不一致的多种角色期望、履行不同的多种角色时所出现的矛盾。③ 彼得森（Peterson）等认为角色冲突是指两个或多个角色要求同时发生时，个体发现顺从了一个角色要求就很难再同时顺从其他角色要求。④ 罗宾斯（Robbins）也认为当个体面对分歧的角色期望时就会产生角色冲突。⑤ 福格蒂（Fogarty）等认为角色冲突产生于对不一致的角色期望的强迫

① 转引 John Schaubroeck，John L. Cotton，Kenneth R. Jennings. Antecedents and Consequences of Role Stress：A Covariance Structure Analysis［J］. Journal of Organizational Behavior, 1989, 10（January）：35 – 58.

② John R. Rizzo, Robert J. House and Sidney I. Lirtzman. Role Conflict and Ambiguity in Complex Organizations［J］. Administrative Science Quarterly, 1970, 15（2）：150 – 163.

③ Jones, Martha L. Role Conflict：Cause of Burnout or Energizer？［J］. Social Work, 1993, 38（2），Mar. 1993：136 – 141.

④ MF Peterson, PB Smith, A Akande et al. Role conflict, ambiguity, and overload：A 21-nation study［J］. Academy of Management Journal, 1995, 38（2）：429 – 453.

⑤ 罗宾斯. 组织行为学［M］. 北京：中国人民大学出版社, 1999.

接受。① 而林世昌认为角色冲突是指所扮演的角色与其自身价值系统不一致，或者同时扮演两种以上相互冲突的角色。②《社会心理学词典》认为角色冲突是指个人扮演一个角色或同时扮演几个不同的社会角色时，由于各个角色的要求不同而无法同时满足时，导致内心的矛盾而产生焦虑和不安。③《社会科学大词典》认为角色冲突是指由于角色规范要求之间的矛盾所造成的一种排他性的角色行为。④ 从学者们对角色冲突的定义来看，角色冲突大概包括角色要求和角色期望的不一致，角色要求与角色规范的不一致，角色要求与个体价值系统的不一致，多个角色的冲突，以及多个角色期望的冲突等方面。角色冲突是在角色扮演过程中出现的，因此，笔者认为，角色冲突是指在扮演一个或同时扮演几个不同的角色过程中，个体被要求扮演与他们的价值系统不一致或由于受角色条件限制而无法同时满足不同的角色要求而导致的内心冲突或矛盾状态。角色冲突可分为角色间冲突和角色内冲突两类。

4. 角色期望

角色期望是社会或个人对于某种角色应表现出哪些特定行为的期望，包括一系列具体的行为要求，其中社会对一定角色所持的角色期望就是角色规范。⑤ 因为社会角色总是与一定的行为模式相联系，于是角色就成为人们对于特定地位上的人的行为的一种期望。一些期望总是指向特定的某个人而不指向其他人，因为特定的期望是否指向某个人，取决于他在社会系统中的身份和位置。当人们知道某人承担着某种社会角色时，就会期望他具有一套与他的角色要求相符合的行为模式。例如，教师应该为人师表，医生要救死扶伤，领导干部应勤政廉洁等。角色期望有重要的现实意义，它使我们只通过抽象的角色想象，就会对社会上复杂的人群有个大概的了解。但是必须指出，并不是每一个处在特定地位上的人都能按照社会期望做出应有的角色行为。

---

① Timothy J Fogarty, Jagdip Singh, Gary K Rhoads et al. Antecedents and Consequences of Burnout in Accounting: Beyond the Role Stress Model [J]. Behavioral Research in Accounting, 2000, 12: 31 – 68.

② 转引自廖玲珠. 内部稽核人员角色压力及工作满足与内部稽核工作品质关系之研究 [J]. 当代会计, 2004, 5 (2): 235 – 270.

③ 时蓉华. 社会心理学词典 [M]. 成都：四川人民出版社, 1988: 72 – 73.

④ 彭克宏, 马国泉. 社会科学大词典 [M]. 北京：中国国际广播出版社, 1989: 299.

⑤ 袁世全, 冯涛. 中国百科大辞典 [M]. 北京：华夏出版社, 1990: 110.

例如，有的教师不能为人师表；有的医生对病人不负责任；有的领导干部渎职，甚至腐败堕落，等等。他们的行为与社会的期望相去甚远，因而人们会认为他们不适合担当这种社会角色。

5. 角色模糊

关于角色模糊的定义，目前还没有达成一致。卡恩认为角色模糊指缺乏责任的范围界定，缺乏角色期望，缺乏完成角色任务所需的方法，缺乏测评工作绩效的标准。[①]里佐认为角色模糊指个体对于行为结果缺乏预测能力，以至于无法获得清晰的角色期望。[②]皮尔斯（Pearce）则把角色模糊理解为个体无法获得明确清晰的角色期望，或因角色期望无法一致，而造成对绩效结果的不可预测性。[③]罗兹（Rhoads）认为缺乏角色期望、角色职责、角色任务、角色行为、角色道德规范所必要的信息，角色模糊就产生了。[④] 福格蒂等认为角色模糊产生于角色指派者对角色行为的期望并不确定。[⑤] 林世昌认为角色模糊指个体不清楚别人对自己的角色期望是什么，因而不确定到底该怎么做。[⑥] 综合各位学者对角色模糊的描述可知，角色模糊是指角色扮演者由于缺乏有关角色期望、角色职责、角色任务、角色行为、角色道德规范所必要的信息而产生的角色认识和角色行为不清的状态。产生角色模糊的原因主要是职责范围、角色期望、角色任务、角色行为和完成角色任务的方式等模糊不清，角色扮演者缺乏有关上述各方面的清楚准确的信息而引起角色模糊。

6. 角色负荷

角色负荷，也称角色过度负荷，包括角色量负荷和角色质负荷。角色量

---

① John R. Rizzo, Robert J. House and Sidney I. Lirtzman. Role Conflict and Ambiguity in Complex Organizations [J]. Administrative Science Quarterly, 1970, 15 (2): 150 – 164.

② John R. Rizzo, Robert J. House and Sidney I. Lirtzman. Role Conflict and Ambiguity in Complex Organizations [J]. Administrative Science Quarterly, 1970, 15 (2): 150 – 164.

③ Jone L. Pearce. Bringing Some Clarity to Role Ambiguity Research [J]. Academy of Management Review, 1981, 6 (4): 665 – 674.

④ Gary K. Rhoads, Jagdip Singh, Phillips W. Goodell. The Multiple Dimensions of Role Ambiguity and Their Impact Upon Psychological and Behavioral Outcomes of Industrial Salespeople [J]. Journal of Personal Selling, 1994, 14 (3): 1 – 24.

⑤ Timothy J. Fogarty, Jagdip Singh, Gary K. Rhoads, et al. Antecedents and Consequences of Burnout in Accounting: Beyond the Role Stress Model [J]. Behavioral Research in Accounting, 2000, 12: 31 – 67.

⑥ 转引自廖玲珠. 内部稽核人员角色压力及工作满足与内部稽核工作品质关系之研究 [J]. 当代会计, 2004, 5 (2): 235 – 270.

负荷指布置的工作任务时间太紧，工作量太大，超过了个体精力所能承受的范围，而引起的角色压力；角色质负荷指角色要求过高或过于苛刻，个体缺乏足够的资源和能力去完成工作任务，而感知到的角色压力。卡恩认为当个体由于缺乏必要的技能、知识和能力而无法有效完成任务时，他会感到角色质负荷；当其无法在规定时间内完成任务时，他感到角色量负荷。①彼得森认为角色负荷是由于缺乏足够的个体资源去满足组织承诺、工作职责与工作要求。

二、角色互动模型

角色冲突总是在角色互动过程中发生的，卡恩提出了角色互动模型来解释组织中的角色冲突和角色模糊，该模型通过一系列的事件或角色互动来说明角色冲突（见图1-2）。

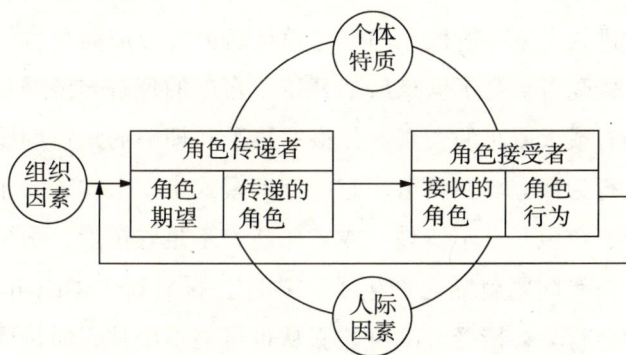

图1-2　角色互动模型（Role Episode Model）②

卡恩指出，角色是在个体与他人互动的过程中产生的，角色互动建立在四个概念之上：角色期望、传递的角色、接收到的角色和角色行为。"角色期望可作为对某一职位占据人行为的评价标准；传递的角色由源自角色期望

① 转引自 Cynthia L. Cordes, Thomas W. Dougherty. A review and an integration of research on job burnout [J]. Academy of Management Review, 1993, 18 (4)：621 - 656.

② Kahn R L, Katz D. The Social psychology of organizations [M]. New York：Wiley & Sons, 1978：196.

和角色设置成员所传递的、试图影响角色接受者的信息构成；接收到的角色是角色传递者对向他传递的角色信息的感知与理解，还包括角色接受者反观自身所形成的角色期望；角色行为是角色接受者对所接收到的综合信息和影响所做出的反应。"① 这四个概念共同构成一个角色互动过程，图1-2中两个方框代表的是角色传递者和角色接受者，角色传递者向角色接受者提出自己的角色期望或影响，以强化或改变接受者的角色行为，左边的方框代表发布者的角色期望和双方沟通的手段，右边的方框表示接受者对沟通信息的理解和接受者对期望或影响采取的相应的行动。这里强调了角色期望对角色行为的因果关系，同时又有一个反馈回路，角色接受者的行为对传递者的角色期望的遵从程度会影响到下一次角色期望的传递。"如果角色接受者做出的是敌对的反应，角色传递者倾向于以一种不同的方式来思考和行事，如果角色接受者是在压力下部分的遵从，那么角色传递者可能会增加压力，如果在压力和焦虑下，他明显地占上风，他们可能会放弃。"② 由该模型可以看出，角色冲突是由发布者的期望开始，也就是对接受者的角色行为的理解和评价，发布者接着就进入了下一阶段，即通过角色压力的形成向角色接受者传递角色信息。角色接受者接受了信息后就开始了自己的理解与解释过程，在此过程中，可能会有或大或小的失真，并根据接受和理解的角色期望做出服从或不服从的角色行为回应。在整个动态的互动模式中，个体若有角色期望不一致，角色期望、角色要求不清楚，或工作能力不足等情形，角色冲突、角色模糊和角色负荷等问题就随之产生了，并且会影响到个体的角色行为反应。下一阶段的角色行为，接受者既可能服从也可能不服从，而接受者的行为通过反馈机制传递给传递者，这样就进入了下一个角色信息传递的循环过程。

角色互动可视为一个持续进行的相互依赖的循环过程，这种循环并不是在隔绝状态下发生的，它受组织、个体、人际关系等几个因素的影响。在组织中，成员的角色期望在很大程度上是由所处组织环境决定的，组织的目标、子系统

① Kahn R L, Katz D. The Social psychology of organizations [M]. New York: John Wiley & Sons, 1978: 195.

② Kahn R L, Katz D. The Social psychology of organizations [M]. New York: John Wiley & Sons, 1978: 195.

的结构、政策制度和奖惩规定等在很大程度上规定了某一职位的内容。某一职位的占有者做什么，和谁做，以及为谁做都是由组织本身的一些特性所规定的，这些组织结构特性相当稳定，可以把它视为影响角色冲突的一个独立影响因素，这些特性包括组织目标、权力结构、组织文化、规模、管理层级数等。

个体特质也会影响角色互动。个体特质指那些描述个体行为方式倾向的一些变量，如人口学特征、动机、价值观、信念等。这些因素也会影响角色互动，一些个体特质更倾向于引起或促进角色传递者的某些评价和行为，不同的人对同样的角色传递会有不同的感知与理解。

尽管角色冲突的核心是不一致或不相容，但并非所有不一致、不相容的角色期望都必然会导致角色冲突的发生，必须是这种不一致、不相容达到了一定的程度时才会发生。而且由于个体因素的影响，每个人的角色扮演能力存在差异，对角色冲突的敏感或忍耐程度不同，个体对角色冲突的感受程度也会存在差异。角色冲突的强度，一般取决于社会期望的性质和个体的角色扮演能力的高低。"角色冲突会随着角色传递者所持有的角色期望之间的相互干涉的程度、各角色期望的重要性和角色传递者的数量的不同而存在差异。"[1] 就角色期望的性质来说，角色伙伴对个体的各种期望之间的差别越大，则个体越有可能体验到角色冲突；角色伙伴对个体的期望越严格、清晰，角色冲突也可能越严重。角色冲突的产生还受个体角色扮演能力的影响，角色扮演能力越强的个体，处理和协调各种不和谐角色期望的本领越强，因而产生角色冲突的可能性越小。[2] 角色是社会地位所规定的权力和义务与角色扮演者个性的有机统一体，角色行为不仅表现为角色扮演者对角色期望的遵从，而且表现为个体对角色期望的创造性理解与执行，同一角色丛和角色组中的角色间的社会期望的差别越大，冲突的可能性自然也就越大；反之，也就越小。但一般而言，行动者往往趋于努力去减轻由于角色矛盾、角色冲突和角色不适而引起的角色紧张，并提升对角色恰当的满足感。"当在情境中扮演的角色与

---

① Kahn R L, Katz D. The Social psychology of organizations [M]. New York：John Wiley & Sons, 1978：204.

② 周晓虹. 现代西方社会心理学流派 [M]. 南京：南京大学出版社，1990：239.

自我概念相悖时，这些角色就会被淡处理，角色扮演也会显得投入不足。"① 因此，个体因素也会对角色互动产生影响。罗宾斯曾用一个比喻来形象地说明个体在进入组织之前总是不可避免地要受到个体人口统计学特征的影响，他说："当个体进入组织时，他们多少有点像被人用过的二手车，每个人都不一样。有些跑的路程很短，而且受到细致精心的照料，因此了解到的现实内容非常有限。另一些属于'磨损'比较严重的，他们跑过各种各样的道路。"② 这个比喻告诉我们，人总是带着完整的特点进入组织，这些特点将影响到他们在组织中的行为。正如特纳所强调的"角色概念显示了社会与个体之间的联结点，这种联结包括那些占据不同地位、承担相应义务并运用角色扮演能力去适应不同类型期望的个体。"③ 角色是介于社会和个体之间，是社会地位与个体联结的桥梁，"社会"不再是一个虚无的概念，而是被赋予了一定权力和义务的"地位"的集合；个体也是具有一定生理心理特征的各种角色扮演者，只有当角色作为联结社会与个体的桥梁并构成一个有机体时，这时的角色才是实实在在的，因此，个体因素对角色扮演具有不可避免的影响。

人际关系也发挥着像个体因素一样的功能，也会影响角色互动过程。在某一特定时间，角色传递者向角色接受者传递的角色期望，在很大程度上依赖于他们之间已经存在的人际关系，角色接受者对所传递的角色期望的不同理解，也依赖于他们之间的人际关系。正如当赞赏和责备分别来自信任和不信任的人时，它们的意思通常也会不同。角色接受者的角色行为也会对人际关系做出反馈，并反过来影响人际关系。

三、社会系统组织模型

雅各布·盖茨尔斯（Jacob Getzels）和埃根·古巴（Egon Guba）提出了

---

① 乔纳森·特纳. 社会学理论的结构（下册）[M]. 邱泽奇，译. 北京：华夏出版社，2001：55.
② 斯蒂芬·罗宾斯，蒂莫西·贾奇. 组织行为学（第12版）[M]. 李原，孙健敏，译. 北京：中国人民大学出版社，2008：27.
③ 奚从清，俞国良. 角色理论研究 [M]. 杭州：杭州大学出版社，1991：53.

社会系统组织模型来研究组织中的角色行为。他们把组织当成一个社会系统，以系统论观点来看待组织中的行为，他们认为，"要想理解组织机构中某个具体现任角色，就必须了解角色预期和需要倾向。"① 需要和预期被认为是行为动机，一个源于个性特征，一个由于组织要求，组织中表现出的社会行为源自这两种类型动机之间的相互作用，雅各布·盖茨尔斯和埃根·古巴用图1-3把这两种关系标志出来。

根据社会系统的组织模型，一个行为往往被认为是同时源自组织和个人两方面相互作用的结果，占据某一位置所表现出的角色行为也受组织和个人两方面影响。角色扮演行为的有效性通常体现为组织与个体、角色与个性的匹配程度，角色冲突反映的是角色扮演中角色与个性不匹配的状态。盖茨尔斯用下面的方程式来表示这种共同影响：

$$B = f\ (R \cdot P)$$

$$B = 观察到的行为$$

$$R = 组织的角色$$

$$P = 现任角色的个性$$

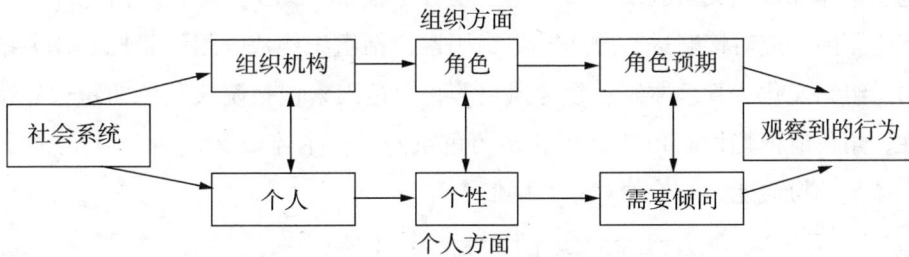

图1-3 作为社会系统的组织模型（即所谓的盖茨尔斯—古巴模型）

由此可见，卡恩的角色互动模型体现的是一种动态的角色过程，把角色冲突视为角色扮演过程中的角色行为，强调角色互动过程中组织因素、个体因素和人际因素的影响。盖茨尔斯—古巴模式强调把组织视为一个社会系统，对组织中观察到的行为视为角色与个性相互作用的结果，角色行为既与个性

① 罗伯特·欧文斯. 教育组织行为学（第7版）[M]. 窦卫霖，温建平，王越，译. 上海：华东师范大学出版社，2001：120.

有关，也与角色本身有关，为我们从角色和个体相互作用方面来思考角色行为提供了启示。

卡恩的角色互动模型对角色本身考虑不够，因为角色总是对应着一定的地位或位置，是地位的动态体现，它是社会结构与个体的结合，角色扮演的行为不可避免地要受角色本身特性的影响。例如，处于组织基层的一般员工与中层或高层管理者的角色互动行为，就会因为组织角色不同而有差异，跨边界工作者与单一情境中工作的人员的角色行为会不同，组织因素、个体因素和人际因素这三个因素对不同职位上的角色担任者的影响也会不同。因此，角色本身也应该纳入角色压力与角色冲突的分析框架之中。另外，角色互动模型和社会系统组织模型都是在一个封闭状态下来分析角色互动和角色扮演行为，相对于忽略了环境这一因素对组织内成员的影响。尤其是面对一个动态开放的世界，任何组织都不可能在与世隔绝的状态下生存与发展，大学组织也是如此，所以，必须考虑环境对大学组织成员角色扮演的影响。

因此，在借鉴和吸收角色互动模型和社会系统组织模型的成果上，本研究将大学院长的角色冲突置于大学和学院组织情境之中，以环境、组织、角色、个体和人际关系五个因素搭建一个分析框架（图1-4），对角色冲突的产生原因和应对策略进行分析。组织因素包括组织构成、组织目标、权力结构、组织文化、管理体制和领导风格等；角色因素包括院长角色的跨边界特性、角色的依赖性、角色资源和多角色重叠等；个体因素包括人口学特征、个体角色扮演能力、价值观、态度信念等。

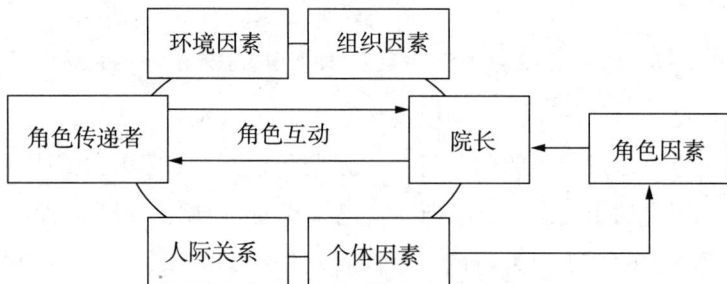

图1-4　院长角色冲突分析框架

第二章

院长角色性质的历史嬗变

学院制是一种大学内部组织管理和运行体制，学院制产生于欧洲中世纪大学，它是中世纪大学的一种组织形式，在中世纪大学中，最著名和对后世大学影响最大的当属意大利博洛尼亚大学和法国巴黎大学，尤其是巴黎大学对现代大学的影响更为深远，因此，对学院制起源的探索可以追溯到巴黎大学。

第一节　学院功能的历史嬗变

一、英式学院制

英式学院制指牛津大学、剑桥大学的住宿学院制，大学是由众多学院构成的联合体，每所学院都是独立自治的团体法人，享受自治权，学院承担教学、食宿、生活等功能于一体，是学术和生活的组织与社区。英国学院并不完全是以学科为依据来划分，其形成要追溯到中世纪巴黎大学的慈善会馆。

其演变经历了以下三个阶段。

1. 食宿供应和道德看护所

"学院"英文 college 一词源于拉丁文 collegium，原意是指团体、社团或一些人在一起共同生活。作为大学内部的一种重要组织形式的学院大约出现于 12 世纪末 13 世纪初，它的产生和中世纪学生们为了保护自身利益而组织起来的学生群体社团和"会馆"有着密切的联系。

一般认为，欧洲最早的学院是巴黎大学创建于 1180 年的迪克斯—惠特学院（Dix-Huit）。它是从纳特丹·姆（Notre Dame）大教堂附近的一个慈善会馆（hospital）中分化出来的。巴黎大学发展为一个比较稳固的机构后，在其内部形成了一种双重组织结构，一种是同乡会，它以学生的原籍和语言为标志，形成各种同乡会；一种是作为教师法团的四个学部，表现出一种双重组织结构。一方面教师和学生根据他们研究的性质组建了四个独立的群体：即神学、法学、医学和文学四个学部，这些教师群体在不同的场所开设课程，自筹经费、自行开销、自担风险。另一方面在文学部内，学生根据他们的民族和语言方面的亲和性，分成不同的群体，即"同乡会"，"在别的情况下迫使工匠、商人和教师各自组建起某种联盟的那些因素，也在学生群体中产生了同样的效果，使这群人把自己组建成一个群体。"① 同乡会拥有共同的生活方式，他们共同租下一个住处，一起共同生活，老师也经常和他们的学生生活在一起，同桌共餐、同甘共苦，这就是所谓的"会馆"（hospitium）。会馆成员之间的关系非常密切，师生之间由于年龄相关不多，也助进了师生间的亲密关系。会馆在管理上奉行民主平等的管理原则，会馆的负责人叫主事，由全体成员选举产生，他的权威也只限于群体授予他的范围，除了教师可以担任主事外，学生也可以担任，对于主事"经常会有很多非常合乎情理的想法，觉得主事该是个老师，但至少在很长一段时间里，这并不是一条法定的规矩。"②

会馆这种组织形式在巴黎大学中最为常见，但当时的富家子弟和贫寒子弟这两类学生并不适合这种形式，因为富家子弟他们都有私人公寓，常和导

---

① 爱弥尔·涂尔干. 教育思想的演进［M］. 李康，译. 上海：上海人民出版社，2003：151.
② 爱弥尔·涂尔干. 教育思想的演进［M］. 李康，译. 上海：上海人民出版社，2003：152.

师住在一起，而家境贫寒的学生则缺乏必要的财力来支付会馆的各种开销。为了帮助这些寒门子弟，一些有善心的人建立了一些寄膳宿舍，让一些贫寒学生能够免费寄宿和维持生活。和会馆相比，这些寄膳宿舍并没有什么真正的不同，它们实质上就是客栈，只不过是受捐助的客栈，是供一定数量的贫寒学生寄宿的地方，这些受捐助的会馆就是最初的学院。涂尔干认为，这些受捐助的会馆在刚开始出现时，形式上还很不起眼，条件比较简陋，甚至有些破败。在绝大多数情况下，它们附属于一家医院或寺院。

后来的学院都是在仿效免费会馆的基础上建立起来的。比较著名的如巴黎大学索邦学院、纳瓦尔学院和哈考特学院等。索邦学院建于 1257 年，这是一所招收贫困子弟，专攻神学的学校，由法王圣路易九世的忏悔教士索邦特别为 16 位神学生创办的。纳瓦尔学院是为了收纳 20 位神学生、20 位艺学学生以及 20 位修习文法的学童而创立的。哈考特学院早在 1280 年就开始筹措，但直到 1311 年才真正开办，纳瓦尔学院和哈考特学院被看作是 14 世纪开始大量出现的学院这种机构的主要原型。

学院这种新型组织在巴黎大学出现之后，因其承担的新功能而受到巴黎大学的鼓励发展。它除了向学生提供住宿的主要功能外，还因为这种新型组织能够提供道德教育上的优势，发展出一种为学生提供道德监护的功能。"学院在巴黎最初出现仅是作为满足一种明显需求的工具：来自欧洲十四五岁的男孩都涌到这座城市中，而大学却并不认为自己有为他们提供住宿和生活条件的义务。"[①] 那时候，聚集到公共学校周围来求学的绝大多数学生，他们年纪都非常小就离开了各自的家庭，"学生们在道德生活上桀骜难驯、放纵骄奢，充满着各式各样的暴力倾向，甚至是最年幼的学生也享有极端自由，更加剧了这一切，创造出一种特殊的情境，任他们在无所拘束的纵情声色当中耗费光阴"[②]，"当学生还是个孩子或者还处在青春期的时候，当他还缺乏足够的经验，能够凭一己之力应对世事人情的时候，当他对自己初露端倪的个体特征还很没有把握的时候，让他听从于一种比较非个人化的管制，一种

----

① 劳伦斯·克雷明. 美国教育史1：殖民地时期的历程 [M]. 周玉军，等译. 北京：北京师范大学出版社，2003：153.

② 爱弥尔·涂尔干. 教育思想的演进 [M]. 李康，译. 上海：上海人民出版社，2003：160.

更加直接的控制，就是至关重要的事情了。"① 在这种情况下，就非常有必要营造一种道德教育的环境，为那些年幼的学生代行家庭教育。巴黎大学本身也深受这些年幼学生的过分行为之苦，于是利用自己的全部权威，驱使学生们成为学院的寄膳宿者。最早出现的学院顺应了这种需要，在发挥住宿这一主要功能时，学院创造出的道德环境可以代行家庭环境，发挥了道德监护的功能。

由此可见，这类学院起源于为贫寒学生提供免费寄宿的慈善会馆，后来的学院都是对免费慈善会馆的模仿而建立。此时，学院还依附于医院或寺院，学院的主要功能是为学生提供道德和物质上的庇护。此时的学院负责人主要职责是为学生提供食宿方面的便利，主要充当生活照看者和"替代父母"角色，充当学生的监护人。

2. 学院功能的扩展：教学活动走进学院

在巴黎大学，可供教师上课的地方非常有限，除了听自己所选老师的课，学生学习之外的生活是活动于会馆和学部之间。教育与日常生活需求之间的界限是非常明显的，学院一开始并没有承担开展教学活动的任务，教学活动都是在学院之外的公共学校里进行的，"学院只是作为附属物，只发挥辅助性的作用，它们的直接功能在于为学生们提供道德上与物质上的庇护。"② "在13世纪中叶，一些住宿学院超越简单的居住功能，开始组织教学活动，虽然还说不上是课程，只是一些晚间组织的复习和辩论，使学生回顾他们白天在其真正学校学习的内容。"③ 但是，学院的建立为学生们提供了便利，他们接受的训练更加正规，因为除了公共学校中的任课教师，学院院长还担任了某种辅助教师的角色，"院长必须和自己的学生一起听课，回答学生们向自己提出的问题，并应他们的请求做出说明。除了在公共学校里详细讲解过的书之外，他还会和学生们一起读些由大多数学者选定的逻辑、文法或数学方面的书。"④ 有些学院还有财力提供个人或私人会馆无力配备的图书资源，

---

① 爱弥尔·涂尔干. 教育思想的演进［M］. 李康，译. 上海：上海人民出版社，2003：158.
② 爱弥尔·涂尔干. 教育思想的演进［M］. 李康，译. 上海：上海人民出版社，2003：159.
③ 韦尔热. 中世纪大学［M］. 王晓辉，译. 上海：上海人民出版社，2007：57.
④ 爱弥尔·涂尔干. 教育思想的演进［M］. 李康，译. 上海：上海人民出版社，2003：154.

学院的这些便利增强了学院的吸引力。不久后，那些富裕或有闲的学生就自掏腰包付膳宿费用，要求被准许进入学院，这些人被称为学院的宿客或者寄宿学者，自此以后，各个学院的总人数迅猛增加。与此相适应，负责监管学生生活及学习的教师群体也相应增加，在膳宿宿舍里进行的补课和加课也越来越多，并且也越来越重要，教师们不再在公共学校里等着学生来上课，而是主动走进学院来教学，因此，社会生活的中心逐渐从公共学校转到学院内部。例如，在索邦学院，一些辩论获得极大声誉和影响，吸引了众多外部听讲者，也预示着住宿学院成为大学教学真正中心的时代即将到来。索邦学院开办不久，原来的神学院便与索邦学院合并，到 15 世纪，这种革命式的转移在巴黎大学完成，学院成为巴黎大学中唯一结构，"从那以后，实际上，学生们就在给他宿身之地的房舍里，找到自己物质生活与精神生活的必需之物。"① 随着这种生活中心的革命式的转移，公共学校里教师的性质也在改变，他们开始成为附属于学院的专门职员，不再是专等学生来听他们讲课，而是他们主动去给学生们上课，从此，学院为贫寒学生提供食宿的慈善关怀退为次要位置。

所以，学院在巴黎大学的兴起和发展改变了巴黎大学的组织形式，它模糊了原来教育与日常生活之间的界限，并且最终祛除了这种界限，从而彻底改变了巴黎大学的组织方式，把之前的学部和同乡会双重组织形式整合为一体，使学院成为大学真正的教学中心。这种革命式的转移使学院的性质也发生了变化，由以前纯粹为贫寒学生提供免费食宿的慈善会馆，变成集提供食宿和教学活动为一体的新机构。其功能也得到扩展，承担起道德、物质庇护和教学双重功能，使学院的学术属性开始发展起来。伴随着学院性质和功能的变化，院长的角色性质也相应地发生变化，除原来的看管功能外，院长开始承担教学辅助者角色，其角色的学术性开始增强，院长由先前的完全游离于教学活动之外，开始参与教学活动。

3. 学院成为大学的中心单位

中世纪的巴黎大学对欧洲各国大学的产生和发展影响深远，13 世纪后，

① 爱弥尔·涂尔干. 教育思想的演进［M］. 李康，译. 上海：上海人民出版社，2003：163.

学院在法国、英国和其他国家迅速发展。在英国，学院被较好地保存下来，并经历了二次变化后，成为英国高等教育的中心单位，改变了大学的组织结构，甚至逐渐控制了大学，形成了英国式学院制。

在牛津大学的第一批师生中，很多人都有在巴黎大学的求学经历，因此，早期牛津大学在很多方面都效仿巴黎大学。关于牛津最早建立的学院一直众说纷纭，但最早的一批学院是默顿学院（Merton）、巴利奥尔学院（Balliol）、大学学院（University College）。牛津大学默顿学院创立于1264年。1284年，剑桥创办了第一所学院——彼得豪斯学院，这个学院完全以牛津的默顿学院为样板，随后在牛津和剑桥两地相继建立了许多学院。[①] 起初，英国像欧洲大陆一样，教学活动也是在学院之外进行的，学生经常合伙一起租用宿舍，共同分担生活费用，并从中选出一位担任学长，负责学院的日常管理工作。剑桥大学最早的彼得豪斯学院，最初由一名教师负责管理，但重要的决定要征得院士（入住的学生称为院士）的同意。主教通过一年一度地任命负责管理的教师来控制学院，但后来的捐助者逐步把权力交给了学院的院士们，由院士们自行选出学院院长。

随着学院的兴起，"学院的收益成了那些不能指望圣俸和演讲费作为稳定收入的年轻文科教师的主要生活来源。"[②] 学院成了兼具教学和住宿双重功能的机构，从15世纪开始大学的讲座逐渐被学院的图书馆、授课厅和其他的教学设备所吸引，各学院的内部讲座也逐渐对学院外部开放，同时私人指导的教学方式也开始盛行，教学活动的中心因此逐渐转移到了各学院。至16世纪中期学院已完全取代学部而掌握了管理教学的权力，这样学院最终也改变了英国大学的教学管理和教学方式。英国学院的这一次转化，扩展了学院的功能，也使学院的性质开始发生变化。"但需要指出的是，不能夸大这种转化的速度，英国最初的学院只是为那些已获学士或硕士学位并打算进修一门高级学科的学生提供，至少直到16世纪早期，绝大部分的本科生和教师还是

---

① 转引贺国庆. 外国高等教育史 ［M］. 北京：人民教育出版社，2003：48.

② 劳伦斯·克雷明. 美国教育史1：殖民地时期的历程 ［M］. 周玉军，等译. 北京：北京师范大学出版社，2003：153.

在校外的私人寓所或旅店住宿的。"①在英国也出现了一些接纳本科生申请的学院，例如，剑桥大学的国王大厅学院、英王学院，牛津大学的新学院、莫德林学院等，"以英王学院和莫德林学院为榜样，大多数英格兰学院，包括早先创建的和新建的，都逐渐开始接纳本科生，到了 16 世纪随着寄宿舍的逐渐减少和完全消失，学院已经成为本科生的集合地。"②

后来英国大学逐步走向世俗化，1571 年英国议会通过法律接纳大学，"这样就使它们的优待、特权和免税权建立在世俗而不是教会权威的基础之上。"③ 在 16 世纪以前，牛津已成立了 10 所世俗学院，在伊丽莎白和早期斯图亚特时代，文法学校得到一些商人和绅士的捐助，后来他们又给原先成立的学院进行捐助，使老学院得到加强，并且捐资建立了一批新学院。这些新学院开始越来越多地接纳缴费上学的学生，它们逐步取代了大学周围非正式的宿舍。在 16 世纪后期和 17 世纪早期，学院发生了第二次变化，学院从大学边缘的小的、自足的社区转变成了英国高等教育的中心单位。1570 年修订后的剑桥大学章程将大学的实际管理权授予副校长和各学院院长，伊丽莎白女皇通过了剑桥大学新章程，对这种转变给予了政治上的确认。随后，牛津大学在 1636 年颁布的校规《劳德规约》中也做出了类似的规定。"伊丽莎白章程"和《劳德规约》以法令的形式正式确认了学院在大学中的合法地位，它们的颁布标志着牛津、剑桥大学学院制的最终确立。

伊丽莎白章程把大多数管理教师的权力转到了学院的首脑手中，同时也扩大了院长的管理职权范围，使院长成为学院管理系统中的重要成员，其管理者角色得到进一步强化。随着学院在大学中的地位变得更加重要，学院中非学术方面的力量得到极大加强，礼仪性活动、非正式的讨论及日常的社会交往和常规课程学习相比有了非常明显的增长，院长与校长一起构成了大学的主要管理机构和成员，强化了大学和学院中教学活动子系统和管理活动子系统的分离。在谈到学院对大学的影响时，英国当代研究中世纪大学的学者

---

① 劳伦斯·克雷明. 美国教育史 1：殖民地时期的历程 [M]. 周玉军，等译. 北京：北京师范大学出版社，2003：153.

② Alan B. Cobban. English University Life in the Middle Ages [M] London：UCL Press，1999：14.

③ 劳伦斯·克雷明. 美国教育史 1：殖民地时期的历程 [M]. 周玉军，等译. 北京：北京师范大学出版社，2003：155.

科班说："巴黎、牛津和剑桥的世俗学院逐渐对它们各自大学的发展产生了重要的影响，这是因为在中世纪后期，这些大学逐渐陷入停滞而公共教育制度迅速发展，教学开始分散到多个学院，这些学院已经发展成为适合教学和对学生个别指导的教学场所。到16世纪中期，大多数英国和巴黎的学院已发展成为向本科学生和研究生提供教学的自给自足的教学单位。这种教育上的革命，使巴黎、牛津和剑桥从趋于集中的大学转变成趋于分散的大学。"①

虽然此后牛津和剑桥大学又历经多次改革，但是学院制管理的基本模式没有改变并一直沿袭了下来。以牛津剑桥大学为代表的英国学院制与那种专事某一学科的学院不同，它们并非专事某一系科，而是同时开设有多个系科。大学是由几十所学院组成的联合体，每所学院都是独立自治的团体法人，享受自治权，每所学院都有自己的章程，形成了自己的传统和优势，拥有自己的财政来源和财务权。学院由院长和职务院士（Official Fellows）组成管理委员会（Governing Body），负责管理教学、住宿内务和学院财政，每所学院都有自己的规章，改变规章要经过集体讨论决定。② 根据各学院的不同章程，院长一般由学院自己推选或被委任，在牛津大学，院长职位空缺的90天之内，由学院选举产生新的院长，否则要由英国大法官任命新的院长。

后来，学院这一组织形式随着各国高等教育的发展而不断演变。欧洲大陆的学院逐渐被大学所吸收，或者像法国那样学院被1789年的大革命所取消，而在英国和美国却得到继承和发展。它在各国大学发展中所起的作用也各不相同，学院在巴黎大学、牛津大学和剑桥大学发挥了重要作用，但在意大利和西班牙等大学中并没有起到同等的作用，原因可能是意大利和西班牙的学生团体相对富有和成熟，与英国和巴黎相比，建立学院的需求并不迫切，另外，南欧学生型大学的盛行也可能阻碍了学院的建立。③ 由于上述原因，意大利和西班牙的学院基本上是学生的住宿机构，几乎没有发展成为重要的教学中心。关于学院在各地发展的特征，米勒作了较为清晰的归纳，他说："学院在欧洲的发展是不均衡的，在德国、意大利、东欧和尼德兰，几乎没

---

① 转引贺国庆，王保星，朱文富. 外国高等教育史［M］. 北京：人民教育出版社，2006：48.
② 裘克安. 牛津大学［M］. 长沙：湖南教育出版社，1986：76.
③ 贺国庆. 外国高等教育史［M］. 北京：人民教育出版社，2003：48.

有什么重要的发展，在那里，神学院和学生宿舍作为捐赠机构只是为了满足部分文科和神学学生的需要，因为大多数学生都有私人住所。然而，在英格兰、法国和西班牙，学院支配了大学生活，但是即使在这里发展也不一致。英国学院形成了它自己像大学一样的中心，法国学院则成为像学校或大学预科一样的机构，西班牙的学院主要是学生住宿，没自己的教学设备。"①

二、美式学院制：学院制的美国化改造

美国在殖民地时期模仿和移植其宗主国——英国大学的教育模式，于1636 年建立了第一所殖民地学院——哈佛学院，在课程和其他方面，哈佛都与当时牛津和剑桥的学院相似，特别与剑桥大学的伊曼纽尔学院相似。"它规模小并且具有宿舍的性质，在任何时候里面都居住着一位校长、2—3 位教师、一位管理员、厨师、门房和几位仆人，并有 20—50 位寄宿的学生。"②1693 年创办了第二所学院——威廉·玛丽学院，到美国建国前夕，先后创办了包括耶鲁学院在内的 9 所殖民地学院。美国殖民地在模仿英国牛津、剑桥两所大学模式时并没有完全照搬英国模式，而是不断推陈出新，加以本土化改造。在英国，学院与大学间的区别一直比较明显，一群学院组成了牛津和剑桥大学，学院主要是居住与训导之地，根据特许状实行自治，但无权进行考试和颁发学位，大学才是授予学位的学术机构。一直到 19 世纪初，英国虽然建有许多学院，但也只有牛津和剑桥两所大学，只有这两者才能颁发学位。依照殖民地时期的英国法律，一群个人通常不能作为一个法律单位，不能拥有财产、起诉或被诉，也不能在其个别成员死亡后继承权力，他们不能作为一个法人，除非由政府授予此种特权。但创设法人的一般权力仍是政府最严密防护的特权之一，许多企事业单位的组建仰赖王室或议会授予法人特许状

---

① Walter. Ruegg. A History of the University in Europe, Vol. 2. University in Early Modern Europe (1500—1800) [M]. Cambridge University Press, 1996: 334 – 335.

② 劳伦斯·克雷明. 美国教育史 1：殖民地时期的历程 [M]. 周玉军，等译. 北京：北京师范大学出版社，2003：170.

的意愿。"但是在美国殖民地存在着几种殖民地——特许的、王室的、业主的——各有不同的法律特点","各个殖民地政府的法律权力,特别是创建社团组织和建立垄断集团的权力,是各不相同、变动无常和不易确定的。"① 这就使得学院和大学之间由来已久的英国式差别,在美洲已混淆难辨,甚至失去了意义。美国第一所学院——哈佛学院就是在典型的美洲法律概念模糊的状态下建立的,1642 年哈佛颁授了第一批学位,尽管当时该学院并未从任何人那里获得授予学位的合法权力。"哈佛的法律基础,其学位授予权的来源,以及它是否是、并且在何种法律意义上是学院或大学——所有这一切直到 20世纪仍未确定和解决。"②哈佛的校长和教工们从一开始就利用了这种不确定性,行使其需要的任何权力。美国殖民地法律的含糊不清,让哈佛学院模糊了英国式的学院和大学之间的区别,使其走上了一条与英国学院迥然不同的道路。

在管理体制上,美洲殖民地学院也进行了创新,通过实行外在控制将学院引入了社会。中世纪大学的学术自治体制在英国的大学及其学院保留下来,大学及学院主要由学术人员控制,"聚集在大学各部门的学者们,控制了学校的书籍、校舍、资金和闲职,他们颇为珍爱自己的权力,对他们而言,大学似乎就是自己的财产,无论所有这些对'学术自由'会产生什么影响,一个一目了然的结果是使大学脱离社会并使两者互相隔绝。"③而第一批美洲殖民地学院不同于 17—18 世纪的欧洲大学,这些欧洲大学继承了富足的土地、房舍、捐款、政府拨款以及无形的资源,而这些美洲殖民地学院通常由一些小社团所创建,建立了世俗的管理委员会,这种引入了外部人员参与的管理委员会有助于这些殖民地学院获得外部资源,并使其保持与社会的接触和联系,这样就在殖民地学院出现了一种外部控制方式,建立了由校外人员组成的董事制度。哈佛在建院之初,把学院的管理事务交给由 12 名校外非教育行

---

① 丹尼尔·布尔斯廷. 美国人——殖民地历程 [M]. 时殷弘,等译. 上海:上海译文出版社,1997:230.

② 丹尼尔·布尔斯廷. 美国人——殖民地历程 [M]. 时殷弘,等译. 上海:上海译文出版社,1997:231.

③ 丹尼尔·布尔斯廷. 美国人——殖民地历程 [M]. 时殷弘,等译. 上海:上海译文出版社,1997:233.

业人士所组成的校监委员会。虽然殖民地学院从一开始就继承了英国大学自治的传统，但它并不是英式学院的学者行会组织，"这种行会在美洲无法存在，其原因很简单，那就是这里不存在大量饱学之士，对新学校的控制不可避免地落入整个社会的代表手中"①，所以这时的学院是为殖民地宗教和教育需要服务的社区性质的机构，"教师不是学者，而仅仅是管带学生、授些基本知识的教书匠。他们本人极想快点离开学院，到教会去创自己的事业。"②"早在 1650 年，管理哈佛学院的就不是教授们，而是地方行政长官和牧师，而且这一状况保持了下来，到 18 世纪中期，当威廉—玛丽学院日趋兴旺时，绅士们显然已主宰了这座学府。"③

学院的外部控制产生了美国大学的首脑制度，它有别于英国大学和学院实行的教职员自治，这种体制下并没有行政官员的一席之地，但是殖民地学院由外部控制的体制促使学院产生了这种管理需要。由于学校外部理事们经常缺席，他们既没有时间也没有多大兴趣去管理学院，而学院教员中的负责人通常年纪较轻，且又经常变换。面对这种权力真空，于是学校的首脑——院长自然填补进去，只有院长既代表教员又代表公众，因为他是常驻学校的管理委员会的成员之一。例如，哈佛在建院之初，把学院的管理事务交给由12 名校外非教育行业人士所组成的校监委员，后来由于校监委员会不是驻院管理机构，其成员也担任有自己的事务，加上当时交通不便，校监委员会成员难以做到经常聚会讨论学院发展事务，给学院日常管理工作带来了许多困扰与不便。于是，1650 年的特许状规定哈佛设立"管理委员会"（corporation），校务管理由"管理委员会"执行，学院成立了由学院院长、财务主管与评议员组成的院务管理委员会，它在校监委员会的监督下具体承担学院的日常管理工作。美国大学在殖民地时期发展出的外部控制方式，使它成为美国高等学校永远的特征。像哈佛学院这样以牛津、剑桥大学的学院为模型，但结合国情加以美国化改造后的学院被教育史家称为"盎格鲁－美利坚型"

---

① 丹尼尔·布尔斯廷. 美国人——殖民地历程 [M]. 时殷弘，等译. 上海：上海译文出版社，1997：234.

② 许美德. 美国的学院朝大学的过渡 [J]. 外国教育资料，1983（3）：23－26.

③ 丹尼尔·布尔斯廷. 美国人——殖民地历程 [M]. 时殷弘，等译. 上海：上海译文出版社，1997：235.

（Anglo-American Type）学府。美国殖民地学院的组织结构比较简单，由于学校规模小，院长以下一般不设任何行政机构，院长担负着后来由学校教务长、注册办公室主任与图书馆管理员负责的全部工作。他既是一个教师、董事会成员，又是一个牧师和领导者。"哈佛学院从成立起，仅设院长1人，承担全部教学及杂务，1699年才增加助教1人，1721年才正式聘请教授1人，但在18世纪较长时期也仅有校长1人，导师2—3人，办事员1人，厨师1人、牛奶师1人、仆役数人，而那时的寄宿生仅为20—50人之间。"①这些殖民地学院后来都纷纷升为大学。

1819年达特茅斯学院案的判决标志着美国高等教育进入一个新世纪，美国大学的理念、功能、形式和结构都在这一时期发生了革命性变化。最高法院的判决既鼓舞了私立学院的创办和发展，又激发了州政府创办州立院校的热情，最终导致了美国公私立院校的分野。1862年《莫里尔赠地法案》为各州提供了资源，极大地促进了美国高等教育的迅速发展，使大学和学院的数量与规模都得到快速增长，这些大学和学院紧密联系当地经济发展的需要，以直接为当地经济服务为目标组织自己的教学活动。19世纪美国大学最终完成了世俗化的转变，在承继欧洲博雅教育的传统之外，转而注重实用知识和科学知识，建立了大量面向工农业生产需要的农工学院，在18世纪末和19世纪初，受德国大学重视科学研究办学理念的影响，开始向专业教育方向跨越，大学在开展博雅教育的大学学院之外，开始设置专业学院。以医学院为例，哈佛大学于1782年，达特茅斯大学于1798年，马里兰州立大学于1807年，耶鲁大学于1813年，先后建立医学院，1817年哈佛大学首先成立法学院，耶鲁大学于1847年成立理学院，最终形成了综合文理学院与专业学院相结合的美国式学院制。美国式学院并没英国式学院那么独立，在学院的设置上主要是根据学科来划分，学院设置与科学研究、培养人才紧密结合，专业学院主要开展研究生教育，综合文理学院主要实行本科生教育。美国大学的学院制度形成后一直保持相对稳定，成为美国高等教育发展比较成功的重要原因之一。

---

① 滕大春. 美国教育史（第二版）［M］. 北京：人民教育出版社，2001：71.

学系的出现要晚于学院，人们经常批评学系造成学科内部知识分裂，这些批评却忽视了学系在促进大学机构目标实现过程中曾扮演的历史角色。杜里埃（Duryea）在《大学组织的演化》一书中提出，"学系产生于19世纪理事和行政管理人员加强对日益发展的学院和新兴大学控制的背景之中。"① 伯顿·克拉克认为，在学系这样的结构中，划分更细的官僚模式能够并且的确处于支配行会模式的地位。"当包括一切的学部为了对数目日增、内容日异的专业加以组织而不得不进行分化时，尤其是在共同的古典课程让位于选修制——即让学生自由选课和为学部专家研究他们的专业提供更多的自由——之后，在操作层次上，自欧洲中世纪大学留传下来的行会性的假定和形式已不再合适。"② "在美国，伴随着指定的古典课程的结束和新学科的出现，课程出现了分裂，为了适应课程的分裂，也为了创造一种新的教师管理单位的需要，美国大学出现了学系。"③ 学系的演变呈现出一个逐步专业化的过程，1770年代，哈佛有一些对某一领域比较专业的指导老师，1825年哈佛建立学系，由毕业后仍留在学校1年—2年的指导老师辅助主要教授，教师已经控制了课程。④ 1872年出现了高级教授和助理教授。⑤ 所以，学系的出现适应了新学科发展和创造一种新的教师管理单位的需要。每个大学坚持讲授全系列的课程，通过教授们的科研工作，学系提升了大学的声誉。1900年学系在美国的大学和学院里都已占有牢固地位，成为适应专业化需要，划分更大结构的基本单位。

① 伯顿·克拉克. 高等教育系统——学术组织的跨国研究 [M]. 王承绪，译. 杭州：杭州大学出版社，1994：52.

② 伯顿·克拉克. 高等教育系统——学术组织的跨国研究 [M]. 王承绪，译. 杭州：杭州大学出版社，1994：52.

③ Booth. D B. The department chair：Professional development and role conflict [M]. Washington，DC：American Association for Higher Education，1982：4.

④ Rudolph. F. History of the American Undergraduate Course of Study Since 1636 [M]. San Francisco：Jossey-Bass，1977：77.

⑤ Rudolph F. History of the American Undergraduate Course of Study Since 1636 [M]. San Francisco：Jossey-Bass，1977：144.

第二节　美国大学院长的角色与职能

一、美国大学院长角色性质的历史演变

在美国，作为大学组织中间职位的院长直到19世纪才在美国高校出现，并获得了很大发展。院长职位是伴随着高等教育行政机构的增长而出现的，它受三个因素的影响，即招生增长，提供新服务的需要以及把教师从管理工作中解脱出来的需要，院长职位的增设就是对这三个因素所做出的回应，其角色也随着大学自身发展和环境变化而发展变化。

古尔德认为"院长角色产生于校长需要一个人来帮助他减轻其档案和日常事务"①。"1816年第一位院长在哈佛被任命，负责管理医学院"②，"美国南北战争前，绝大多数高校主要依赖校长、一位出纳和一位图书管理员来履行行政任务。"③ "1830年—1870年，哈佛和其他大学在法学、神学、文科和理科领域增设了院长，到1913年，院长职位被普遍接受。"④ 院长产生之初，"主要职责是负责友好和仁慈地和学生交流，"⑤ 其主要角色是"在一个学问和专业化日益增长的环境下维持学院和人的价值观。"⑥ 一直到20世纪30年代，院长主要职责集中在与学生有关的事务上，例如，纪律、招生、咨询、批假和新生教育等。另外，院长还担任注册员和招生办负责人，有时还要为

---

① Gould J W. The academic deanship [M]. New York, NY: Teachers College Press, 1964.

② McGrath E J. The dean [J]. Journal of Higher Education, 1936, 70 (5): 599 – 605.

③ Rudolph, F. The American college and university: A history [M]. Athens, GA: University of Athens Press, 1990: 435.

④ Deferrari, R J. The problems of administration in the American college [M]. Washington, DC: Catholic University of America Press, 1956.

⑤ Mimi Wolverton, Walter H. Gmelch. et al. The changing nature of the academic deanship [M]. San Francisco, CA: Jossey Bass, 2001: 5.

⑥ Rudolph. F The American college and university: A history [M]. Athens, GA: University of Athens Press, 1990.

学生提供食宿，其他的几项职责是课程监督、改进教学和教师评价，涉及行政管理事务的仅有两项：给学院政策提建议和报告学院的年度健康运行状况。可见，院长职位是应行政管理之需而产生的。"然而学生对院长的看法却有些不同，在学生眼中，院长是学生无论遇到困难还是取得成功都可去找其诉说的一个人，学生从他那里学习到有关生活的经验。"① "院长为赌博的学生支付债务，在家里与学生共乐，给学生传达尊重、良知和公正的观念。"② 这时期的院长是一个人道主义者，还扮演着"代父母"角色。

自从 1890 年以来，随着注册办公室的出现，院长的职责逐步从学生事务中摆脱出来。最早对院长进行的研究中，麦格拉斯（McGrath）1936 年对 1860 年到 1933 年间的美国 32 所高校的院长角色进行了研究，当时绝大多数院长都承担着教学任务，"没有迹象显示这项工作正变成一项纯粹的行政工作"，③ 这段时期，他们就像学者型院长，在一边从事着行政管理职责的同时，继续从事着科研教学工作，努力寻求保持自己的教师身份。到 20 世纪 40 年代中期，院长积极地监督课程、教师和财政预算，很少有时间和学生直接互动交往。20 世纪 60 年代初期出现了学生院长，与学生有关的职责随之转给学生院长。院长职责的变化，部分原因是由于这时期校长性质的变化。

随着"二战"后大规模的学生流和 1944 年《公职人员重新调整法案》的实行，20 世纪 60 年代，民权运行的促进，大学校长面临着以前从未经历过的规模扩展和公众审查的压力，这些压力迫使他们把主要注意力用于筹资和公共关系，由此，他们把许多职责下放给院长，使校长实际上成为外部官员，院长成为内部官员，因此，院长的地位上升了。"随着院长主要职责的变化，一些大学院的院长已类似于小学校的校长。"④

---

① Rudolph, F. The American college and university: A history ［M］. Athens, GA: University of Athens Press, 1990: 459.

② Rudolph, F. The American college and university: A history ［M］. Athens, GA: University of Athens Press, 1990: 435.

③ Mcgrath, E. J. The Dean ［J］. Journal of Higher Education. 1936, 70 (5): 599 – 605.

④ Mimi Wolverton, Walter H. Gmelch. et al. The changing nature of the academic deanship ［M］. San Francisco, CA: Jossey Bass, 2001: 14.

"传统上，学院提拔最高级别的教师成员担任院长"①，"1950 年以前，担任这些职位的合格成员都是年老的、有着较好学术成就的白人男性学者，他们被认为适合担任该职位"②。这是因为在 20 世纪上半叶，受工业界科学管理运动的影响，在美国学校中兴起了科学管理运动，一种日益增长的居支配地位的观念认为，男性更适合担任管理者这种新的角色，并建立起了一种性别隔离的等级制，由男性担任管理者，而女性只能担任教师。③ "二战"后，特别是 20 世纪 60 年代民权运动之后，这种模式稍微有所改变，院长职位开始向女性和有色人种开放。院长工作关注的重点也开始发生变化，不再仅仅关注学生，而是更多地关注如何通过课程设置来满足学生的需要，古尔德指出，"经过 30 年的发展，院长的角色已经从以前几乎只关注学生，到学生和课程成为他最大的职责，到课程和教师成为他的主要关注对象，到最后他主要关注教师的阶段。"④ 院长的角色经历了一个由关注学生到关注教师的转移。20 世纪 60 年代，"院长主要关注高等教育的结果、手段、教师—学者型或学者—教师型教师、学术项目、接受者和学院预算。"⑤ 到了 20 世纪 80年代，"院长是作为潜在管理者的学术人员，负责处理特殊情况（比如学生抗议）、预算问题（工资和运行费用）、课程和项目编制、教师人事问题（辞职、退休替代和结束任期）等，"⑥ 他们成为学院的首席学术管理者。

到 20 世纪 90 年代，院长的职责得到进一步扩展，由以前的完全专注于学生发展到多层面的一系列角色。无论是在研究型大学还是在小型私立学院，

---

① Mimi Wolverton, Walter H. Gmelch. et al. The changing nature of the academic deanship ［M］. San Francisco, CA：Jossey Bass, 2001：5.

② Mercer, Joye. Fund Raising has Become a Job Requirement for Many Deans ［J］. Chronicle of Higher Education, 1997, 43（45）：31 – 32.

③ Tondra L. Loder, James P. Spillane. Is a principal still a teacher?：US women administrators' accounts of role conflict and role discontinuity ［J］. School Leadership and Management, August 2005, 25（3）：263 – 279.

④ Mimi Wolverton, Walter H. Gmelch. et al. The changing nature of the academic deanship ［M］. San Francisco, CA：Jossey Bass, 2001：12.

⑤ Joni Mina Montez, Mimi Wolverton, Walter H. Gmelch. The roles and challenges of deans ［J］. Review of Higher Education, 2003, 26（2）：241 –266.

⑥ Scott, R A. The "Amateur Dean" in a Complex University：An Essay on Role Ambiguity ［J］. Liberal Education, 1979, 65（4）：445 – 452.

院长的首要任务是要在各种内外部要求之间保持一种平衡。院长要负责鼓励好的教学、代表学院、参与财政计划和预算，建立和维持好的学院工作环境，给予指导、招聘优秀教师。① 此外，院长还承担着一些具有市场取向的职责，例如，寻求新的学生市场，寻求连接学术兴趣与工商利益相结合的机会，打探外部基金机会，寻求外部发展，代表学院和校友、校外委托人打交道等。院长的职责范围已超出了学院和大学的围墙，从集中于大学和学院内部事务，扩展到大学和学院之外，发展到今天又越来越倾向于管理取向的转变。美国大学院长越来越像工商企业中的经理，他们集挂名首脑、领导者、联结者、指导者、信息传递者、发言人、企业家、故障排除者、资源分配者和谈判者等多种角色于一身。"院长的角色范围已经扩展到包括在社区代表学校"②，"院长同时也成为政治的鼓吹者和立法者、捐赠者等学院外影响的游说者。"③如今，"来自上级监管者（行政人员、董事会）、委托人（教师和学生）和赞助人（纳税人、立法者和捐赠者）的各种要求综合在一起创造了一种喧闹的环境，而院长必须在这种环境中生存，因为一个学院的成功依赖于所有参与者的相互作用，这些特殊利益团体塑造了院长的角色。"④ 院长角色职责的综合化正逐步使其从首席学术管理者向首席执行官转变。

由此可见，美国大学的院长是由于大学规模和功能的扩大，大学的事务和管理变得更加复杂，为了分担校长部分管理事务而出现的，它与社会分工、委托授权之间及大学与外部环境之间存在着密切的关系，是在大学内外环境变化的过程中共同作用的结果。美国大学的院长职责范围经历了一个从主要关注学生到角色职责综合化的发展历程，从起初由教师兼任发展到今天日益专职化。院长职责的转变和角色范围的扩展是在一个动态的高等教育环境中，

---

① Gardner, W. G. Once a Dean: Some Reflection [J]. Journal of Teacher Education, 1992: 43 (5): 357 – 366.

② James C. Sarros, Mimi Wolverton, Walter H. Gmelch, Marvin L. Wolverton. Stress in academic leadership: U. S. and Australian department chairs/heads [J]. The Review of Higher Education, 1999, 22 (2): 165 – 185.

③ Gardner, W E. Once a Dean: Some Reflections [J]. Journal of Teacher Education, 1992, 43 (5): 357 – 366.

④ Joni Mina Montez, Mimi Wolverton, Walter H. Gmelch. The roles and challenges of deans [J]. Review of Higher Education, 2003, 26 (2): 241 – 266.

大学和学院日益开放，对外部环境的依赖和市场化程度日益提高的结果。院长扮演的角色也体现出一个由简单到多元化的变化，院长的性质也在发生变化，体现出一个从学生的监护人、首席学术管理者到首席执行官的转变轨迹。今天的大学院长已成为美国大学的重要组织成员，一般由大学的最高官员任命，并作为中心行政机构的成员进行工作，专业学院的院长，尽管有一定程度的自治权，但大多数仍然是任命而不是选举产生，并仍然具有行政官员的地位，每个院长职位都配有助理院长和其他辅助人员，拥有独立于教授团体的权力。值得注意的是，在院长职位性质变化的背后，反映出美国大学面对一个动态的外部环境，其内部管理体制发生的变化。

二、美国大学院长的角色与职责

大学院长作为美国高校管理层的重要成员，承担着以下多种角色。

1. 首席行政官

美国大学院长享有一定的自主权，必须对学院的行政工作负责，这些行政工作通常包括人事、预算、专业、设施场地、学生事务等内容。要想成为一名成功的行政管理者，院长必须具备的特质有：能干、正直、有愿景、果断、幽默、乐观、善于沟通、善于授权等。

2. 首席学术管理者

院长是学院学术理念、学术标准和学术项目的护卫人，院长要努力确保学院的学术水平、学科专业结构和提供的课程能有效满足社会需求与适应时代变化，在尊重学院传统与适应社会变化之间保持平衡。

3. 首席开发官

院长还必须负责学院资金筹措，为了确保资金筹措的成效，院长必须和捐款人及校友保持良好联系，担负起学院资源筹措的首席开发者角色。

4. 首席通信官

院长担负有向学院内外进行信息沟通、信息传递的角色。对内要善于进行组织愿景的宣讲，向学院师生介绍学院的历史、使命与发展目标，对外要善于与新闻媒体打交道，努力树立学院良好的公众形象。

5. 差异的裁判员

多种族、多文化的特点使美国高校多元化色彩非常突出。教职工和学生的个性、价值观、文化背景、宗教信仰等都存在显著差异。这使教职工、学生之间不可避免地会发生摩擦与冲突，大多数美国大学也建立了各种审查机制，当教职工或学生遇到一些摩擦冲突或不公平对待时，可以向这些校园审查机构寻求帮助，这些审查机构通常会把对摩擦或冲突的意见建议反馈给院长，这就要求院长必须熟悉这些正式的审查机制并与审查团体进行沟通交流，对审查团体反馈的建议进行事实核查，并决定是否采纳它们提供的建议。

6. 首要士气官

良好的士气对一所大学的发展非常重要，院长是学院的基石，直接影响着学院教职工对学院的信心与士气，院长必须对学院的发展持积极乐观态度，勇于面对学院发展中遇到的各种问题与困难，并以积极的心态去解决，以此影响学院教职工，促进学院良好士气的形成。

7. 总管家

院长要对学院各项管理事务负责，是学院的总管家。院长要争取校内外的各种支持，要维护学院的学术传统，是学术自由的首要捍卫者。作为学院的总管家，院长必须经营、管理、监督、指导学院的各项活动，院长承担的责任范围包括财政、管理、组织、法律及日常运行等方面。

8. 应对困难的导师

院长还承担着帮助教师应对各种困难或错误的导师角色。当教师遇到困难或犯了错时，院长必须勇于面对，积极为教师提供帮助与指导，促进教师健康成长与专业发展。

9. 司仪

院长作为学院的首脑，经常代表学院主持和出席各种活动，担任活动的主持人或司仪角色。这些活动通常会花费院长一定的时间与精力。

由此可见，美国高校的院长身兼多重角色，这些角色职责既有行政事务又有学术事务，院长既非纯粹的行政人员也非纯粹的学术人员。

第三节　我国大学院长的角色

一、我国大学院长职位的发展轨迹

1. 院长职位的设立

我国近代大学既不同于巴黎大学那种自发型大学，也不同于牛津大学、剑桥大学那种衍生型大学，而是在借鉴模仿西方大学基础上创建的。在我国大学中，履行着相当于院长职责的职位最早出现于 1904 年《奏定大学堂章程》中规定的分科大学监督一职。

1904 年颁布《奏定大学堂章程》，第一章立学总义第二节规定："大学堂内设分科大学，为教授各科学理法，俾将来可施诸实用之所。"[①] 大学堂分八科：经学科、理学科、文学科、医科、格致科、农科、工科、商科，每科下面分学门若干，每学门开设相应的科目，科目中又分主课和补助课两类。分科大学是在大学堂中设置的次级组织，相当于我们现在的院系组织。该章程也对大学堂的内部管理系统做了规定，第五章教员管理员部分第一节规定："大学堂应设大学总监督，分科大学监督，教务提调，正教员、副教员、庶务提调、文案官、会计官和杂务官，斋务提调、监学官、检察官和卫生官、天文台经理官、植物园经理官、动物园经理官、演习林经理官、医院经理官、图书馆经理官。"[②] 第三节规定："分科大学监督，每科一人，共八人，受总监督之节制，掌本科之教务、庶务、斋务一切事宜。凡本科中应兴革之事，得以博采本科人员意见，陈明总监督办理。每科设教务提调一人，庶务提调

---

① 璩鑫圭，唐良炎．中国近代教育史资料汇编：学制演变［M］．上海：上海教育出版社，1991：339.
② 璩鑫圭，唐良炎．中国近代教育史资料汇编：学制演变［M］．上海：上海教育出版社，1991：387.

一人，斋务提调一人以佐之，提调分任一门，监督总管三门"①。这几条规定
了分科大学监督的职责范围、工作运行方式和人员配备。其职责包括各分科
大学的教学、财务、办公用房、仪器设备和学生事务管理等内容，已相当于
我们现在所指称意义上的大学院长。1912年，教育部下令改京师大学堂为北
京大学，大学堂总监督改称为大学校长，各科监督改称学长。1916年蔡元培
持掌北大改革，通过机构的增废，重新调整了各组织机构的职能，废除原来
总揽行政和学术两大系统事务的各科学长一职，通过成立教务处和总务处来
分担，同时废门改系，把系作为组织教学的基本学术单位。1929年7月国民
政府颁布《大学组织法》，对大学的组织结构设置作了规定："第四条 大学
分文、理、法、教育、农、工、商、医各学院；第五条 凡具备三学院以上
者，始得称为大学，不合上项条件者为独立学院，得分两科；第六条 大学各
学院或独立学院各科，得分若干学系。"② 这是从法律上确认了我国大学校—
院（科）—系三级组织结构。

在院长和系主任的产生方式上，《大学组织法》还规定："第十一条 大
学各学院各设院长一人，综理院务，由校长聘任之，独立学院各科各设科主
任一人，综理各科教务，由院长聘任之。"③ "第十二条 大学各学系各设主任
一人，办理各该系教务，由院长商请校长聘任之。独立学院各系主任，由院
长聘任之。第十八条 大学各学院设院务会议，以院长、系主任及事务主任组
织之，院长为主席，计划本院学术设备事项，审议本院一切事宜，各学系设
系教务会议，以系主任及本系教授、副教授、讲师组织之，系主任为主席，
计划本系学术设备事项。"④ 因此，院系负责人更多扮演的是学术事务的管理
者和召集人。

新中国建立前夕，通过了《中国人民政治协商会议共同纲领》，对新中
国教育的性质、任务作了规定。《共同纲领》也是指导新中国政府进行教育
改革的指导方针，在该纲领的指导下，开始了除旧布新的教育改革。新中国

① 璩鑫圭，唐良炎.中国近代教育史资料汇编：学制演变［M］.上海：上海教育出版社，
1991：387.
② 宋恩荣，章咸.中华民国教育法规选编［M］.南京：江苏教育出版社，2005：395.
③ 宋恩荣，章咸.中华民国教育法规选编［M］.南京：江苏教育出版社，2005：395.
④ 宋恩荣，章咸.中华民国教育法规选编［M］.南京：江苏教育出版社，2005：396.

成立后，为了适应新形势和新需要，"以老解放区新教育经验为基础，吸收旧教育有用经验，借助苏联经验，"① 有计划有步骤地对原有的教育制度进行改造，积极建设新民主主义教育。1950 年 8 月政务院颁布了《高等学校暂行规程》，规定"大学及专门学院设若干学系，其设立或变更由中央教育部决定之"，"大学如有必要，得设学院，并在学院内设若干学系，学院及学系的设立或变更，由中央教育部决定之。"② "大学及专门学院的系，为教学行政的基层组织，各设主任一人，受教务长领导（在设有学院之大学，则受教务长与院长双重领导），由校（院）长就教授中聘任，报请中央教育部备案。其职责包括：计划并组织本系的教学行政工作；督导执行本系的教学计划；领导并检查学生的自习、实验及实习；考核本系学生成绩；总结本系教学经验；提出有关本系教职员任免的建议。""大学设有学院者各院设院长一人，由校长就教授中聘任，报请中央教育部备案，其职责包括：计划并主持本院教学行政工作；督导本院各系执行教学计划；提出本院各系主任人选的建议。"③ 从该规程来看，当时高校学校的组织结构同时存在着校—院—系三级层次和校—系两级层次两种形式，在实行校—系两级组织结构中，系主任主要扮演组织计划者、督导者、上级指令的执行者、学生学习的评价者和人事建议者等角色，系主任接受教务长领导。在实行校—院—系三级组织结构中，院长主要扮演学院事务主持者、组织计划者、督导者和人事建议者等角色。

2. 院长职位的取消

1952 年，根据"以培养工业建设人才和师资为重点，发展专门学院，调整和加强综合性大学的方针"，④ 在全国范围内进行了高等学校的院系调整工作，这次大学体制改革以全国的工学院调整为开端。1951 年教育部长马叙伦

---

① 钱俊瑞副部长在第一次全国教育工作会议上的总结报告要点（1949 年 12 月 30 日）［M］. 何东昌主编. 中华人民共和国重要教育文献，海口：海南出版社，2003：7.

② 高等学校暂行规程（1950 年 8 月 14 日）［M］. 何东昌主编. 中华人民共和国重要教育文献，海口：海南出版社，2003：45.

③ 高等学校暂行规程（1950 年 8 月 14 日）［M］. 何东昌主编. 中华人民共和国重要教育文献，海口：海南出版社，2003：46.

④ 关于高等学校院系调整计划、改订高等学校领导关系和加强高等学校及中等技术学校学生生产实习工作的报告（1953 年 5 月 29 日）［M］. 何东昌主编. 中华人民共和国重要教育文献，海口：海南出版社，2003：210.

在《关于全国工学院调整方案的报告》中提出，全国的工学院有很多严重不足："在地区分布上很不合理；师资设备分散，使用极不经济；系科庞杂，教学不切实际，培养人才不够专精；学生数量更远不能适应国家当前工业建设的迫切需要，因此，高等工业学校的院系设置与分工，必须作有计划的适当的调整。"[①] 1952 年 5 月教育部颁布了《关于全国高等学校 1952 年的调整设置方案》，拟订了具体的调整方案。对院系调整的原则作了如下规定：

> "大学（指综合大学）为培养科学研究人才及培养师资的高等学校，全国各大行政区最少 1 所，最多不得超过 4 所；大学行政组织取消院一级，以系为教学行政单位。
>
> 工学院是这次院系调整的重点，以少办或不办多科性的工学院，多办专业性的工学院为原则。
>
> 农学院应采取集中合办的方针，每一大行政区必须办好 1 所至 3 所农学院，各省可办专科。
>
> 师范学院每一大行政区必须办好 1 所至 3 所，培养高中师资，各省可办专科，培养初中师资。师范学院设系应严格遵照中等学校教学计划所需要的系科，纠正过去与大学同学科设系的倾向。"[②]

上述院系调整的原则明确规定了大学体制改革的基本方向。这次院系调整是学习苏联的教育经验而开展的一次大学体制改革，以大学结构与内部组织系统的调整为主要内容。经过调整，"私立高等学校全部改为公立，各院校的性质和任务均较前明确，工科院校得到了发展，综合大学得到了整顿，这样使高等学校在院系设置上基本符合国家建设的需要。"[③] 在大学结构方面将涵盖众多学科的旧大学改造为文理科综合大学和单科大学，并形成以单科大学为主的大学结构；在内部组织系统方面，"学习苏联高等学校制度，从庞杂纷乱的旧大学中取消院的一级，调整出工、农、医、师范、政法、财经

①　关于全国工学院调整方案的报告（1951 年 11 月 30 日）［M］．何东昌主编．中华人民共和国重要教育文献，海口：海南出版社，2003：131.

②　苏渭昌．五十年代的院系调整［J］．中国高教研究，1989（4）.

③　高等教育部关于 1953 年高等学校院系调整工作的总结报告（1954 年 1 月 15 日）［M］．何东昌主编．中华人民共和国重要教育文献，海口：海南出版社，2003：281.

等系科独立建院或与原有同类学院合并集中"，① 将过去的"大学—学院—系"的三级组织结构改为"大学—系"两级。

1961 年教育部在直属的 26 所高等学校试行《教育部直属高校暂行工作条例》（简称"高教六十条"），对高校的领导制度和行政组织作了调整，第五十二条规定"系是按照专业性质设置的教学行政组织。系主任是系的行政负责人。系主任在校长的领导，主持系务委员会和系的经常工作。根据工作需要可设副主任若干人，协助系主任分工领导教学、科学研究、生活管理和生产劳动等方面的工作。系务委员会是全系教学行政工作的集体领导组织。系内的重大工作问题，应该由系主任提交系务委员会讨论，做出决定，由系主任负责组织执行，并且报告校长和校务委员会。系务委员会由正副系主任、系党总支书记、教学研究室主任及教师若干人组成，由系主任提名，报校务委员会通过，由校长任命。系的正副主任担任系务委员会正副主任。"② 该条例规定了系一级实行系主任为首的系务委员会负责制。"文革"结束后，1978 年 10 月，对《教育部直属高校暂行工作条例》进行了修订，颁布了《全国重点高等学校暂行工作条例（试行草案)》③，对高校的领导体制进行了调整，学校实行党委领导下的校长分工负责制，系实行系党总支委员会（或分委会）领导下的系主任分工负责制。系主任是系的行政负责人，在校长的领导下主持系的经常性工作。系级的这一新领导体制使系主任要同时在校长和系党总支的双重领导下开展工作。

3. 院长职位的恢复

20 世纪中叶以来，知识增长和科学发展正呈现出高度分化之后的高度融合趋势，近代科学经过长期的发展、分化之后，综合交叉成为科学发展的新形式，大批交叉学科和边缘学科不断涌现。随着我国教育体制改革的深入，20 世纪 50 年代形成的以专业划分为基础的系科组织在一定程度上难以有效

① 马叙伦. 五年来新中国的高等教育（1954 年 10 月）［M］. 何东昌主编. 中华人民共和国重要教育文献，海口：海南出版社，2003：390.

② 中共中央关于讨论和试行教育部直属高等学校暂行工作条例（草案）的指示［M］. 何东昌主编. 中华人民共和国重要教育文献，海口：海南出版社，2003：1065.

③ 教育部关于讨论和试行全国重点高等学校暂行工作条例（试行草案）的通知（1978 年 10 月 4 日）［M］. 何东昌主编. 中华人民共和国重要教育文献，海口：海南出版社，2003：1646.

适应这种新趋势，显示出了专业设置狭窄、教育内容单一等弊端，它既不能适应现代科学技术在高度分化基础上高度综合的趋势，也不利于跨学科和多学科科研活动的开展，也适应不了培养复合型人才的需要。因此，20 世纪 80 年代以来，学院制作为高校内部管理体制改革和学科建设发展思路之一，为越来越多的高校所认同。国家教委于 1988 年 5 月颁布了《国家教委关于对普通高等学校机构设置的意见（试行稿）》，对全日制高等学校党政管理机构设置提出了指导意见，指出"高等学校经上级主管部门批准在学校内设置的分院，一般不作为一级行政机构，主要代表学校领导协调所属各系的教学、科研工作。若因工作需要，学院必须作为一级行政机构时，可在学院下设办公室，但其所属的系不能再作为一级行政机构。"[1] 一些部属大学开始尝试恢复学院，例如，大连理工大学（1984 年）、中国人民大学（1985 年）、华中理工大学（1985 年）、青岛海洋大学（1988 年）等相继于 20 世纪 80 年代恢复了学院制。

　　进入 20 世纪 90 年代，为了全面贯彻党的教育方针，深化高校综合改革，扩大高校办学自主权，推动学校办学质量提高，进一步开展了校内管理体制改革。1992 年颁布了《国家教委关于直属高校内部管理体制改革的若干意见》，就学校内部管理的权限做出了规定，"除中央和国务院明确规定学校必设的机构外，学校有权依据实际需要确定校内机构的设置及其人员的配备，可不参照主管部门对口设置校内机构。"[2] 明确了高校享有校内机构的设置权和人员配备权。这些权限为 1998 年颁布的《中华人民共和国高等教育法》进一步确认，这为各高校在校内恢复设置学院一级组织层次和配备院长职位提供了法律政策依据。另外，我国高等教育规模的快速扩展，使高校的规模迅速扩大，学科专业数大增，按专业组建的系不断增长。及至 20 世纪 90 年代，一些综合性大学的系级基层组织多达几十个甚至上百个，大学次级行政组织的膨胀，导致校部直接管理的下属机构过多，管理幅度过大，增加了学

---

　　① 国家教委关于对普通高等学校机构设置的意见（试行稿）（1988 年 5 月 12 日）[M]．何东昌主编．中华人民共和国重要教育文献，海口：海南出版社，2003：2754.

　　② 国家教委关于直属高校内部管理体制改革的若干意见（1992 年 8 月 21 日）[M]．何东昌主编．中华人民共和国重要教育文献，海口：海南出版社，2003：3373.

校协调管理的难度。而且以系为单位的管理制度，使各系的教学仪器设备等资源利用不充分，不利于教学资源的共享，加剧了办学资源不足的矛盾，原有的校系两级管理模式越来越不适应当前高等教育发展的需要。因此，为了更好地组织跨专业、跨学科的教学和科研，促进学科交叉渗透和专业改造，提高学校的整体办学效益，调整校内组织结构，进行学院制改革，推进学院实体化成为各高校应对新变化所采取的重要措施，于是开始了新一轮的院系调整，在我国高校内部逐渐重新恢复了学院一级组织结构，形成校—院—系三级组织结构。院长作为学院的直接行政负责人，由学校任命产生。2001 年对 22 所部属高校实行学院制的有关情况的问卷调查表明，"推行学院制是高校内部管理体制改革和学科建设发展的一个重要思路，学院制有利于专业改造，有利于学科的交融、渗透，有利于促进学科的进一步发展。"[1] 至 2007 年 5 月，我国普通高校共 1909 所，在 741 所本科院校中，实行学院制的有460 所。

1996 年颁布《中国共产党普通高等学校基层组织工作条例》，规定了院系单位党的总支部（直属党支部）委员会的主要职责，根据这一文件精神，很多高校在院系一级实行了党政联席会议制度，党政负责人就学院的重大事情进行决策，决策过程基本上是在协商的基础上遵从少数服从多数的原则集体做出，除了个人影响力外，院长并无特殊权力。院长由学校任命产生，基本上都由教授兼任，任期 3 年—4 年，可以连任。虽然各院系也设立了一些吸引教授参与的委员会，但它们主要发挥咨询、审议作用，在一些重视发挥教授作用的重点大学中，有些党政负责人通过直接担任这些委员会的主任，赋予这些委员会一定的决策权力。

因此，我国高校内部组织结构设置由校—院—系三级到校—系两级，再到校—院—系三级的变化，从一个侧面反映出我国高等教育管理体制改革经历了一个政府集权管理到下放高校自主权的过程。

---

① 国家高级教育行政学院编著. 中国高等教育体制改革世纪报告 [M]. 北京：人民教育出版社，2001：226.

二、我国大学院长的角色类型

角色的扮演总是离不开特定的"舞台"，总是离不开特定的情境。对大学院长而言，他处于大学科层和学科子系统的交汇处，经常面对的是学术活动情境和管理活动情境，而且他们经常需要在这两个情境间来回转换，它们结合得如此紧密，以至于很难把它们分得那么清楚。院长既不同于普通教师，也不同于职能部门行政人员，在大学科层系统中，他既处于学校管理系统的执行层，又是所在学院组织的决策层，他同时又属于某一学科，属于更大的学科系统，在学科系统中，院长承担着教学和科研工作，从事着知识的保存、传递、创新活动，在科层系统中，院长承担着管理工作，从事着计划、组织、指挥、协调和决策等活动，因此，院长具有教师和管理者的双重身份，在学术情境中，院长的教师身份使其扮演着教育者和研究者两种角色，可称之为学术人角色，在管理情境中，院长的管理者身份扮演着多种与管理职能紧密联系的角色，可称之为管理者角色。下面重点探讨院长在大学和学院管理情境中的管理者角色。

笔者采取半结构性访谈方法对 35 位大学院长进行了访谈，主要目的是深入了解他们在担任院长过程中所扮演的角色以及感受到的角色冲突状况。访谈主要围绕以下几个主题展开：

（1）院长扮演了哪些角色？

（2）担任院长的过程遇到了哪些角色冲突？

（3）这些角色冲突对自己有何影响？他们是如何应对的？

就"您认为自己在担任院长的过程中扮演了哪些角色？"这一问题对院长进行了访谈，为了体现出代表性，选取访谈对象时考虑了学校类型、学科差异因素，其来源分布如表 2-1 所示。访谈一般都事先约定，以方便受访对象的原则来确定具体的访谈时间和地点，为了便于整理，在征得受访对象同意的前提下，进行了录音，为了保护受访人的隐私，人物姓名和所在单位都用字母代替。

表 2 - 1　访谈对象来源分布

学校类别	人数	学校数	学科分布
"985 工程" 高校	15	6	文学、理学、工学、法学、教育学、医学、管理学
"211 工程" 高校	6	4	工学、理学、管理学、教育学
一般本科高校	14	6	文学、理学、工学、经济学、农学
总数	35	16	

资料处理遵循三阶段分析过程，第一阶段根据录音对访谈材料进行整理后，输入质性研究分析软件 Nvivo7.0；第二阶段对资料进行编码分类，把院长们提及的自己扮演的角色作为一个个自由节点（free node）；第三阶段在前一轮编码的基础上根据主题进行二次编码，建立树节点（tree node），提炼出院长们认同的角色类型。

就院长实际扮演的角色，或者他们自认为扮演得还不好，却非常认同的重要角色，总共有 43 种角色被受访对象提及，具体角色名称及选择频次情况如下（表 2 - 2）：

表 2 - 2　院长认可的角色类型及其选择频次比例

序号	角色类型	所选比例	序号	角色类型	所选比例
1	协调者	80%	23	学术研究组织者	9%
2	学者	72%	24	生产队长	9%
3	内部沟通者	66%	25	业务负责人	6%
4	教师	63%	26	引导者	6%
5	指导学科规划	54%	27	学院的名片	6%
6	学术领导	49%	28	召集人	6%
7	创收经营者	46%	29	教学的组织者	6%
8	资源调配者	46%	30	学科发展负责人	6%
9	对外联络者	40%	31	教学科研示范者	3%
10	资源争取者	37%	32	班长	3%
11	组织者	34%	33	学院的代表	3%
12	领导	23%	34	学术上的领头羊	3%

序号	角色类型	所选比例	序号	角色类型	所选比例
13	信息传达者	17%	35	后勤人员	3%
14	服务者	17%	36	教师发展的指导者	3%
15	条件保障者	17%	37	传达者	3%
16	矛盾调解者	17%	38	大秘书	3%
17	师资引进者	17%	39	看门狗	3%
18	稳定的维护者	14%	40	革新策划者	3%
19	师资鉴别者	14%	41	向导	3%
20	学术带头人	14%	42	掌舵人	3%
21	学科建设带头人	12%	43	学院的灵魂	3%
22	理念树立者	9%			

对上述 43 种角色进行归类，结果见表 2 - 3。

表 2 - 3　院长角色类型

学术角色	学术活动者		教师、学者、学术带头人、学术上的领头羊
学术管理者角色	与人际关系有关的角色	挂名首脑	学院的代表、学院的名片
		领导者	学科建设带头人、业务负责人、学术领导、学院的灵魂、掌舵人、领导、向导、引导者、班长、教学科研示范者、理念树立者、革新策划者
		协调者	协调者
		沟通联络者	内部沟通者、信息传达者、对外联络者、传达者
		组织者	组织者、教学的组织者、学术研究组织者、生产队长、召集人
	与学科有关的角色	学科建设指导者	指导学科规划、学科发展负责人
		师资建设	教师发展的指导者、师资引进者、鉴别者

学术角色	学术活动者		教师、学者、学术带头人、学术上的领头羊
学术管理者角色	与资源有关的角色	资源获取者	创收经营者、资源争取者
		资源调配者	资源调配者
	与环境维护有关的角色	环境创造者	服务者、后勤人员、条件保障者、大秘书
		稳定的维护者	稳定的维护者、矛盾调解者、看门狗

从表 2-3 可见，院长实际扮演的角色除了学术人角色外，其扮演的管理者角色并非处理单纯的行政管理事务，其管理事务中蕴含着丰富的学术韵味，因此，准确地应该可称之为学术管理者角色，具体包括以下几类。

1. 挂名首脑

挂名首脑虽然被列举的频次不多，但它确实是院长所有角色中最基本的角色。由于其源自职位的正式权威，它是一个象征，必须履行许多职责，其中有些是例行公事，有些带有鼓舞人心的性质，例如，代表学院向上级领导和部门汇报工作，出席相关会议，签署一些文件，代表学院对外交流，参加各种礼仪性活动，在学院迎新晚会上致欢迎辞，在毕业典礼上颁发毕业文凭等都是扮演挂名首脑的角色。

> 院长就是学院的面目，就是学院的名片，外面的人来这肯定是要见院长的，这是很正常的。所有的事情，院长代表学院，院长在这种情况下，他不是代表个人，他只能是一个机构的代表，所以自己控制不了自己。没办法，有的时候累得不得了，外面什么地方来了个什么人，你要以院长的身份去招待，学生搞什么活动，你累得不得了，你也要参加，学生在搞活动，你院长不去怎么行呢，对不对？毕业生照相呀，你都得去，这跟校长是一样，和国家主席也一样，他代表一个机构，这是角色要求。（湖北 H 大学新闻与传播学院 Z 院长）

2. 领导者

任何一个组织为了实现组织目标，都需要有人来进行引导和激励，要求有人来担任领导者角色，把成员的个人需要与组织目标结合起来。院长的领导者角色的合法性来源于其正式的职位，由上级任命为学院的负责人，但并非所有被任命为院长的人员都能在实际管理活动中发挥出领导者的作用，这对于由有着各不相同的研究范式、松散联结而成的学院组织来说，显得尤为迫切和必要，缺乏一个强有力的领导核心容易使各学科之间相互封闭起来。这就要求享有正式职权的院长必须扮演好领导者角色，他应成为学院办学理念、办学标准和学术项目的守护人，院长的首要职责是领导学院发展，院长必须担负起领导学科发展的职责。哈比森（Harbison）和迈尔斯（Myers）认为"组织的调子通常是由其高层经理人员来确定的，而企业是否成功则决定于他是向整个等级制度注入力量和远见，还是由于其无能或疏忽而使组织处于停滞。"[①] 对于学院来说同样如此，随着大学内部管理重心下移，院系一级学术组织也要考虑自身的改革和发展问题，院长要领导学院适应不断变化的环境，担当学院变革的设计者和发起人。院长的领导者角色，具有行政和学术双重内涵，要求他为组织发展提供指导和目标，把握发展方向，确立愿景，对教职工进行激励和引导，塑造和发展组织文化，甚至要发挥榜样示范作用。广东Z大学教育学院Z院长对院长领导者角色的重要性有着深刻的感受，因为Z学院是一个由几个联系不很紧密的学科组成的，如何把这些距离比较远的学科成员统一起来，引导他们更好地发展，Z院长非常强调院长的领导者角色，发挥其战略眼光，来引领学院的发展。

广东Z大学教育学院Z院长：因为我们这个学院比较特殊，由教育科学研究所、社会科学教育系、心理学系、体育教育系组成，学科差异比较大，我自己又没有博导这样的水平，只能利用行政的方式和手段进行组织与策划，你要引导大家往这方面去走。比如公共体育，在很多学校可能认为搞好教学就可以了，研究没什么意义，但我让他们去争取硕士点，也改变了他们的观念，也调动了他们的积极性。因为处于Z大学这样的环境中，你要站得住脚，首先就要看你有没有硕士点博士点，所以我就是从行政管理的角度来协调各种关系，组织好力量，然后给他们

① 明茨伯格. 经理工作的性质［M］. 孙耀君，译. 北京：团结出版社，1999：92.

一些建议，进行一些学科的判断，不同学科从哪里起步，要突破哪些方面的薄弱环节。

问：除了运用行政手段外，您还采取了什么措施引导学科发展？

Z院长答：我想就是眼光和定位了。就我现在的观点来讲，你要在Z大学有地位，你就要有学术，至于你怎么做，我不能替代太多，我只能跟你讲明这些道理，你们在发展中有什么问题，需要我协调的，我尽力帮助协调。因为我们学院比较特殊，如果是一个一级学科或二级学科的学院，那我可能会发挥更大的作用，至少在马克思主义理论这个学科方面，我还是可以发挥很大的作用的。但我对其他学科不懂，我只能给你一种理念和眼光，告诉他们怎么走。从功利的角度来讲，你要在Z大学有地位，你就必须要有学术，才能拿到资源，讲到理念，哪怕你是公共课，你也要去研究它，而不仅仅是教学，即使是技术训练，也要有研究的成分在里面。我主要是帮助他们树立一种眼光和战略，这样才能适应不断变化的新环境。

3. 组织协调者

该角色是建立在院长的领导者角色基础之上。学院组织目标和教学、科研以及社会服务功能的实现，需要合理设置组织机构和对人、财、物等资源要素进行有效配置，需要协调学院系统内部各要素的运行，减少内耗，增加合力。尤其是面对一群以相对自主和独立的方式从事知识操作活动的知识劳动者，由于学科的划分所造成的隔离状态，容易在学院内部出现知识壁垒，人们各自为政，自立门户，这都要求院长要加强学院内外部的组织协调工作，扮演好组织协调者角色。

4. 沟通联络者

沟通联络者角色包括纵向内部信息传递和横向跨部门信息传递。院长处于他所在学院与环境之间的联结点上（图2-1），通常与三个方面保持着联络，一是向上，包括校领导和学校职能部门，二是学院内的师生员工，三是外部环境，包括用人单位、校外学术共同体、项目委托人，政府部门和学生家长等。院长处于科层系统和学科系统的交汇处，是两系统的共同要素，在学校科层系统中，垂直的权力链使院长处于中间执行层的位置，院长成为学校与学院间信息传递的中介，一方面要把学校的方针政策、要求等向院系传达，另一方面要把学院内的意见要求向上反映。

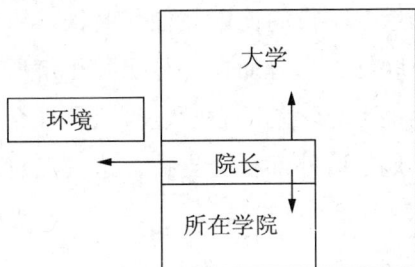

图 2 - 1 院长联络者角色所处的位置

大学作为一个由各院系组成的"联合王国"，院系之间是一种松散联结的关系，它们在大学内部对学校资源形成了一定的竞争关系。在大多数高校实行校级集权管理体制下，学校掌握着资源的分配权，与学校保持密切的联系，主动与学校及各职能部门加强沟通，有助于学校了解各学院的发展状况和实际需要，从而在获取内部资源方面更容易得到学校更多的理解和支持。为此，广东 Z 大学公共卫生学院 X 院长、广西 G 大学商学院 Y 院长等都非常重视沟通联络工作，把沟通联络与争取资源支持紧密结合起来。

院长一定要重视内外联络，对内要争取学校资源，一定要和分管领导和职能部门多沟通，多了解一些信息。对外要跟同类学校拓展一些交流，有的学院拿到重大基金项目，就和院长在外面的影响力有很大的关系，他们跟国家相关科技部门的领导关系比较密切。（广东 Z 大学公共卫生学院的 X 院长）

在学校层面上，学院之间也是有竞争的，学院之间的竞争无非是在学校资源的分配方面，以及争取学校领导的政策支持方面，学院之间也是有矛盾的，当然更多的是贡献。因此，院长本身也承担着一个和学校沟通交流的角色，去获得学校支持，表面上看好像是同一所学校，实际上这个是很重要的。你必须花很多时间让学校领导了解你，了解你的学院，学校领导不了解你，他不会支持你。还要花很多时间去和学校各职能部门沟通，让他理解你。（广西 G 大学商学院 Y 院长）

今天的大学面对的是一个动态开放的环境，学院与环境之间的联系更加紧密，大学和学院的发展对外部环境的依赖程度更高。院长以学院挂名首脑的身份对外交流更加频繁，院长们比以往任何时候都更加重视与学院外环境的沟通联系。通过内外联络，一方面让外界更加了解所在学院，扩大学院的学术影响力，另一方面也引导学院的教学、科研和社会服务活动更加紧密结合社会需要，从而更好地争取外部社会支持，这一点对于那些与市场需要结合紧密的学科尤其明显。

5. 学科建设的指导者

该角色是院长们认同程度最高的角色。受访院长们把指导各院系进行学科建设、学科规划以及师资队伍建设作为首要任务，把调动和整合院内资源，提高学院的学科水平视为自己的主要任务。由于学科之间的分化，不同学科形成了各自的知识理论体系与范式，各学科之间形成了一定的知识边界。各高校的学院通常是以一个或几个相关学科为基础组建而成的，所以院长很难做到精通各个学科，他可能精通自己所在学科，但未必精通相近的其他学科。因此，他更多的是从学院发展全局出发，对学院学科发展进行规划和宏观指导，提供发展理念和思路，把握和引导学院的整体发展方向，在学科建设中发挥着指导者角色。

> 我觉得目前院长的主要作用，一是把握学科建设发展的基本方向，要能敏锐地把握学科发展方向和学科布局安排。院长既要在学院管理中起组织协调作用，又要在发展中把握学科在国内外的基本情况，根据国内外学科发展状况把握学科发展道路。（湖北 H 大学文学院 H 院长）

> 院长在一个学院的发展过程中，我觉得最主要的一点是在学科建设上起到最主要的作用，对学院今后的发展要起到一个很好的规划，他要了解以前和想要发展的未来，对学院建设要作一个非常完善的规划。（福建 X 大学艺术学院的 S 院长）

> 在学科建设中，院长主要是进行学科定位，还有就是组织一些力量去做重点项目，重点课题，整合力量这一块，他发挥的作用会更大一些。大学教师实际上是一个相对松散的团队，尤其是文科更明显，我不需要和别人发生联系就可以做完自己课题的研究。但是一些大项目的研究还

是需要整合一些力量，这一点我觉得院长会发挥更大的作用。比如，"211 工程"，每期给的重点各不相同，比如 211 三期的重点是重点学科，而且是在现有重点学科基础上再去增长一个新的学科增长点。在这个过程中，院长发挥的作用会更大，他可能会越出学院的范畴，会去和相关的院系进行资源的整合，带动一部分学科的进一步发展，这一块院长发挥的作用会更大。其实院长的素质也是蛮重要的，他有没有这种眼光，有没有比较活跃的思维，都很重要。（广东 Z 大学新闻与传授学院的 L 院长）

学科建设一般可分为三个层次，一个是国家层面的学科建设，主要是宏观层面上，整个国家的高等教育的学科布局与规划安排，二是学校层面的学科建设，具体指一所学校的学科布局与规划，三是院系层面的学科建设，这是最微观层面的，是最具体的，也是院长进行学科建设的主要层面。刘献君教授认为学校层面应该抓五个方面：目标、结构、重点、资源、评估；院系层面应该抓学科方向、队伍、项目、基地四个方面。① 学院是进行学科建设的具体组织单位，是学科建设各要素的聚集载体，包括学科方向、队伍、项目、基地四个方面，而这些学科要素在学院里的有效凝聚与结合，通常都需要院长发挥其对资源的组织和调配作用来实现，尤其是人力资源的配置和整合。师资队伍建设也被很多院长视为学科建设的重要组成部分，很多院长虽然并没有人事的最后决定权，但对于引进教师具有事实上的否决权，他们通常积极地寻觅人才，对新进教师的学术水平进行初步鉴定，并对教师的学术规划进行一些指导。

6. 资源调配者

组织的资源包括金钱、时间、材料设备、人员以及信誉等。大学教师的工作是自主性极强的学术工作，从教学到科研活动，选择什么教学方法，如何组织教学内容，选择什么研究课题，确立什么研究方向，基本上都是教师主导，行政干预力量应该止步于教室和实验室之外。面对教师们千差万别的

① 刘献君. 以改革创新精神推进学校发展［J］. 河北科技大学学报（社会科学版），2008（6）：1-6.

学术旨趣，院长除了为教师发展营造良好的环境之外，也不能采取完全放任自流的态度，他要保障组织目标的实现，为了凝聚学科方向，提升学科竞争力，在总体资源不足的背景下，如何在尊重学术自由与实现组织目标之间寻求平衡？除了与教师沟通交流等非正式方式外，院长们很少采用行政手段，更多的是发挥资源配置这一管理工具。麦科克尔（McCorkle）称"资源配置是学术管理者最有力的管理工具"。[①] 院长通过学院内资源的调配来保障组织目标的实现，通过学院资源的流向来体现学院的发展方向，甚至可以根据自己的兴趣和偏好而影响资源的流向与使用。在有的学院经常会遇到这种情况，随着院长人选的更换，学院重点支持的学科方向也随之发生转移，而这种转移通常是院长通过对学院内部资源重新调配来实现的。院长也可以通过资源调配来体现和保障学科规划的实现，通过资源调配来体现学院的发展重点和导向。广西 G 大学计算机学院 L 院长就非常重视发挥院长在资源调配中的作用来确保学院学科规划目标的顺利推行，他在谈到教师的研究方向与学院的发展规划不相一致时说：

> 因为教师在做他的学科研究的时候是要有兴趣的，没有兴趣是做不出成绩的。如果教授在做学术研究的过程中与我们学院的方向不吻合的话，一般来讲，我就不是很鼓励，但是我不反对。我的不鼓励是什么意思呢，可能就是你拿不到学院资金的支持。刚才我讲博士有 1 万—5 万的资金支持，我从资金上就有倾向性，我也不拦你，你自己的想法，因为这个东西是可以调和的。我们有两个教授来的时候是学自动化的，他的方向也和我们不相吻合，经过七八年的工作，他自己就慢慢地转过来了。其实我觉得人的研究兴趣是可以培养的，研究方向也是可以调整的。刚来的年轻老师我们就想引导他们往这方面走，当然也有些不想往这方面走的，那也行。因为我们还有些学数学的博士过来，他就不喜欢做计算机这些研究，喜欢做他的数学研究，那我们也不反对，但经费方面可能就卡得比较紧。（广西 G 大学计算机学院 L 院长）

---

① CO McCorkle, SO Archibald. Management and Leadership in Higher Education ［M］. San Francisco：Jossey-Bass, 1982：77.

7. 资源获取者

该角色包括从校内外争取经费、政策支持和组织学院进行创收筹措经费等内容。就大学内部而言，各学院和学科在学校层面上对资源的争夺，表现出政党组织运行模式的色彩，大学在分配校内资源时，尽管主要参照的是学术标准，即根据各学科和学院对大学的贡献，以及它们在大学中的地位、影响力、发展潜力进行资源分配。但依然存在着政党组织模式下的"政治游说"活动，各学院负责人通过向学校职能部门或学校领导进行"游说"，获取各种学校的资源和政策支持，这其中，院长扮演的就是内部资源的获取者角色。广西 G 大学教育系 L 主任在教育系刚成立时，积极扮演着资源获取者角色，通过校内游说活动，争取到了不少经费和设备，为该系的发展奠定了一定基础。

> 我们系刚开办的时候什么都没有，我们称为皮包教育系，没有办公室，没有桌子设备，只有一个公章在包里。学校有什么会议都是打手机联系，所以那时我经常跑学校领导那里，争经费，要办公室和设备。如果你不去跑，学校可能就给你 10 万元应付了事，但经过我努力争取，最后学校给了 25 万元，后来又到设备处去要电脑等设备。有一次我们学校的后勤处处长对我说，这一年来，你们教育系是从我这里要的东西最多的一个院系。(广西 G 大学教育系 L 主任)

经费筹措正日益成为当前院长的重要任务，一方面是由于大学总体资源不足，大学内部资源分配不平衡，另一方面是教师们福利待遇的改善很大程度上依赖于学院的经济状况，尤其是一些高校通过经费分配制度改革，给予学院自主创收的政策，让学院来承担课酬和福利开支。院长们普遍反映经费紧张，筹资压力大，筹资的动机，一方面是通过创收来弥补发展经费不足，另一方面是通过创收来改善教职工福利待遇，以此更好地激发教职工的积极性以及留住人才、吸引人才，而且后者往往成为大多数学院进行创收的主要动机。广西 G 大学商学院 Y 院长和广东 S 学院会计学院 X 院长等对这一点都直言不讳。

> 在高校里面院长的压力非常大，特别像我们学校这种体制，院长不

但要促进学院学科发展，教学水平的提升，教师的培训进修等，他还要承担教师的部分福利。教师的很大一部分福利在学院，学院面临着一个发展创收的压力，这一点院长承担了很大的责任。（广西 G 大学商学院 Y 院长）

我们现在的创收很多考虑的不是工作本身的需要，更多考虑的是教工的福利。如果从这个角度来讲，这个体制下的问题是很多的，没有办法从这个目的去解决创收问题。（广东 S 学院会计学院 X 院长）

尽管越来越多的院长已经实际扮演了经费筹措者角色，但经费措施者角色也是院长们争议最多的角色。有些院长并不认同，他们认为学院作为办学的基本单位，主要精力应是从事教学、科研等学术活动，院长应把主要精力用于学院的学术管理工作，经费筹措应是学校的事情，不应让院长来承担这种责任，有的虽然认为创收对于弥补学院经费很重要，但把这部分工作交由副职来负责。

学院作为办学基本单位，其主要精力应是从事教学科研活动，学校应该负责筹钱，校级领导就是拼命去弄钱给学院花，不应该让院长承担经费筹措的责任。（福建 X 大学信息学院 Z 院长）

按道理院长不应该是资金筹措的主体，中国大学院长没有这个职责。因为学院不是一级独立的法人，他只是从事教学研究的机构，筹资主要应由学校来完成，院长不应该承担这个功能。但是现在由于国内大学办学资金短缺，很多学院根据自己的特点进行资金筹措，我们争取校友的捐赠很少，那主要是在学校层面，不会捐赠到学院层面，我们主要是通过合作办学的方式进行创收，增加经费来源。（北京 B 大学管理学院 H 院长）

人们说现在是学校办社会，不要把我们学院变成一个完全的小社会，什么离退休呀，都让院里办，还包括什么创收的功能呀，这都是承担不了的。（北京 Z 大学公共管理学院 W 院长）

创收这个方面我看是次要的任务，我们系主任或院长如果一心一意跑去搞创收的话，不利于院系的发展，因为我觉得创收是一个副业。比

如说办班这个事情，我们也搞，有分管的人去负责，不需要系主任去做这个事情。（湖北 H 大学化学系 H 主任）

院长不应该承担筹措经费的责任，院长不应该承担这个角色，筹措经费应该是校长的事情，院长只需把握学科的发展。（湖北 H 大学新闻与传播学院 Z 院长）

8. 冲突调解者

大学和学院作为一个复杂的系统，内部人员构成复杂而多样，个体和群体之间由于立场态度、价值观念或利益争夺而经常发生冲突。由于院长与教职工之间在时间上、物质上以及组织机构内的距离也较小，他不像校长，由于组织机构的等级性，与教师之间保持着较远的时空距离。院长的工作通常是直接面对教职工，直接与他们打交道，教师们遇到矛盾和困难通常会直接找院长，寻求院长的帮助。院长们发现自己经常处于各种矛盾和冲突旋涡的中心，不同个体和群体间的冲突使院长经常扮演着"和平鸽"、"消防队员"与"润滑剂"的角色。不包括学生在内，院长经常面临着三类冲突：学校与学院之间的冲突，行政人员与教师之间的冲突，教师之间的冲突。这些冲突既有利益之争，也有沟通不善而引起的，院长经常要在这几个群体之间充当调解者，以维护学院组织的稳定，防止破坏性冲突所带来的负面影响。北京 B 大学管理学院 H 院长认识到学院现在已成为各种矛盾的中心，作为院长需要谨慎处理好各种关系，化解各种矛盾，认同扮演冲突调解者是院长职责的重要内容。

现在是一个思想非常活跃、价值多元的时代，面对一个高知识水平的群体，教师个人的利益诉求又不一样。在这种情况下，你既要提升学院的发展，又要满足每个人的利益诉求，显然是不可能的，这样就会发生矛盾。院长是学校最基层的一个岗位，直接面对教师和学生，院长面对的事情都是必须务实的，而不能务虚，因此就必须面对具体的人和事，所以必然要面对各种矛盾。学院现在是矛盾的中心，他首先要处理好教师之间的关系，师生之间的关系，学院和学校之间的关系，学院与社会之间的关系。（北京 B 大学管理学院 H 院长）

9. 发展环境的营造者

随着学术劳动力市场的形成以及教师聘任制的推行，教师的身份也发生了变化，由以前的"单位人"转变为"社会人"，教师获得了通过学术劳动力市场的自由流动来寻求自我价值实现，以及获得更好发展空间的自由。为了能够吸引和稳定优秀人才，院长要努力营造良好的学术氛围和教师发展环境，为教师的发展提供良好的条件，要求院长关注教职工的发展，建立和完善各种规章制度，重视学院组织文化建设，才能真正调动教师的积极性、主动性和创造性，促进教师个人目标和学院组织目标的实现。

> 院长作为学院第一责任人，除了行政方面的事情外，还必须担负为学院营造良好的发展环境任务，包括为教师提供好的教学科研条件，提供好的生活福利，改善教职工生活等，当然，除了物质方面的，更重要的是要营造好的精神氛围，要重视学院文化建设，提炼组织愿景来凝聚人心。

上述9种角色大致可归为这么几类：与人际关系有关的角色、与学科有关的角色、与资源有关的角色、环境保障方面的角色，其角色活动范围已经超出大学和学院的传统边界。另外需要强调的是，院长扮演的上述角色在实践中是一个整体。

院长除扮演大学作为一个科层组织所赋予的行政管理者角色之外，其角色的一个显著特点是它与学术活动的紧密性，其职责范围既不同于单纯的行政管理者，也不同于单纯的学术领导，而是融这两方面于一身，成为兼具学术属性与行政属性的首席学术管理者。这一方面是由于学院从根本上说是一个学术组织，院长从事的各项职责都直接或间接地与学术活动有关，该组织的学术属性，内在地规定了院长角色的学术内涵，赋予了院长角色一种天然的学术气质。正是这种学术性把它与企业、政府等组织中的行政管理者角色区别开来，使院长在遵循科层运行方式，履行着一般组织管理者的计划、组织、指挥、协调和控制职能时，还必须考虑和结合学院组织及其工作内容的学术属性，它们要求院长必须具有一定的专业知识和学术素养。另一方面，与欧洲大陆学部制下的学部主任相比，我国院长的行政色彩更浓，而相比于美国大学的院长，我国院长职责内容又更多地涉及学术事务，这种差异反映的是不同国家大学学术权力模式的差异。

明茨伯格作为经理角色学派的代表人物，在其代表作《经理角色的性质》一书中，通过对 5 位经理的研究，归纳出经理扮演着三类共 10 种角色：人际关系方面的角色，信息方面的角色和决策方面的角色。人际方面的角色包括挂名首脑、领导者、联络者；信息方面的角色包括监听者、传播者、发言人角色；决策方面的角色包括企业家、故障排除者、资源分配者和谈判者。明茨伯格所定义的经理是指"那些正式负责一个机构或其下属单位的人们，包括担任总统、首相、车间主任、教务长、系主任以及主教等职务的人。"① 从院长角色的类型来看，大体包括在明茨伯格归纳的角色范围之内，但院长的角色内涵却有别于企业经理，也有别于其他组织的管理者，把它们区别开来的关键因素就是院长角色的学术属性，包括角色职责的学术性、角色任务的学术性、角色使命的学术性以及任职条件的学术性要求等。

总之，尽管在不同类型的高校中，院长的角色要求存在很大差异，他们具体承担的角色也不完全相同，但对于一位成功而有效的院长来说，他的职责可以包括三方面的内容：把不同委托人的利益整合成一个共同的目的，包括目标设置和战略规划；从现有资源出发，创造动机来激励成员为学院提供崭新和持久的贡献与承诺；在把各种贡献和承诺转化成学院的教育产品和服务的过程中实现学院效率的最大化。② 这三种职责的有效实现都内在地要求院长的角色应该是行政负责人和学术领导者的统一，即学院首席学术管理者角色的成功扮演。

三、基于能岗匹配理论的院长能力要求

院长作为大学重要的人力资源，承担着 9 大角色，对大学及学院发展负

---

① 明茨伯格. 经理工作的性质［M］. 孙耀君，译. 北京：团结出版社，1999：6.

② Join Mina Montez, Mimi Wolverton, Walter H. Gmelch. The roles and challenges of deans［J］. Review of Higher Education, 2003, 26（2）：241 – 266.

有重要职责，那么院长职位对任职者提出了什么能力要求？任职者必须具备哪些能力才能胜任院长角色要求？下面以能岗匹配理论为工具对院长的能力要求进行论述。

能岗匹配是人力资源使用中的一条黄金法则，其意是指组织在任命员工担任某一职位时必须从员工能力与岗位要求双向角度进行考虑。能岗匹配包含两个方面的含义，一是指某个人的能力完全胜任该岗位的要求，即所谓人得其职；二是指岗位所要求的能力这个人完全具备，即所谓职得其人。能岗匹配原则是指应尽可能使人的能力与岗位要求的能力达成匹配。一方面，员工个人的能力完全胜任该岗位要求，另一方面，该岗位所要求的能力员工完全能达到。这就好比穿鞋子，鞋脚要能相符合。在一些组织的人员招聘与使用过程中，存在一个误区，用人单位往往单向度地从员工角度提出要求，追求个体优秀，根据求职者个体优秀水平进行人员筛选。其实，"匹配"比"个体优秀"更重要。有的员工个人硬件条件优秀，但放到某一个环境中不但个体不能发挥其能力，且整体的战斗力被削弱；有的人能力一般，但放到一个适宜的环境中，工作很出色，团队的协作能力也加强了，整体效益达到最优。因此，能岗匹配原则作为招人、用人的黄金法则，强调的不是最优，而是最匹配。

院长处于科层子系统与学科子系统交汇区的特点，使其角色具有行政属性与学术属性的双重性，这种双重属性对院长职位的从业者，从行政和学术两方面提出了能力要求，行政方面要求院长必须具备行政管理能力、组织协调能力、沟通交流能力、资源筹措能力，冲突处理能力以及公关能力；学术方面要求院长必须具有较高的学术造诣，具有宽广的学术视野、敏锐的学术眼光与察觉能力，具有学术规划指导能力。不少学校根据"学而优则仕"的原则选择院长，习惯把那些科研能力突出的教师提拔担任院长，但实践证明，很多科研能力强的教师并不一定具备院长所需要的管理能力与管理素质，毕竟科研活动与管理活动有各自特点，对从业者的能力素质要求也存在差异。

第三章

我国大学院长的
角色压力实证研究

第一节　研究设计

一、取样对象与抽样方法

本研究以我国公办普通本科高校直属二级学院的正职院长或没有成立学院而仅设系的正职系主任为调查对象，成人教育、网络教育、国际教育学院的院长暂不包括在内。采用分层抽样的方法，分别从"985 工程"高校、"211 工程"高校和一般本科高校三类高校中随机选取调查样本，同时适当考虑地域分布，采用电子邮件和书面邮寄相结合的方式发放问卷。

二、研究工具

院长的角色压力包括角色冲突、角色模糊和角色负荷三个维度，它们共同构成院长的角色压力。因此，本研究采用角色压力量表进行问卷调查。另外，院长的工作压力与角色压力既有区别又有联系，两者相互影响，院长在角色扮演过程中，其面临的各种工作压力一方面会加剧院长的角色压力，另一方面又可反映院长的角色扮演状况，所以，本研究在文献调查的基础上自行设计了院长的工作压力问卷。调查问卷利用 SPSS18.0 统计软件进行统计分析。

角色压力量表采用里佐等于 1970 年所编制的量表（也称为 RHL 量表），它是目前使用最广泛的测量角色压力的量表，包括角色冲突与角色模糊两方面内容，主要测量员工所面临的与工作相关的各种期望、要求不一致和不确定程度。该量表是在总结前人对企业管理者和医院、学校等专业组织成员有关角色冲突和角色模糊研究的基础上，鉴于组织的复杂性特征编制而成。角色冲突量表涵盖相互冲突的期望或要求而引起的角色冲突；同一个人承担行为要求不同或不一致的角色产生的冲突；个人内部标准或价值观与定义的角色行为之间的冲突；资源与角色要求之间的冲突等方面。里佐等对两批样本进行了测试，样本从公司主要车间、中心办公部门以及研究和工程领域随机抽选，被测对象全都是管理和技术人员，角色冲突两次测量的 Cronbach α 系数分别为 0.816、0.820，对角色模糊两次测试的 Cronbach α 系数分别为 0.780、0.808，都有比较高的信度。[①] 这个工具被大量的研究所验证，许多最近的研究也验证了它的有效性和稳定性[②]。雪弗尔德（Shepherd）将 13 位在研究中使用 RHL 量表的研究者的研究进行了对比，发现他们用 RHL 量表测量角色冲突，其 Cronbach α 系数最低为 0.78，最高为 0.88，平均 0.82。[③] 美国学者沃尔弗顿等也采用此量表对美国大学院长的角色冲突和角色模糊进行了实证研究，角色冲突和角色模糊的 Cronbach α 系数分别为 0.83 和

---

① John R. Rizzo, Robert J. House and Sidney I. Lirtzman. Role Conflict and Ambiguity in Complex Organizations [J]. Administrative Science Quarterly, 1970, 15 (2): 150–163.

② Wolverton, Mimi; Wolverton, Marvin L. et al. The impact of role conflict and ambiguity on academic deans [J]. The Journal of Higher Education, 1999, 70 (1): 80–106.

③ 顾盼. 上下级沟通、角色压力与知识共享及工作满意度研究 [D]. 杭州：浙江大学, 2007.

0.86。① 我国的研究者顾盼②、王觅也③、李冬梅④、孙曼⑤等也采用此量表对银行、公司员工、中小学教师、销售人员进行实证研究，角色冲突的 Cronbach α 系数分别为 0.804、0.773、0.761、0.8423。王觅也的研究中，角色模糊量表的 Cronbach α 系数为 0.827，李冬梅的研究中，角色模糊量表的 Cronbach α 系数为 0.816，表明这个量表在我国具有较好的信度。该量表用于测量大学院长的角色冲突和角色模糊具有非常强的针对性和适用性。

本研究参考台湾学者黄国隆对 RHL 量表的翻译⑥，角色冲突分量表共 10 题，皆为正向题，角色模糊分量表共 6 题，皆为负向题，采取反向计分，题项采用 7 等尺度计分，分数越高，表示被调查者感受到的角色冲突和角色模糊越高。

角色负荷量表采用台湾学者林世昌参考马特森（Matteson）的角色负荷的题目所修订的译本⑦。角色负荷分为质和量两个方面，角色质负荷分量表共 5 题，角色量负荷也共 5 题，都为正向题，采用 7 等尺度计分，分数越高，表示受试者感觉到的角色负荷程度越高。孙曼采用此量表对我国南方公司白领进行研究，Cronbach α 系数分 0.7432，王觅也使用此量表进行研究，角色质负荷分量表的 Cronbach α 系数为 0.790，角色量负荷分量表为 0.754，说明该量表具有较好的信度。

① Wolverton, Mimi; Wolverton, Marvin L. et al. The impact of role conflict and ambiguity on academic deans [J]. The Journal of Higher Education, 1999, 70 (1): 80 – 106.

② 顾盼. 上下级沟通、角色压力与知识共享及工作满意度研究 [D]. 杭州：浙江大学, 2007.

③ 王觅也. 角色压力与工作倦怠关系的实证研究 [D]. 成都：西南交通大学, 2007.

④ 李冬梅. 中小学教师角色模糊、角色冲突对工作满意度及三者对职业倦怠的影响 [D]. 长春：东北师范大学, 2002.

⑤ 孙曼. 白领工作者角色压力、工作倦怠与组织承诺的关系研究 [D]. 上海：同济大学, 2006.

⑥ 廖玲珠. 内部稽核人员角色压力及工作满足与内部稽核工作品质关系之研究 [J]. 当代会计, 2004, 5 (2): 235 – 270.

⑦ 廖玲珠. 内部稽核人员角色压力及工作满足与内部稽核工作品质关系之研究 [J]. 当代会计, 2004, 5 (2): 235 – 270.

三、问卷测试

2008 年 2 月，通过电子邮件和书面邮寄方式在湖北省内高校发放问卷 70 份进行测试，回收 43 份，角色冲突和角色模糊量表的 Cronbach α 系数分别为 0.7822 和 0.8392，角色负荷量表的 Cronbach α 系数为 0.8353，量表具有较好的信度，然后进行因子分析，各测量条款的因子负载都达到 0.4，说明问卷符合测试要求。

四、正式调查

正式调查从 2008 年 3 月至 6 月初，历时三个多月，共发放问卷 700 份，共回收问卷 567 份，回收率 81.0%，有效问卷 495，回收问卷有效率 87.3%。表 3-1 反映了样本在各类学校中的分布情况，有效样本数中，来自 985 高校 60 份，占 12.1%，来自 211 高校 80 份，占 16.2%，一般本科高校 355 份，占 71.7%。根据教育部 2008 年 4 月 8 日公布的具有普通高校招生资格的高校名单，目前我国共有公立普通本科高校 712 所，其中 985 高校 38 所，占 5.3%，211 高校（除去同时属于 985 高校的 38 所）70 所，占 9.8%，一般本科高校 604 所，占 84.8%。对照样本比例数，除一般本科高校的比例略低外，其他两类高校都要高，可以说样本还是具有一定的代表性。

表 3-1　样本分布情况（%）

学校类型	样本数	百分比	累积百分比
985 高校	60	12.1	12.1
211 高校（不包括 985 高校）	80	16.2	28.3
一般本科高校	355	71.7	100.0
总样本数	495	100.0	

五、角色压力量表的信度和效度检验

信度和效度检验是帮助我们的研究结果具备可信度、真实性和有效性的关键环节。信度指的是可信赖程度和一致程度，它代表了同样的事物在相同或类似条件下的重复再现，缺乏信度指的是在测量过程中，所出现的反复无常的、不稳定的、不一致的结果。[①] 信度越高，表示测量结果越可信，本研究采用克朗巴哈 α 系数（Cronbach's alpha coefficient）进行信度检验，Cronbach's α≥0.7 则表示可靠性较高。[②] 根据所获得的 495 份有效问卷进行信度检验，整个角色压力量表的 Cronbach's α = 0.8689，角色冲突 Cronbach's α = 0.8197，角色模糊量表的 Cronbach's α = 0.7871，角色负荷的 Cronbach's α = 0.8272，表明测量结果的可靠性程度较高。

效度指的是测量指标与概念之间的匹配程度，内容效度是一个主观评价指标，主要体现在该领域的专家之间对某一量表能够测度所衡量的事物的认可程度。由于此次调查采用的是比较成熟并被国内外研究者广泛使用的量表，效度被广泛证实。

第二节 院长履职现状描述

一、院长的人口学特征描述

表 3 - 2 反映了样本在人口学特征方面的情况，从表 3 - 2、表 3 - 3 可看出，目前我国大学院长群体的人口学特征是：以汉族为主，汉族占 91.9%，

---

① 劳伦斯·纽曼，克罗伊格. 社会工作研究方法：质性和定量方法的应用［M］. 刘梦，译. 北京：中国人民大学出版社，2007：216.

② 林杰斌，刘明德. SPSS11.0G 与统计模型构建［M］. 北京：清华大学出版社，2003：318.

少数民族占 8.1%；男性处于支配地位，男性占 86.3%，女性占 13.7%，对男性和女性在三类高校以及所在学科所占比例进行区分，结果见表 3-4、表 3-5，从表 3-4、表 3-5 可知，女院长在"985 工程"高校所占比例最低，在一般高校所占比例最大，在文科学院所占比例最高，其次是经管类，在农林类学院所占比例最小，这一结果除反映出男性在大学院长中处于支配地位外，说明目前我国院长职位是一个男性为中心的职位，这结果还反映出女性更容易在一般本科高校和文科类学院获得院长职位，学校实力越强，女性获得院长职位的难度越大，这在一定程度上证明了"学术阶层越高，女性越少"[①] 的论点；政治面貌以中共党员居多，中共党员占 83.0%，非中共党员占 17.0%；绝大多数都已婚，1.8% 未婚；受教育程度和职称的整体水平较高，41.2% 拥有博士学位，32.9% 拥有硕士学位，21.8% 拥有学士学位，4.0% 为其他；教授占 74.5%，副教授占 21.5%，讲师占 3.6%，助教占 0.4%；年龄最大 61 岁，最小 28 岁，中位数 45.5 岁，众数 45 岁，平均年龄 46.11 岁。

表 3 2 样本个体特征基本信息 （N = 495）

人口学变量	分类项目	样本数	百分比（%）
性别	男	427	86.3
	女	68	13.7
年龄	小于 40 岁	89	18.2
	41 岁—50 岁	295	60.3
	50 岁以上	105	21.5
民族	汉族	455	91.9
	少数民族	40	8.1
婚姻	已婚	482	97.4
	未婚	9	1.8
	其他	4	0.8

① Andre R, Edwards M. I. Training women for aministration ［J］. Women in Education Administration, 1979 （2）.

续表

人口学变量	分类项目	样本数	百分比（%）
政治面貌	中共党员	411	83.0
	非中共党员	84	17.0
任职时间	少于4年	263	53.3
	5年—8年	153	31.0
	9年以上	77	15.6
职称	教授	368	74.5
	副教授	106	21.5
	讲师	18	3.6
	助教	2	0.4
受教育程度	博士	204	41.2
	硕士	163	32.9
	学士	108	21.8
	其他	20	4.0

表3-3 年龄与任职时间（N=495）

N	年龄	任职时间
均值	46.11	5.1
中位数	45.50	4.0
众数	45.00	3.0
最小值	28.00	0.2
最大值	61.00	19.0

表3-4 三类高校院长的性别比例

学校类型	男性	女性
"985工程"高校	96.7%	3.3%
"211工程"高校	90.0%	10.0%
一般本科高校	83.7%	16.3%

表 3 - 5　院长在各学科中的性别比例

学科	男性	女性
文科类	81.2%	18.8%
经管类	85.7%	14.3%
理工类	88.8%	11.2%
农林类	95.7%	4.3%
医学类	90.9%	9.1%

二、院长遴选的来源

对担任院长前是否在本校工作的情况进行统计，92.2%的人担任院长前在本校工作，仅有7.8%的人来自校外，这说明我国大学选聘院长的范围主要局限于本校，院长职位的开放程度还不够。而美国大学选聘院长时则向全国甚至全球公并，在出现院长职位空缺时，一般都通过网络媒体刊登出招聘启事，面向全国甚至全球范围选聘院长，保证选聘到高质量的院长，而我国大多数大学基本是在校内进行内部选聘。

按学校分类对院长遴选来源进行统计（见表3-6），从表3-6可知，985高校院长从外部招聘的比例明显高于其他两类高校，尽管由于各类高校的样本总数存在较大差异，但大体反映出这样一个结果，即实力越强的高校，院长职位的开放程度越高，越趋向于从外部招聘院长。

表 3 - 6　院长来源情况

学校类型	校内	校外
"985 工程"高校	78.9%	21.1%
"211 工程"高校	90.9%	9.1%
一般本科高校	93.6%	6.4%

三、院长的任期

从表 3 - 3 可知，院长的任职时间最长为 19 年，最短为 0.2 年，中位数是 4 年，众数是 3 年，平均任职时间 5.10 年。按学校分类，计算院长的任职时间（见表 3 - 7），从表 3 - 7 可知，"211 工程"高校的院长平均任职时间最长，一般本科高校的平均任职时间最短。以 4 年为一届任期进行分类统计可知（见表 3 - 7），53.5% 为新任院长，30.8% 已担任一届，15.7% 已担任两届，可见，新任院长的比率较高。按学校分类进行统计（见表 3 - 7）可知，"985 工程"高校和一般本科高校的新任院长比率要略高于"211 工程"高校，这主要是因为"211 工程"高校院长任职时间要长于这两类高校。

表 3 - 7　院长任期情况

学校类型	4 年以下	4 年—8 年	8 年以上	任职均值（年）
"985 工程"高校	56.7%	25.0%	18.3%	5.39
"211 工程"高校	45.0%	36.3%	18.7%	5.75
一般本科高校	55.0%	30.6%	14.4%	4.91
总计	53.5%	30.8%	15.7%	5.10

四、院长的学术论文产出率

对院长任职期间，每年公开发表的学术论文进行统计（见表 3 - 8）可知，一般本科高校的院长论文产出率远远低于其他两类高校，这一方面反映出一般本科高校院长的科研实力弱于其他两类高校，另一方面是因为其他两类高校对教师的科研压力更大，另外，"985 工程"和"211 工程"高校的院长很多都担任研究生导师，与学生合作共同发表论文的机会也高于一般本科高校的院长。

表 3-8　院长每年平均发表的学术论文数

学校类型	论文数（篇）
"985 工程" 高校	4.57
"211 工程" 高校	5.29
一般本科高校	2.68

五、院长的身份认同

由于院长同时处于学科子系统与科层子系统交汇区，使其身份具有双重性，这种双重身份无疑进一步增加了其角色的复杂性。院长对其双重身份的准确认知有助于院长更好理顺来自两个不同子系统的角色行为要求，促进院长更好地履行其角色功能。但通过调查统计可知，27.9%的院长把自己视为教师，68.4%的院长把自己视为既是教师又是行政人员，仅有3.7%的院长把自己视为行政人员。可见，大部分院长能够准确认知自己的双重身份。

六、院长工作的自我评价

为了了解院长对自己角色扮演的评价状况，问卷设计了"您对自己担任院长（系主任）的自我评价是?"一题，结果显示（见表3-9），6.2%的院长自我评价非常满意，47.2%比较满意，40.3%基本满意，三者共计93.7%，仅有6.0%表示不太满意，0.3%表示非常不满意，可见，绝大部分院长对自己履职持肯定态度。

表 3-9　院长自我评价

评等级	非常满意	比较满意	基本满意	不太满意	非常不满意
百分比（%）	6.2	47.2	40.3	6.0	0.3

七、届满后的再任意愿

对院长届满后的再任意愿进行统计可知（见表3-10），33.1%的院长表示愿意继续担任院长，26.5%表示不愿意，40.4%表示不确定。按学校类型对院长的再任意愿进行分析，一般本科高校中38.9%，"211工程"高校中26.2%，"985工程"高校中仅有8.3%的院长表示愿意继续担任院长，在明确表示不愿意继续担任院长的人数中，"985工程"高校为50%，"211工程"高校为33.8%，一般本科高校为20.8%，可见，所处层次越低，实力越弱的学校的院长继续担任院长的愿意更强，实力越强的高校的院长继续担任院长的愿意更弱。

表3-10　再任意愿与学校类型列联表

			学校类型			合计
			985 高校	211 高校	一般本科高校	
再任意愿	不愿意	%在…之内学校类型	50.0%	33.8%	20.8%	26.5%
	不确定	%在…之内学校类型	41.7%	40.0%	40.3%	40.4%
	愿意	%在…之内学校类型	8.3%	26.2%	38.9%	33.1%
合计		%在…之内学校类型	100.0%	100.0%	100.0%	100.0%

第三节　我国大学院长角色压力现状

一、院长角色压力概况

根据统计，我国院长存在中等程度的角色压力（见表3-11），院长的角色压力均值 $\bar{x}=4.223$，说明我国高校院长感受到了中等程度的角色压力，其中感受到的角色量负荷和角色冲突较大，而角色质负荷和角色模糊较小。通过访谈发现，这主要是由于我国高校院长的学历和职称都比较高，都接受了较高程度的教育，他们的知识、能力、综合素质基本上可以胜任院长职位的要求，他们对自己的工作职责、组织期望以及所拥有的职权等方面的信息都比较清楚，所以感受到较小的角色质负荷与角色模糊。

表 3 - 11　角色压力各维度均值

	角色冲突	角色模糊	角色质负荷	角色量负荷	角色压力
均值	4.876	2.263	3.989	5.763	4.223

对角色压力与四维度之间的关系进行相关分析（见表 3 - 12）可知，我国大学院长的角色压力与四个维度均存在显著性正相关，其中与角色冲突、角色质负荷的相关程度最高，与角色模糊的相关度较低。

表 3 - 12　角色压力与角色冲突、角色负荷、角色模糊之间的相关性分析

		角色冲突	质负荷	量负荷	角色模糊	角色压力
角色冲突	Pearson 相关性	1	0.547**	0.563**	0.099*	0.817**
	显著性（双侧）		0.000	0.000	0.027	0.000
质负荷	Pearson 相关性	0.547**	1	0.383**	0.273**	0.835**
	显著性（双侧）	0.000		0.000	0.000	0.000
量负荷	Pearson 相关性	0.563**	0.383**	1	-0.126**	0.680**
	显著性（双侧）	0.000	0.000		0.005	0.000
角色模糊	Pearson 相关性	0.099*	0.273**	-0.126**	1	0.396**
	显著性（双侧）	0.027	0.000	0.005		0.000
角色压力	Pearson 相关性	0.817**	0.835**	0.680**	0.396**	1
	显著性（双侧）	0.000	0.000	0.000	0.000	

说明：＊＊在0.01水平（双侧）上显著相关。

＊在0.05水平（双侧）上显著相关。

二、人口学变量对院长角色压力的影响

对角色压力变量的数值分布进行正态性检验显示，数据服从近正态分布。由于样本的平均年龄是 46 岁，平均任值时间为 5 年（见表 3 - 3），因此以 40 岁和 50 岁为分段点分为三个年龄组；国内多数高校院长的任期为 3 年—4 年，因此以 4 年为分段点分为三组，分别进行独立样本 T 检验和方差检验（由于婚姻状况在样本间分布差异太大，没有统计意义，所以忽略此变量），结果见表 3 - 13。

研究结果显示：院长的角色压力在性别、年龄、民族、政治面貌、职称、任职时间 6 个变量之间没有显著性差异，说明这 6 个变量对我国大学院长的角色压力没有显著影响，但在受教育程度这个变量间有显著性差异，说明院长的受教育程度对院长感受到的角色压力有显著性影响。

通过访谈发现，这主要是由于博士学位获得者普遍有着更浓厚的"学科情结"，普遍接受与肯定科研活动对实现自身学术价值和确保自己在学术共同体内的学术地位与学术影响力具有重要意义，在担任院长职务的同时，都不愿放弃科研，然而，除了要对自身的发展负责外，担任院长通常需要他们对学院的发展承担更大的负责，需要他们花费和投入较多的时间与精力，这种来自个体和院长职位的双重"责任感"使他们感受到了更大的角色压力。

表 3 - 13 人口统计学特征——角色压力的假设检验

人口学变量	分类项目	均值	标准差	Sig.	是否显著
性别	男	4.236	0.6798	0.284	否
	女	4.140	0.7357		
政治面貌	中共党员	4.211	0.6869	0.415	否
	非中共党员	4.278	0.6933		
民族	汉族	4.223	0.6983	0.966	否
	少数民族	4.219	0.5614		

人口学变量	分类项目	均值	标准差	Sig.	是否显著
年龄	小于 40 岁	4.253	0.6591	0.085	否
	41 岁—50 岁	4.261	0.6689		
	50 岁以上	4.090	0.7678		
任职时间	少于 4 年	4.278	0.6499	0.162	否
	5 年—8 年	4.173	0.6749		
	9 年以上	4.137	0.8272		
职称	教授	4.229	0.6900	0.685	否
	副教授	4.233	0.6686		
	讲师	4.046	0.7974		
受教育程度	博士	4.309	0.6829	0.034	是
	硕士	4.126	0.6474		
	学士	4.247	0.7376		
学校	"985 工程" 高校	4.400	0.6677	0.013	是
	"211 工程" 高校	4.340	0.5986		
	一般本科高校	4.166	0.7030		

说明：1. 显著值 P = 0.05；

2. 职称、学位变量中的助教、其他项由于样本数少，无法进行统计分析，故略去。

三、学校类型对院长角色压力的影响

通过表 3-13 的方差检验可以看出，学校类型这个变量对院长的角色压力有显著性影响。院长的角色压力在不同学校类型之间有显著差异，"985 工程"高校的院长角色压力最强，其次为"211 工程"高校，一般本科高校的院长感受到的角色压力最弱。

根据上述受教育程度这一人口学变量对角色压力有影响的研究结论，院长的角色压力在不同学校类型间的差异，是否因为重点高校的院长整体上受教育程度更高造成的呢？通过对受教育程度与角色压力进行相关分析发现（见表 3 – 14），r = 0.068，P = 0.106，证明这两个变量间没有显著性相关关系。这说明，院长的角色压力在学校类型间的差异不是因为重点高校的院长整体上受教育程度更高，而要从组织目标与角色期望的角度来解释。"985 工程"高校和"211 工程"高校是举全国或全省之力，以建设世界一流大学或世界知名高水平大学为目标，承载着我国作为世界大国在高等教育领域的大国梦想和强国追求，无论从政府、社会各界等外部群体，还是大学内部都对这些高校及其学院、院长赋予了很高的期望，然而，学校内外对院长的高度期望，与学院和院长所拥有的自主权与资源供应不足之间的冲突或矛盾，使重点高校的院长更容易感受到更强的角色压力。

表 3 – 14　受教育程度与角色压力相关分析

		学位	角色压力
学位	相关系数	1.000	0.068
	显著性（双侧）		0.106
角色压力	相关系数	0.068	1.000
	显著性（双侧）	0.106	

四、角色压力对院长工作满意度的影响

对角色压力和工作满意度两个变量进行相关分析（表 3 – 15），结果表明，院长的角色压力与工作满意度呈显著性负相关，相关系数 r = – 0.150，P = 0.002，可见，院长的角色压力对其工作满意度有一定的负影响。

表 3 – 15　角色压力与工作满意度相关分析

		角色压力	工作满意度
角色压力	Pearson 相关性	1	– 0.150**
	显著性（双侧）		0.002
工作满意度	Pearson 相关性	– 0.150**	1
	显著性（双侧）	0.002	

说明：＊＊在 0.01 水平（双侧）上显著相关。

五、角色压力对院长再任意愿的影响

对角色压力和后期再任意愿两个变量进行方差分析（见表 3 – 16），结果表明，持有不同的再任职意愿的院长在角色压力间存在显著性差异，表示届满后不愿意继续担任院长的，其角色压力程度最高，角色压力均值 $\bar{x} = 4.44$，表示愿意继续担任院长的，其角色压力最低，角色压力均值 $\bar{x} = 3.96$。

表 3 – 16　角色压力与再任意愿的假设检验

变量	分类项目	均值	标准差	Sig.	差异是否显著
再任 意愿	愿意	3.96	0.690	0.000	是
	不确定	4.29	0.618		
	不愿意	4.44	0.687		

说明：显著值 = 0.05。

对角色压力与后期再任意愿进行相关分析（见表 3 – 17），结果表明，院长的角色压力与再任意愿呈显著性负相关，相关系数 $r = – 0.274$，$P = 0.000$。

表 3－17　角色压力与再任意愿相关分析

		角色压力	再任意愿
角色压力	Pearson 相关性	1	－0.274**
	显著性（双侧）		0.000
再任意愿	Pearson 相关性	－0.274**	1
	显著性（双侧）	0.000	

说明：＊＊在 0.01 水平（双侧）上显著相关。

由此可见，角色压力对院长的后期再任意愿和职位忠诚有显著性负影响。

第四节　我国大学院长的角色冲突

通过表 3－11、表 3－12 可知，在我国大学院长角色压力各维度中，角色冲突值最高，角色冲突与角色压力相关系数 $r=0.817$，$P=0.000$，下面对院长的角色冲突进行具体分析。

一、院长角色冲突的总体状况

角色冲突量表包括 10 项测量指标，涵盖相互冲突的期望或要求而引起的角色冲突；同一个人承担行为要求不同或不一致的角色产生的冲突；个人内部标准或价值观与定义的角色行为之间的冲突；资源与角色要求之间的冲突等内容。各测量指标的均值见表 3－18，从表 3－18 可看出，各指标之间存在一定差异，他们感受最强烈的是学院内不同人的对他们的不同工作要求（$\bar{x}=5.92$，1—7 表示完全不符合到完全符合），为完成任务而违背学校的政策或规则的情况则比较少（$\bar{x}=3.60$）。

表 3 – 18　角色冲突各测量条款的均值

代码	测量条款	均值
RC1	在不同情况下，我必须以不同的方式来处理同一类事情	5.37
RC2	上级指派的任务，我常常缺乏足够的人手去完成	4.77
RC3	有时为了完成一项任务，我不得不违背学校的某些政策或规则	3.60
RC4	有时候，我同时要在两个工作方式不同的团体中工作	4.96
RC5	不同的人对我会有不同的工作要求	5.92
RC6	我所做的事会符合某些人的要求，但未必能符合其他人的要求	5.67
RC7	我缺乏足够的资源或材料去完成我的工作任务	4.42
RC8	我经常被要求做一些不是很必要的事情	4.93
RC9	学校缺乏一些政策与规则来协助我完成工作	4.63
RC10	学校的政策或规则有相互矛盾的情形	4.53

角色冲突得分采取把各测量条款得分相加求平均值，从表 3 – 19 可知，我国大学院长的角色冲突平均值为 4.8761，说明我国大学院长存在中等偏上程度的角色冲突。

表 3 – 19　角色冲突均值（N = 495）

均值	4.8761
中位数	5.000
众数	5.000
标准差	0.9815

为了进一步了解不同角色冲突程度的比例，把角色冲突均值分成低中高三级，分布情况如图 3 – 1，可见 14.3% 的院长感受到了高度的角色冲突，68.5% 的院长感受到了中度角色冲突，只有 17.2% 的院长感受到低度角色冲突。感受到中高等程度的角色冲突的比例合计达 82.8%，由此可见，我国大学院长的角色冲突现象应该引起高校管理层的重视。

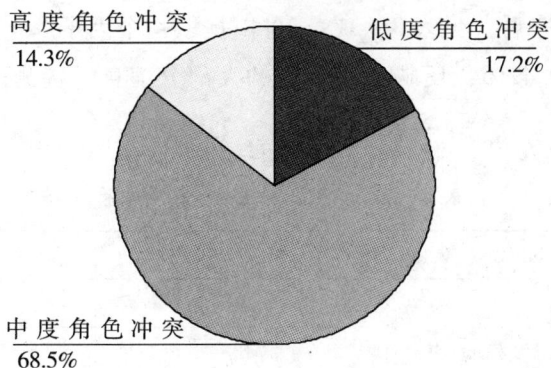

图 3 - 1　不同程度的角色冲突比例

二、院长角色冲突的因子分析

因子分析在社会科学研究领域运用比较广泛，它是把数个很难解释，而彼此有关的变量，转化成少数有概念化意义而彼此独立性更大的因素。[①] 通过因子分析有助于我们更好地对变量进行解释。

本研究采用 KMO（Kaiser-Meyer-Olkin）检验来判断是否适合进行因子分析，"KMO 的取值范围在 0 和 1 之间，KMO 的值越接近于 1，则越适合做因子分析，KMO 值越小，则越不适合做因子分析。KMO 的一般标准是，KMO > 0.9，非常适合做因子分析；$0.8 < KMO < 0.9$，适合做因子分析；$0.7 < KMO < 0.8$，一般；$0.6 < KMO < 0.7$，不太适合；$KMO < 0.5$，表示不适合。"[②] 样本充分性检验结果如表 3 - 20，角色冲突分量表的 KMO 系数为 0.830，说明适合做因子分析，样本分布的球形 Bartlett 检验值为 1496.063，$P = 0.000$，达到显著性水平，说明各指标间并非独立，而是相互联系的，提取公因子是有条件的，可以对数据进行因子分析。用主轴因子法抽取因子，取特征值 0.8，并进行方差最大化正交旋转，保留因子负荷大于 0.4 的项目。

---

① 吴明隆．SPSS 统计应用实务［M］．北京：科学出版社，2003：64.
② 余建英，何旭宏．数据统计分析与 SPSS 应用［M］．北京：人民邮电出版社，2003：295.

从因子分析结果来看（见表 3-21），可以提取 4 个因子。4 个因子累积解释的总变异量为 70.42%，反映了原变量的大部分信息，各测量条款的因子负荷都在 0.4 以上。

表 3-20　KMO 和 Bartlett 的检验

取样足够度的 Kaiser-Meyer-Olkin 度量		0.830
Bartlett 的球形度检验	近似卡方	1496.063
	df	45
	Sig.	0.000

表 3-21　角色冲突因子分析结果（N=495）

代码	旋转后的因素矩阵	因子			
		1	2	3	4
RC1	在不同情况下，我必须以不同的方式来处理同一类事情				0.921
RC4	有时候，我同时要在两个工作方式不同的团体中工作				0.457
RC5	不同的人对我会有不同的工作要求		0.854		
RC6	我所做的事会符合某些人的要求，但未必能符合其他人的要求		0.803		
RC2	上级指派的任务，我常常缺乏足够的人手去完成			0.805	
RC3	有时为了完成一项任务，我不得不违背学校的某些政策或规则			0.634	
RC7	我缺乏足够的资源或材料去完成我的工作任务			0.519	
RC8	我经常被要求做一些不是很必要的事情	0.737			
RC9	学校缺乏一些政策与规则来协助我完成工作	0.802			
RC10	学校的政策或规则有相互矛盾的情形	0.875			
特征值		3.903	1.424	0.880	0.836
解释变异量		25.56	17.51	15.66	11.69
累积解释总变异量		70.42			

　　根据表 3 – 21 的角色冲突因子分析结果，可以提取四个因子，第 1 个因子包括 8、9、10 三项测量条款，主要内容涉及学校的政策制度不足，可以把这个因子命名为政策制度因子；第 2 个因子包括 5、6 两项测量条款，主要内容涉及不同群体对院长角色的工作要求和期望的差异，可把这个因子命名角色期望因子；第 3 个因子包括 2、3、7 三项测量条款，主要内容涉及院长履职过程中角色资源供应不足，可以把这个因子命名为资源因子；第 4 个因子包括 1、4 两项测量条款，主要内容涉及院长角色扮演过程中的工作方式和工作规范，可以把这个因子命名为工作方式因子。根据这四个因子反映的内容，可以把政策制度因子与资源供应因子统称为资源供应型因子，把角色期望因子与工作方式因子统称为要求期望型因子，并根据这两类因子把院长的角色冲突相应地分为资源供应型和要求期望型角色冲突，从这两类角色冲突的均值（表 3 – 22）可知，要求期望型角色冲突均值都高于资源供应型角色冲突均值。

表 3 – 22　两类角色冲突均值

学校类型		均值	标准差
资源供应型	"985 工程"高校	4.8333	1.1869
	"211 工程"高校	4.5562	1.2065
	一般本科高校	4.4007	1.2010
	总均值	4.4782	1.2063
要求期望型	"985 工程"高校	5.5500	1.0534
	"211 工程"高校	5.6813	1.0342
	一般本科高校	5.4183	1.0202
	总均值	5.4768	1.0293

三、院长角色冲突的个体特征差异分析

　　对角色冲突变量的数值分布先进行正态性检验，数据服从近正态分布。

对年龄和任职时间进行系统聚类和方差分析，两个变量的 P = 0.000，得到两个有效的聚类中心点（表 3 - 23），年龄变量的两个聚类中心分别为 42 岁和 51 岁，另外，样本的平均年龄是 46.1 岁，平均任值时间为 5.1 年，因此以 40 岁和 50 岁为分段点分为三个年龄组。任职时间变量的两个聚类中心分别为 3.97 年和 6.65 年，国内多数高校院长的任期为 3 年—4 年，因此以 4 年为分段点分为三组。然后就个体特征变量对角色冲突的差异情况分别进行 T 检验和方差分析（由于婚姻状况在样本间分布差异太大，没有统计意义，所以忽略此变量），结果见表 3 - 24。

表 3 - 23　年龄和任职时间两个变量的聚类分析

最后聚类中心点		
	Cluster	
	1	2
年龄	42	51
任职时间	3.97	6.65

表 3 - 24　角色冲突的个体特征差异检验

个体特征变量	分类项目	均值	标准差	Sig.	差异是否显著
性别	男	4.9027	0.9910	0.130	否
	女	4.7088	0.9088		
政治面貌	中共党员	4.8530	0.9896	0.247	否
	非中共党员	4.9890	0.9388		
民族	汉族	4.8676	0.9936	0.517	否
	少数民族	4.9725	0.8367		
年龄	小于 40 岁	4.8798	0.8216	0.416	否
	41 岁—50 岁	4.9131	1.0084		
	50 岁以上	4.7648	1.0414		
任职时间	少于 4 年	4.9553	0.9660	0.047	是
	4 年—8 年	4.8163	0.9678		
	8 年以上	4.7390	1.0474		

续表

个体特征变量	分类项目	均值	标准差	Sig.	差异是否显著
职称	教授	4.8854	1.0175	0.975	否
	副教授	4.8682	0.8481		
	讲师	4.8444	0.9697		
受教育程度	博士	4.9741	1.0624	0.298	否
	硕士	4.8393	0.8497		
	学士	4.8262	0.9684		

说明：1. 显著值 P = 0.05；

2. 职称、学位变量中的助教、其他项由于样本数少，故略去。

从表 3－24 可知，多数个体特征对院长的角色冲突并没有产生显著性差异影响，院长的角色冲突在性别、民族、政治面貌、年龄、职称、受教育程度六个变量之间没有显著性差异，这说明我国大学院长的角色冲突不受个体的性别、年龄、民族、政治面貌、职称和受教育程度差异的影响。但院长的角色冲突在任职时间这个变量上有显著性差异，说明任职时间差异对院长的角色冲突有影响，院长的角色冲突随着任职时间的增加而呈下降趋势，任职时间少于 4 年的院长感受到的角色冲突程度最高（$\bar{x} = 4.9553$），任职时间大于 8 年的程度最低（$\bar{x} = 4.739$）。这主要是由于新任院长在踏上院长这一职位后，通常都富有激情和梦想，希望能通过担任院长使自己的管理理念付诸实践，在学术活动之外的管理领域来体现自身价值，但由于任职时间短，缺乏足够的经验来应对履职过程中遇到的矛盾和冲突，加上自我期望值也较高，因而对角色冲突更加敏感，更容易感受到角色冲突。从学院内成员来看，教师对新任院长普遍怀有较高的期望，期望新院长能更好地关注和满足他们各自不同的愿望，新任院长往往也更愿意倾听学院不同教师的意见与建议，容易感受到来自不同群体的期望与要求，因此，对角色冲突的感受更加敏感。另外，由于我国的院长基本上都是从教学岗位走上管理岗位，担任院长后，角色也相应进行转换，由以前单一的学术人转变为同时扮演学者和管理者双重角色，由于任职时间短，学者的思维方式、价值观念等在不同程度上会影响其管理者角色的扮演，从而引发角色冲突。随着任职时间增长，对院长职务的属性和要求也有了更深的认识和了解，并逐渐积累了更多的实践经验，对角色冲突的自我调节能力也相应增强，能更加自如地在学者和管理者双重角色之间进行转换，因此，感受到的角色冲突呈递减趋势。

四、院长角色冲突的学校类型和学科差异分析

1. 学校类型差异分析

以学校类型为自变量对院长的角色冲突进行方差分析，以考察院长角色冲突的学校类型差异，结果见表 3 – 25，显著值 P = 0.034 < 0.05，证明院长角色冲突存在学校类型间的差异，"985 工程"高校院长的角色冲突最高（$\bar{x}$ = 5.12），一般本科高校院长的角色冲突程度最低（$\bar{x}$ = 4.8068），因此，院长的角色冲突在学校类型间有显著性差异。院长角色冲突的学校间差异也从一个侧面说明，担任重点大学的院长更加不容易。

表 3 – 25　角色冲突的学校类型差异检验

学校类型	均值	标准差	Sig.	差异是否显著
"985 工程"高校	5.1200	1.0067		
"211 工程"高校	5.0006	1.0063	0.034	是
一般本科高校	4.8068	0.9649		

说明：显著值 = 0.05。

以学校类型为自变量对资源供应型和要求期望型两类角色冲突进行方差分析，以考察这两类角色冲突的学校类型差异，结果见表 3 – 26。

表 3 - 26　两类角色冲突的学校类型差异检验

		均值	标准差	F	Sig.	差异是否显著
资源 供应型	"985 工程"高校	4.8333	1.1869	3.53	0.030	是
	"211 工程"高校（不包括 "985 工程"高校）	4.5562	1.2065			
	一般本科高校	4.4007	1.2010			
要求 期望型	"985 工程"高校	5.5500	1.0534	2.31	0.100	否
	"211 工程"高校（不包括 "985 工程"高校）	5.6813	1.0342			
	一般本科高校	5.4183	1.0202			

说明：显著值 = 0.05。

从表 3 - 26 可知，资源供应型角色冲突在三类高校之间存在显著性差异，"985 工程"高校角色冲突程度最高，一般本科高校最低。要求期望型角色冲突反映的是由于不同群体的要求或期望不一致而引发的角色冲突，它在三类高校之间不存在显著性差异。这与院长在大学和学院组织结构中所处的特殊位置有关，院长处于科层系统和学科系统的交汇处，院长既是学校的执行层，又是学院的决策层，既是科层系统的成员，又同时属于某一学科系统，起着承上启下、内引外联的重要作用，大学和学院中的利益相关者群体通常都对院长提出各自的要求或期望，院长的这种特殊地位在各类高校之间具有高度的相似性，因而三类高校中院长感受到的要求期望型角色冲突并无显著性差异。

资源供应型角色冲突反映的是角色要求与角色资源条件之间的不一致，当社会对某一角色的要求与期望值比较大时，会加剧这两者间的冲突。"985 工程"高校承担着我国建设世界一流大学和世界知名高水平大学的使命，"211 工程"高校是为了建设 100 所面向 21 世纪的重点高校和重点学科，在经费上得到国家和各省专项经费资助，国家、社会和民众对两类高校赋予了极高的期望。近年来该类高校的内部管理体制改革进一步深化，很多高校实行管理重心下移到二级学院，校院分级管理，学校重点在宏观调控和目标管理，学院侧重于过程管理，给予学院的自主权增大。这就使院长面临着这样一种处境，一方面是国家、社会和学校的高度期望，另一方面由于高校整体资源不足和内部管理体制改革还不彻底，让院长感觉到虽然目前具有一定的自主性，院长的主动性和创造性有一定发挥的空间，但这种空间依然比较小，资源不足与社会期望之间的矛盾非常突出，所以"985 工程"高校院长感受到的资源供应型冲突程度最高。

相对而言，大多数一般本科高校还是实行学校集权管理，给予二级学院的自主权相对较少，院长主要是贯彻执行学校的方针政策，学院管理中自主性和创造性发挥的空间相对较小，院长在日常工作中通常是"看菜吃饭"、"有多少钱办多少事"，对学校存在着一定的依赖心理，虽然也经常感受到资源不足，但相对"985 工程"和"211 工程"高校来说，内外部期望程度也小一些，由于资源不足而感受到的角色冲突也要小于另外两类高校。

2. 大学院长角色冲突的学科差异分析

根据学院所涵盖的学科大类，分为自然科学类和人文社会科学两大类，自然科学类包括理、工、农、医四个学科大类，它们的研究对象是物质本身，人文社会科学包括文、史、哲、经、管、法和教育七个学科大类，以社会现象为研究对象。对两大类院长的角色冲突的均值进行 T 检验，结果见表 3 - 27、表 3 - 28，虽然从均值上看，有一些差别，但经 T 检验，P = 0.543 > 0.000，说明这种差别并没有达到显著水平，院长感受到的角色冲突在学科类别之间并没有显著性差异。

表 3 - 27　学科大类角色冲突均值

分类		均值	标准差
角色冲突	人文社会科学类	4.9065	0.9452
	自然科学类	4.8528	1.0084

表 3 - 28　学科大类间角色冲突 T 检验

		方差方程的 Levene 检验		均值方程的 T 检验				
		F	Sig.	T	df	Sig.（双侧）	均值差值	标准误差值
角色冲突	假设方差相等	1.432	0.232	0.609	491	0.543	0.05372	0.08826
	假设方差不相等			0.610	490.594	0.542	0.05372	0.08799

五、院长的角色冲突与工作满意度

工作满意度是指个人对所从事工作的一种积极性的情意导向，正面的情意导向表示工作满意，负面的情意导向表示工作不满意。对工作满意度的测量，"有两种使用最广泛的手段，其一是单一整体评估法，其二是由大量工作要素组合而成的综合评价法。"[①] 单一整体评估法通过向被调查者询问一个问题来测量其对工作的满意程度，要求被调查者综合各因素对工作进行整体评估。笔者在调查中采用了单一整体评估法，要求院长对自己担任院长工作的满意度进行自我评价，结果见表 3 – 29，通过表 3 – 29 可知，40.3% 的被调查者感到基本满意，47.2% 比较满意，6.2% 非常满意，三者累计 93.7%，说明院长的工作满意度较高，仅有 6.0% 表示不太满意，0.3% 表示非常不满意。

表 3 – 29　院长工作满意情况

评等级	非常不满意	不太满意	基本满意	比较满意	非常满意
百分比（%）	0.3	6.0	40.3	47.2	6.2

院长工作的高满意度与我国院长中等偏上程度的角色冲突形成了一定的矛盾，也与已有的研究结论不一致。已有的许多研究表明，角色冲突对工作满意度有重要影响，角色冲突和工作满意度负相关，高强度的角色冲突会降低工作满意度（Hartenian et al.，1994[②]；Chung et al.，2002[③]，顾盼，2007[④]，

① 斯蒂芬·罗宾斯，蒂莫西·贾奇. 组织行为学（第 12 版）[M]. 李原，孙健敏，译. 北京：中国人民大学出版社，2008：76.

② L S. Hartenian，F J. Hadaway，G J. Badovick. Antecedents and Consequences of Role Perceptions：A Path Analytic Approach [J]. Journal of Applied Business Research，1994，10（2）：40 – 50.

③ Chung，B. G. & Sehneider，B. Serving Multiple Masters：Role Conflict Experienced by Service Employees [J]. The Journal of Services Marketing，2002，16（1）：70 – 87.

④ 顾盼. 上下级沟通、角色压力与知识共享及工作满意度研究 [D]. 杭州：浙江大学，2007.

姚波、孙晓琳，2007①）。对院长的角色冲突与工作满意度两个变量进行相关分析，结果如表 3 - 30。

表 3 - 30　角色冲突与工作满意度相关分析

		角色冲突	工作满意度
角色冲突	Pearson 相关性	1.000	- 0.046
	显著性（双侧）		0.344
工作满意度	Pearson 相关性	- 0.046	1.000
	显著性（双侧）	0.344	

从表 3 - 30 可知，角色冲突与工作满意度之间几乎不存在相关关系，院长的角色冲突对其工作满意度不产生影响。

为什么会出现这一结果呢？要解释这一和现有其他研究不一致的结论，就必须考虑学院组织的特点、院长的工作价值观以及院长对该职位的态度。1969 年，洛克（Locke）提出差距理论，用来解释人的工作满意度问题，差距理论认为，一个人对工作满意与否取决于他觉得在此工作中实际获得的与期望获得的差距，若实际获得大于期望的结果，就会感到比较满意，若实际获得小于期望的结果，则会感到不满意。国内外有关角色冲突和工作满意度之间呈负相关的研究结论，是通过以企业员工为研究对象得出的结论，大学在组织结构上不同于这些组织，它是由科层系统和学科系统共同构成的矩阵结构，院长正处于科层与学科两大系统的交汇处，除了归属于学校科层管理系统外，还同时属于更广大的学科系统，通过所属学科可以进行跨院校、跨地区、甚至跨国界地交往，表现出对学校和学科的双重忠诚，对于学科的忠诚甚至高于对学校的忠诚。米利特（Millett）在《学术团体》（*The Academic Community*）一书中说："人们常说，教师忠诚于他们的学科或专业知识领域要甚于忠诚于他们工作的学院或大学，这种观察在很大程度上是正确的，学

① 姚波，孙晓琳. 角色压力对信息技术专业人员工作态度影响的实证研究 [J]. 统计研究，2007（11）：59 - 63.

术职业强调专业知识的本性促进了他们的学术感，而非对地方或社区的身份感。"① 对院长们而言，他们普遍地持有学术取向的工作价值观，把担任院长视为一种临时性的兼职工作，对担任院长的期望值远远小于担任教授的期望。把担任教授，从事学术工作视为自己的本行和终身追求，他们主要不是通过管理成绩，而是通过学术成就来获得认同，主要通过学术成果来体现其价值，对院长职位的情绪依赖度比较低，很少有人愿意把担任院长作为长久职业来对待。他们之所以选择担任院长，有的是出于学校领导的信赖与要求，有的是因为学而优则仕，有的是为了尝试一种新的挑战，作为丰富自己人生经历的一段插曲。当然，也有的是受社会官本位影响，希望通过院长这一职位更好地获取社会资源。尽管有些学校给予了院长一定的补贴，但院长们的主要收入来源是他们作为教授，从事学术工作的收入，担任院长与否对他们收入的影响不大，因此，他们对管理工作的期望值远远低于对学术活动的期望值，从而在管理活动中更容易体验到工作上的满意感。

六、院长角色冲突的表现

通过上述调查分析可知，我国院长存在着中等偏上程度的角色冲突，根据调查和对院长的访谈可把我国院长的角色冲突归纳为以下几类。

1. 不一致的角色期望和角色要求引发的角色冲突

该类角色冲突首先表现为院长同时扮演的几个不同角色间的冲突。比较典型的是管理者与教师角色间的冲突，这是由于院长在从事管理活动时同时从事着教学和科研活动，形成所谓的"双肩挑"，这两种角色具有不同的角色要求，人们对这两种角色的角色期望也不同，它们之间的冲突最常见的表现为时间精力上的冲突，深层次的冲突则反映在价值信念和角色行为规范等方面。

这种不一致的角色期望和角色要求引发的角色冲突还表现为来自不同角色传递者的期望或要求而引起的角色冲突，角色冲突量表中 RC1、RC4、

---

① Millett J. The Academic Community：An Essay on Organization．［M］．New York：McGraw-Hill, 1962：70 - 71.

RC5、RC6 四条测量条款反映的是这方面的情况，这种来自不同角色传递者的期望或要求而引起的角色冲突程度比较高（见表 3-31）。

表 3-31　角色冲突测量条款的均值

代码	测量条款	均值
RC1	在不同情况下，我必须以不同的方式来处理同一类事情	5.37
RC4	有时候，我同时要在两个工作方式不同的团体中工作	4.96
RC5	不同的人对我会有不同的工作要求	5.92
RC6	我所做的事会符合某些人的要求，但未必能符合其他人的要求	5.67

表 3-32　院长对不一致的角色期望要求的感受情况

符合程度	完全不符合	基本不符合	不太符合	不确定	有些符合	基本符合	完全符合
RC1	1.6%	5.7%	4.8%	9.3%	19.8%	38.6%	20.2%
RC4	7.9%	6.3%	5.9%	11.3%	21.2%	25.9%	21.5%
RC5	0.8%	2.0%	1.8%	5.1%	17.1%	36.1%	37.1%
RC6	1.2%	3.6%	3.0%	6.3%	21.5%	33.9%	30.5%

从表 3-32 可以看出，院长感受到了不一致的角色期望还是比较普遍，这是由于学院是由多功能团体所构成，每个功能团体实际上都代表着一个利益群体，甚至在同一功能团体内部，也存在着不同的利益诉求，大学和学院的利益相关者向院长表达各自的利益诉求，提出的要求或期望往往不一致，很多时候甚至是相互矛盾和冲突的，从而让院长容易产生该类角色冲突。不包括学生群体在内，这些角色传递者包括上级领导、教师群体、教辅人员、行政人员等。广西 G 大学商学院 Y 院长对此深有感受：

　　因为一个学院实际上是由很多群体组成的，一个团体就是一个利益群体，比如说有部分是很有潜质的，将来可能当博导，他有这种潜质，那么这部分人对学科发展就比较关注，希望学院能把更多的钱投到学科建设上去。有一些人是没有办法做研究的，他就希望学院在资源分配上，多注意现在，有多少钱分多少钱，让他满足现在的需要，对学院将来的发展考虑很少，因为将来的发展对他作用不大。另外，行政和教学人员

也会有矛盾，各种群体都会把他们的利益诉求转到院长身上。（广西 G 大学商学院 Y 院长）

北京 Z 大学马克思主义学院 W 院长则感受到不同角色期望传递者的不同期望而引起的角色冲突：

> 期望肯定不一样，学校要求你是一个很好的执行者，教师希望你是一个公正的仲裁者，学生希望你既是一个很好的领导者，还是一个很好的教师，这三者肯定是不同的，在你身上，你未必都能扮演得很好，院长是一个承上启下的角色，有时候不好摆。（北京 Z 大学马克思主义学院 W 院长）

而北京 B 大学管理学院 H 院长感受到的是教师群体内部不同的角色期望：

> 新进教师、中年教师和年纪大一些的教师，对你的期望肯定不同。新任教师希望在评职称方面机会更多，教授则希望在学院有更多充分发挥的空间，学术自由空间是不是大，行政人员则希望学院收入更好，奖金是不是比其他学院更多，他们的价值取向是不同的。（北京 B 大学管理学院 H 院长）

2. 前后矛盾的角色期望和要求引发的角色冲突

该类角色冲突主要是指院长感受到来自同一角色传递者前后相互冲突或矛盾的要求与期望，或者学校出台的方针政策相互矛盾或抵触，让院长感受到无所适从。广西 G 大学计算机学院 L 院长就感受到学校领导对他的不同期望，学校领导既希望他成为优秀的管理者，又希望成为科学家和教育家，而 L 院长对这两种不同的角色期望感觉难以兼顾：

> 学校要求学院的院长一定要是这个学科的带头人或是学术骨干，要求比较高，所以在我们这样的学校里面，当院长是非常累的，压力很大。学校领导要求你是管理者，优秀的管理者，又要求你是这个学科里面有一定造诣的研究人员，既希望你当教育家，又希望你当科学家。我就跟他们说我既不是教育家也不是科学家，我只是一个称职的管理人员加上

一个教授，我就跟他们这么说。我觉得这个是矛盾的，这东西是不可调和的，要做好管理者，就必须深入基层，要花大量的时间去想，然后你还要做研究，要花很多时间，然而人的时间是有限的，你还要休息，还要娱乐。（广西 G 大学计算机学院 L 院长）

学校对院长也有要求，也会对院长提出角色期望，但学校政策制度的前后不一致，也会让院长感到无所适从而引发角色冲突，广西 M 大学艺术学院 W 院长则是因为学校有关学位英语的政策与考研规定不一致而感到十分为难。

按学校规定，我们院学生的外语过三级就可以毕业和拿到学位，但学校对各学院考研的报考率和上线率都有一个统一要求，有时和我们的实际情况不是很相符。因为我们艺术系的学生外语水平整体实力就差一些，我不管怎么努力，都很难完成学校下达的指标任务。这并不是我们工作不努力，而是因为学生起点就不一样，而考研的外语是一样的，这就让我很为难，所以每年我都在想什么点子能够取得突破，像这种就有冲突了。（广西 M 大学艺术学院 W 院长）

角色冲突量表中 RC10 测量条款反映的就是院长们感受到的学校政策不一致的情况。从表 3-33 可知，院长感受到的"学校政策或规则有相互矛盾的情形"的均值是 4.53，达到中等程度。在调查样本中（见表 3-34），9.3%认为完全符合，20.0%认为基本符合，30.0%认为有些符合，三者共计59.3%，认为不确定的占 15.6%，不太符合的占 11.3%，基本不符合的占7.3%，完全不符合的占 6.5%，可见，近六成的院长感受到了学校的政策或规则相互矛盾的情形。

表 3-33　角色冲突测量条款的均值

代码	测量条款	均值
RC10	学校的政策或规则有相互矛盾的情形	4.53

表 3-34　认为"学校的政策或规则有相互矛盾的情形"的比例

符合程度	完全不符合	基本不符合	不太符合	不确定	有些符合	基本符合	完全符合
百分比（%）	6.5	7.3	11.3	15.6	30.0	20.0	9.3

3. 个体与角色不匹配而引发的角色冲突

当个体的知识、能力、价值观念、性格、立场等与院长的角色要求和角色规范不一致时，就容易发生人与角色要求之间的冲突。每个角色都对应有一套角色规范，它对角色功能的顺利实现具有保障作用。院长角色要求其更多地从学院的整体利益出发来思考问题，为人处世要遵循院长的角色规范，这种角色规范与个体之间也经常会不一致而引起院长的角色冲突。例如，在关于教师岗位津贴制度的问题上，作为个体，广西 M 大学数学与计算机学院 H 院长和其他许多教师一样，也有很大不同意见，但由于学校已经通过，作为学院的负责人，他必须坚决执行学校的规定，并要对教师进行说服，减少执行中的阻力。广西 G 大学机械学院 H 院长个人对 G 大学推行的目标管理也与学校看法不同，但院长的角色要求他只能保留个人不同意见。

我们去年实行的津贴制度改革方案，教师就有很大意见，但是学校已经通过了，要贯彻执行，那你要做老师的工作，这从我本意来讲，就很不情愿。因为我本身也对此方案有不同看法，但是我没办法，作为行政领导，学校布置下来的事还是要做。（广西 M 大学数学与计算机学院 H 院长）

现在很多高校实行目标管理，包括我们学校也一样，我在这里跟你说，这是瞎闹、瞎折腾！我个人认为把地方行政的那种目标管理移植到学校来是不合适的。我要求你三年要出什么成果，一个人要发多少文章，这点可以做到，一点也不难。但是做的都是虚的，浮躁的，不是踏实的，不是真正的，这种目标，我个人认为是不合适的。当然，学校可能会说有些老师不肯做事，认为他们会偷懒，所以才定目标来压来管，但是我个人认为这并不是很妥当的。但作为院长，我又必须服从和贯彻学校的规定，要按学校的要求来做，我个人不同意也没办法，只能保留个人看法。（广西 G 大学机械学院 H 院长）

4. 角色转换引起的角色冲突

角色转换是角色研究中一个日益受到关注的主题。对角色转换的研究分为两类：宏观角色转换和微观角色转换，当个人的工作或生活发生重大变化时，就会遇到宏观角色转换问题。例如，退休、改行变换工作、结婚成家、生有小孩等，这些生活和工作上的重大变化都使个人承担的角色发生转换。微观角色转换是指个人视为一体的两种角色之间的心智转换。① 这种转换在两个重要的方面不同于宏观角色转换，一是它比宏观转换更为频繁，二是它们少为社会标准和习俗所支持，因此要求个体划定工作边界。艾斯弗斯（Ashforth）把边界定义为"精神篱笆"，用来使环境简化和有序化。② 微观角色转换的难度依赖于角色边界渗透的程度。角色边界渗透被定义为某一角色允许一个人在身体上位居某一角色领域，但心理或行为上参加另一角色的程度。③ 渗透的边界使角色转换更容易，但也使维持某一角色的边界变得更加困难。边界渗透和两个因素有关，第一个因素是角色身份，如果一个角色身份把两个不同的角色交叠在一起，这些角色间的转换困难就要少很多，但维持低边界渗透的难度就比较大。如果角色身份不同，那边界就相对固定和不可渗透，这样，角色间的转换也就更加困难。第二个因素是边界的柔性程度，柔性边界可以促进角色转换，但会增加渗透性。

角色和角色设置经常被时空条件所区分，从沟通网络的视角来看，随着时空路径的变化，人们激活不同的角色设置网络。例如，早上8点到下午5点是员工上班时间，人们在这个工作情境中，通过工作情境中建立的沟通网络与其他员工互动，5点下班后，员工转到其他时空条件下，激活另外的角色设置网络，这种角色设置网络可能与工作时的角色网络交叠，也可能不存在交叠。这种边界的柔韧性，使角色承担者在扮演一个角色时，更容易同时受到另一个角色所持有的价值观念的影响，从而容易引发角色冲突。

---

① Shumate M, Fulk J. Boundaries and role conflict when work and family are colocated: A communication network and symbolic interation approach [J]. Human Relations, 2004, 57 (1): 55 –74.

② 转引 Shumate M, Fulk J. Boundaries and role conflict when work and family are colocated: A communication network and symbolic interation approach [J]. Human Relations, 2004, 57 (1): 55 –74.

③ Shumate M, Fulk J. Boundaries and role conflict when work and family are colocated: A communication network and symbolic interation approach [J]. Human Relations, 2004, 57 (1): 55 –74.

在我国，院长的角色身份同时容纳着管理者和教师双重身份，很多院长基本上都是从教学岗位走上管理岗位，随着这种岗位变化而来的是所扮演的角色及其职责要求的转换。作为学者，要求独立思考，自由探索，坚持真理，可以自由地对某一问题发表看法，不必强求与学校观点一致，它的角色职责就是教学与科学研究，致力于知识的保存、传递与创新。由于大学教师工作的相对独立与自主性，他们的工作领域通常显得相对单一和独立，主要活动领域是所在学科以及教室、图书馆，在自己的活动领域内，他们就如何教学，选择研究方向，组织课程讲授、采用教学方法等方面拥有较大的自主权。走向管理岗位后，作为学校科层系统的重要一员，强调统一指挥、服从组织纪律，下级服从上级，要求院长必须贯彻执行学校的各项方针政策，保持与学校管理层的一致性，服从于学校的安排。即使个人有不同意见，一旦学校做出决策，也只能保留个人意见，与此同时还必须认真贯彻执行学校决策。从教师岗位走向院长管理岗位后，角色的活动范围也得到扩展，从作为学者相对单一的学科和教室领域扩展到更大的学校和公共领域，在教室之外开辟了一个新世界。作为管理者，院长要担负管理和领导责任，其角色职能已大大超越了作为一名学者的范围，甚至完全不同。院长的角色职责通常是以学科专业建设为中心，承担着学术活动的计划、组织、领导和控制等职能，他的工作领域比作为学者要广阔和复杂得多，他必须走出相对独立和自主的活动领域，经常往来于各学科和校院之间，甚至要跨出校门，穿梭于校企之间。学者和管理者这两种有着不同要求的角色同时汇集于院长身上，使院长在日常工作中要不断地进行着角色转换，常常会引发角色冲突。山东 S 大学文学与新闻学院 Z 院长对此就深有体会：

> 作为学者，要求治学严谨，而作为管理者，除了严谨，还要求处理事情时具有一定的灵活性。另外一些学者型院长对院长职位所要求的一些社交活动，如迎来送往，人际社交这些活动不太喜欢，认为花了大多的时间，但是作为院长，又不得不做好这些事情。（山东 S 大学文学与新闻学院 Z 院长）

学者向管理者的角色转换也会影响到院长与其他人的人际关系。担任院长后，有时在空间上就疏远了师生，使他们的关系性质也发生了变化。由以前的同事关系变成领导和管理关系，而这种人际关系性质的变化也容易引发院长的角色冲突。湖北 H 大学新闻与传播学院 Z 院长在没有担任院长前，与其他同事保持着较好的私人关系。担任院长后，在朋友关系之上增加了一层领导和管理关系，使他在与同事交往过程中，不再仅仅是一种朋友身份。面对同事违反学院的规章制度，他必须搁置朋友关系而坚持以管理者的角色来处理。作为管理者，要求处事公正，而公正的要求和友谊的要求是相互冲突的，因而容易遭到同事的指责，从而引发角色冲突。这种冲突让院长深深地体验到"掌权的朋友就是消失的朋友"① 这句话的深意，好朋友变成朋友，朋友变成熟人，熟人变成批评者，批评者最后变成敌人。

> 作为院长要从全院的角度来考虑，我肯定要从制度的完善，从政策的执行这方面来考虑。因为院长他不是一个人，他是一个符号，他是一个制度，是制度的体现，是制度安排。以前作为朋友，我们之间可能有较好的朋友关系，但现在我坐到院长位置上后，我不能再按照朋友关系来看待。比如一个很好的朋友，违反了相关的制度，或者没有达到制度规定的指标，按照制度的安排必须做出相应的处罚，这个时候就会发生冲突。别人会认为我当上院长后就不认朋友了，这个你能怪朋友吗？这不能怪朋友，这是因为角色的原因，所以很多人说，这家伙一当官后就把朋友忘了，原来说"苟富贵勿相忘"，现在他富贵后就忘了（笑）。因为他考虑问题不再只是考虑个人了，他要考虑更大的整体的问题。如果他顾及个人情感和利益，可能给整个系统带来混乱，这是没办法的，所以有时候这种冲突也是无法避免的。（湖北 H 大学新闻与传播学院 Z 院长）

角色转换也会带来观念系统的冲突。观念系统的冲突包括价值观念、信念、评判标准等，每个角色都对应有各自的角色规范，遵循着各自的运行方式，这些不同的角色规范同时作用于一个人身上时，常常会引发冲突。广西

---

① 克拉克·科尔，玛丽安·盖德. 大学校长的多重生活：时间、地点与性格 [M]. 赵炬明，译. 桂林：广西师范大学出版社，2008：20.

G 大学商学院 Y 院长，向往那种独立自由的学者生活，但担任院长后的管理工作又耗费了大量的时间精力，让他内心感受到一种矛盾与失落。

> 作为个人我肯定很希望做一流的学者，过着闲云野鹤般的生活，活得很潇洒。这是对个人来说，因为我是学哲学的，我很喜欢闲云野鹤般的生活和自由，这是个人的追求，理想的追求，我比较倾向于道家的无为，做自己喜欢做的事。一开始不太想当（院长），毕竟来说，院长也不算是一个官，它和你完全搞行政是两码事，它会耗掉你大量的时间，无意当中，让你感觉到有一种失落，但是你做了院长就必须以儒家的理念来做，应该做些什么，这肯定会有矛盾。（广西 G 大学商学院 Y 院长）

广东 S 学院信息学院 Z 院长则在有关学生学业管理上产生了观念冲突。从作为教师的角度出发，Z 院长要求坚持严格的学术标准，但为了学生就业和学校的稳定以及社会影响，又不能过于严格，而且当对后者的强调上升到政治层面的高度后，往往是学术标准让位于管理需要，他也只好服从。

> 现在有一个不好的风气，学生学习的积极性不是太高，学生学好学坏一个样，因为现在用人单位对于推荐和成绩不是那么看重，这样学生的学习积极性不高。在这种情况下，本来有一个关口可以卡住的，就是发毕业证和学位证。但如果我们严格按照毕业标准，达到了这个标准才能毕业，那就会有很多学生拿不到学位。学生拿不到学位那就会出现就业问题，就业出问题那可就是一个大事情了，现在就业是一个政治任务，所以呢，你又不能严格的管理学生。比如说一门课程的考试，如果按正常的毕业要求来出题，有时候很多学生就会不及格。所以有时候出题就会降低一些要求，让他们及格，而且这个标准和要求一放松的话，学生管理起来就很难。有一部分学生，要辅导员赶着他们来上课，这关键就是毕业关没有卡准，没有把严。因为我们进来时比较松，大众化后，分数降低了，如果你这个关不卡严的话，那学生的管理上带来的难度是很大的。（广东 S 学院信息学院 Z 院长）

5. 超出角色职责的角色期望引起的角色冲突

角色的顺利扮演要求角色权责利相统一，要求角色期望符合角色职责范围。当其他成员对院长的角色期望超出院长的角色职责时，也容易让院长产生角色冲突。尤其当院长本身对这些超出其角色职责的角色期望不太认同时，这种冲突感会更强烈。广西 G 大学计算机学院 L 院长就遇到这种冲突：

> 最大的压力就是资金，要拿钱。因为除了向学校拿工资外，另外我们还要自己拿钱发奖金，这个压力是最大的。我们曾经有一个教师，因为曾经某一年的收入比前一年下降了，他认为应该问责，说院长你为什么不问责。那天我就发火了，那天我在会上说了，提要求建议可以，学校任命我当院长的时候，没有说我要帮你们找钱，没有这一条。而且你们选我当院长时，没有哪一条说要我帮你找钱，也没有说要你的收入每年都要比上年有所增长，如果有的话，那我就下台。（广西 G 大学计算机学院 L 院长）

L 院长认为学校任命和教师推选他担任院长时并没有把筹资规定为院长的角色职责，教师不应赋予他在筹资改善福利待遇方面过高的角色期望，尽管通过对 L 院长的访谈了解到，他平时也在尽力为学院筹集资金，但这不应是对院长的硬性要求。在对院长"为学院（系）筹集资金的压力"一项调查中（见表 3 - 35），34.3% 认为非常大，37.6% 认为比较大，两者共计71.9%，15.4% 认为一般，5.1% 认为比较小，4.2% 认为稍微有一点，3.4%认为完全没有，可见大部分院长感受到比较大的筹资压力。

表 3 - 35 院长为学院（系）筹集资金的压力

压力程度	完全没有	稍微有一点	比较小	一般	比较大	非常大
百分比（%）	3.4	4.2	5.1	15.4	37.6	34.3

6. 角色资源供应不足引起的角色冲突

角色的顺利扮演需要相应的角色资源供应，才能确保角色功能的顺利实现。这里的角色资源既包括人、财、物等物质资源，也包括政策制度等非物质资源。

通过问卷调查可发现（见表 3 - 36、表 3 - 37），这种由于资源不足而引发的角色冲突程度还比较普遍。

表 3 – 36　角色冲突各测量条款的均值

代码	测量条款	均值
RC2	上级指派的任务，我常常缺乏足够的人手去完成	4.77
RC7	我缺乏足够的资源或材料去完成我的工作任务	4.42
RC9	学校缺乏一些政策与规则来协助我完成工作	4.63

表 3 – 37　院长角色资源供应不足的感受情况

符合程度	完全不符合	基本不符合	不太符合	不确定	有些符合	基本符合	完全符合
RC2	4.8%	7.1%	12.9%	8.1%	28.3%	26.1%	12.7%
RC7	5.3%	13.6%	12.8%	12.8%	24.3%	20.1%	11.1%
RC9	3.6%	9.3%	12.3%	11.3%	33.2%	18.8%	11.5%

　　最后，通过上述对院长角色冲突的类型分析可以发现，非匹配—非兼容是院长角色冲突的引发机制。管理者与学者两种角色之间的非兼容而引发了院长角色间的冲突；个体与角色要求的非匹配引发了人—角色之间的冲突；角色期望的不一致、角色期望与角色职责的非匹配、角色资源与角色要求的非匹配等都引发了院长相应的角色冲突。里佐等也认为，在个人的时间、资源、能力或价值观的条件下，个人在组织所界定的角色，相对于角色赋予者所制定的一些标准、规范及期望之间，若有不一致或不兼容的情况发生，就会引发角色冲突。[①]

---

① John R. Rizzo, Robert J. House and Sidney I. Lirtzman. Role Conflict and Ambiguity in Complex Organizations [J]. Administrative Science Quarterly, 1970, 15 (2): 150 – 163.

第五节 我国大学院长的角色模糊与角色负荷

一、院长的角色模糊

1. 角色模糊状况

对角色模糊进行统计分析（见表 3 - 38）可知，我国大学院长的角色模糊均值为 2.263，说明我国大学院长感受到的角色模糊程度比较低。

表 3 - 38 角色模糊均值（N = 495）

均值	2.263
中位数	2.166
众数	2.0
标准差	0.792

2. 人口统计学特征对角色模糊的影响

对人口学变量与角色模糊分别进行独立样本 T 检验和方差检验，结果见表 3 - 39。

表 3 - 39 人口统计学特征与角色模糊的关系检验

人口学变量	分类项目	均值	标准差	Sig.	差异是否显著
性别	男	2.2757	0.8125	0.380	否
	女	2.1848	0.6532		
政治面貌	中共党员	2.2512	0.7871	0.455	否
	非中共党员	2.3222	0.8206		
民族	汉族	2.2733	0.8072	0.343	否
	少数民族	2.1492	0.5975		

续表

人口学变量	分类项目	均值	标准差	Sig.	差异是否显著
年龄	小于 40 岁	2.2843	0.7685	0.395	否
	41 岁—50 岁	2.2948	0.7735		
	50 岁以上	2.1733	0.8724		
任职时间	少于 4 年	2.2919	0.7823	0.353	否
	5 年—8 年	2.2776	0.7818		
	9 年以上	2.1455	0.8540		
职称	教授	2.2471	0.7791	0.651	否
	副教授	2.3154	0.8360		
	讲师	2.1074	0.5839		
受教育程度	博士	2.2758	0.8188	0.109	否
	硕士	2.1585	0.6673		
	学士	2.3546	0.8681		
学校	"985 工程" 高校	2.3322	0.7670	0.501	否
	"211 工程" 高校	2.1792	0.7379		
	一般本科高校	2.2705	0.8090		

说明：1. 显著值 = 0.05；

2. 职称、学位变量中的助教、其他项由于样本数少，故略去。

从表 3 – 39 可知，院长的角色冲突在性别、民族、政治面貌、年龄、职称、受教育程度、任职时间和学校组织类型 8 个变量之间没有显著性差异。

3. 角色模糊对院长再任意愿的影响

对角色模糊和后期再任意愿两个变量之间的关系进行单因素方差分析，结果见表 3 – 40。

表 3-40 后继任职意愿与角色模糊的方差分析

变量	分类项目	均值	标准差	Sig.	差异是否显著
再任 意愿	愿意	2.1035	0.6737	0.002	是
	不确定	2.2830	0.7970		
	不愿意	2.4331	0.8851		

说明：显著值=0.05。

由表3-40可知，有着不同的后期任职意愿的院长在角色模糊间存在显著性差异，明确表示届满后不愿意继续担任院长的，其角色模糊程度最高，明确表示愿意的角色模糊程度最低。对角色模糊与再任意愿进行相关分析，相关系数 $r = -0.155$，$P = 0.001$，存在显著负相关，可见，角色模糊程度对院长的后期意愿和职位忠诚有一定的负影响。

4. 角色模糊对院长的工作满意度的影响

对角色模糊和工作满意度两个变量进行相关分析（见表3-41），结果表明，院长的角色模糊与工作满意度呈显著性负相关，相关系数 $r = -0.242$，$P - 0.000$，可见，院长的角色模糊对其工作满意度有一定的负影响。

表 3-41 角色模糊与工作满意度相关分析

		工作满意度	角色模糊
工作满意度	Pearson 相关性	1	-0.242**
	显著性（双侧）		0.000
角色模糊	Pearson 相关性	-0.242**	1
	显著性（双侧）	0.000	

说明：**在0.01水平（双侧）上显著相关。

二、院长的角色负荷

1. 角色负荷状况

对角色负荷进行统计分析（见表3-42）可知，我国大学院长的角色负荷均值为 4.8755，角色质负荷为 3.9887，角色量负荷为 5.7623，说明我国大学院长感受到中等偏上程度的角色负荷，角色负荷中感受到较高的角色量负荷，学校必须重视院长的工作负担问题。

表 3-42　角色负荷状况（N=495）

N	质负荷	量负荷	角色负荷
均值	3.9887	5.7623	4.8755
中值	4.0000	6.0000	5.0000
众数	4.40	6.80	5.00

2. 人口统计学特征对角色负荷的影响

对人口学变量与角色负荷分别进行独立样本 T 检验和方差检验，结果见表 3-43。

表 3-43　人口统计学特征与角色模糊的关系检验

人口学变量	分类项目	均值	标准差	Sig.	差异是否显著
性别	男	4.8824	0.8781	0.668	否
	女	4.8324	0.9783		
政治面貌	中共党员	4.8703	0.8909	0.772	否
	非中共党员	4.9012	0.9001		
民族	汉族	4.8754	0.9036	0.992	否
	少数民族	4.8769	0.7509		
年龄	小于 40 岁	4.9236	0.9073	0.108	否
	41 岁—50 岁	4.9182	0.8466		
	50 岁以上	4.7114	1.0043		
任职时间	少于 4 年	4.9330	0.8297	0.294	否
	5 年—8 年	4.7967	0.8960		
	9 年以上	4.8321	1.0785		

续表

人口学变量	分类项目	均值	标准差	Sig.	差异是否显著
职称	教授	4.8916	0.8743	0.594	否
	副教授	4.8733	0.9176		
	讲师	4.6167	1.0618		
受教育程度	博士	4.9920	0.8584	0.021	是
	硕士	4.7540	0.8737		
	学士	4.9037	0.9503		
学校	"985 工程" 高校	5.0733	0.8240	0.005	是
	"211 工程" 高校	5.0900	0.7247		
	一般本科高校	4.7937	0.9248		

说明：1. 显著值 = 0.05；

　　　2. 职称、学位变量中的助教、其他项由于样本数少，故略去。

从表 3 - 43 可知，院长的角色冲突在性别、民族、政治面貌、年龄、职称、任职时间 6 个变量之间没有显著性差异，但在学校组织类型和受教育程度两个变量间存在显著性差异，"985 工程" 和 "211 工程" 等重点大学的院长角色负荷明显高于一般本科高校。

3. 角色负荷对再任意愿的影响

对角色负荷和后期再任意愿两个变量之间的关系进行单因素方差分析，结果见表 3 - 44。

表 3 - 44　后继任职意愿与角色模糊的方差分析

变量	分类项目	均值	标准差	Sig.	差异是否显著
再任意愿	愿意	4.5433	0.8967	0.000	是
	不确定	5.0059	0.8186		
	不愿意	5.0924	0.8798		

说明：显著值 = 0.05。

由表 3 - 44 可知，有着不同的后期任职意愿的院长在角色负荷间存在显著性差异，明确表示届满后不愿意继续担任院长的，其角色负荷程度最高，明确表示愿意的角色负荷程度最低。对角色负荷与再任意愿进行相关分析，相关系数 $r = -0.244$，$P = 0.000$，存在显著负相关，可见，角色负荷对院长的后期意愿和职位忠诚有一定的负影响。

4. 角色负荷对院长的工作满意度的影响

对角色负荷和工作满意度两个变量进行相关分析（见表 3 - 45），结果表明，院长的角色负荷与工作满意度不存在显著性负相关，相关系数 $r = -0.094$，$P = 0.054$，可见，院长的角色负荷对其工作满意度不存在负影响。

表 3 - 45　角色负荷与工作满意度相关分析

		角色负荷	工作满意度
角色负荷	Pearson 相关性	1	- 0.094
	显著性（双侧）		0.054
工作满意度	Pearson 相关性	- 0.094	1
	显著性（双侧）	0.054	

第六节　大学院长的工作压力调查

工作压力与角色压力既有区别又有联系，角色压力主要是扮演特定角色时所感受到的压力，而工作压力指具体承担某一工作职位时所产生的压力，其内涵要比角色压力丰富，压力源也更多样。

一、研究工具

为了调查我国大学院长的工作压力，笔者在参考国内外相关文献的基础上自编了大学院长的工作压力调查问卷，内容包括日常行政工作、人际关系、自我发展、成就认可、学术发展、筹措资金、学科专业建设、课程建设和师资建设等方面的内容，共 17 项，采用 6 级量表，1 表示完全没有，6 表示非常大，得分越高，表明感受到的压力越大。

二、取样对象与抽样方法

本调查以我国公办普通本科高校直属二级学院的正职院长，没有成立学院的则以正职系主任为调查对象，成人教育、网络教育、国际教育学院的院长暂不包括在内。采用分层抽样的方法，分别从"985 工程"高校、"211 工程"高校和一般本科高校三类高校中随机选取学校样本，同时适当考虑地域分布，采用电子邮件和书面邮寄相结合的方式发放问卷。共发放问卷 700 份，共回收问卷 567 份，回收率 81.0%，有效问卷 495 份，回收问卷有效率 87.3%。有效样本数中，来自"985 工程"高校 60 份，占 12.1%，来自"211 工程"高校 80 份，占 16.2%，一般本科高校 355 份，占 71.7%。

三、信度检验

根据所获得的有效样本进行信度检验，Cronbach's $\alpha = 0.8853$，表明测量结果的可靠性程度较高。

四、探索性因子分析

先进行 KMO（Kaiser-Meyer-Olkin）检验，来判断是否适合进行因子分析，样本充分性检验结果如表 3 - 46，工作压力量表的 KMO 系数为 0.890，说明适合做因子分析，样本分布的球形 Bartlett 检验值为 3797.161，$P = 0.000$，达到显著性水平，说明各指标间并非独立，而是相互联系的，提取公因子是有条件的，可以对数据进行因子分析。用主轴因子法抽取因子，取特征值 1，并进行方差最大化正交旋转，结果见表 3 - 47，可以提取 3 个公因子，3 个因子累积解释的总变异量为59.343%，反映了原变量的大部分信息。

表3-46 KMO和Bartlett的检验

取样足够度的Kaiser-Meyer-Olkin度量		0.890
Bartlett的球形度检验	近似卡方	3797.161
	df	105
	Sig.	0.000

表3-47 工作压力因子分析结果（N=495）

序号	旋转后的因素矩阵	因子		
		1	2	3
27	日常行政任务的压力		0.478	
28	与上级领导相处的压力			0.577
29	与本院（系）教师相处的压力			0.885
30	与本院（系）学生相处的压力			0.854
31	提升自己学术水平的压力		0.794	
32	用于科研工作的时间压力		0.730	
33	在学术方面获得他人认可的压力		0.814	
34	在行政方面获得他人认可的压力		0.616	
35	为学院（系）筹集资金的压力	0.570		
36	学科专业建设的压力	0.368		
37	提高学院（系）教学水平的压力	0.778		
38	师资队伍建设的压力	0.749		
39	改进课程质量的压力	0.759		
40	提高本院（系）整体科研水平的压力	0.794		
41	提高本院（系）社会服务能力的压力	0.782		
42	指导教师申报课题或项目的压力	0.664		
43	促进本院（系）采用现代技术的压力	0.635		

续表

序号	旋转后的因素矩阵	因子		
		1	2	3
特征根		6.866	2.049	1.173
解释变异量		40.391%	12.053%	6.898%
累积解释总变异量		59.343%		

根据表 3-47 的工作压力因子分析结果，第 1 个因子包括 35—43 共 9 项测量条款，主要内容涉及促进学院发展的压力，可以把这个因子命名为学院发展因子；第 2 个因子包括 27 和 31—34 共 5 项测量条款，主要内容涉及院长提升自我学术水平及在学术和行政工作方面获得他人认可的压力，可把这个因子命名为自我发展因子；第 3 个因子包括 28、29、30 共 3 项测量条款，主要内容涉及与上级领导和师生人际相处的压力，可以把这个因子命名为人际关系因子。因此，院长的工作压力源主要来自学院发展、自我发展和人际关系三个方面，这三个因子比较准确地反映了我国大学院长"双肩挑"的工作状况，既要承担院长角色职责，促进学院发展，又要追求个体学术发展，寻求学术共同体内部认可。

五、数据统计结果分析

（一）工作压力各测量条款均值

由于调查表采取李克特 6 级量表，1 表示完全没有，2 表示稍微有一点，3 表示比较小，4 表示一般，5 表示比较大，6 表示非常大。对院长工作压力各测量指标的均值进行统计分析（见表 3-48）可知，学科专业建设的压力最大（$\bar{x}=5.05$），而与学生相处的压力最小（$\bar{x}=2.39$）。提高本院整体科研水平、师资队伍建设、为学院筹资及用于科研的时间压力等都比较大。

表 3 – 48　院长工作压力各测量指标均值

序号	测量内容	均值
27	日常行政任务的压力	4.36
28	与上级领导相处的压力	3.42
29	与本院（系）教师相处的压力	2.75
30	与本院（系）学生相处的压力	2.39
31	提升自己学术水平的压力	4.49
32	用于科研工作的时间压力	4.85
33	在学术方面获得他人认可的压力	4.17
34	在行政方面获得他人认可的压力	3.66
35	为学院（系）筹集资金的压力	4.82
36	学科专业建设的压力	5.05
37	提高学院（系）教学水平的压力	4.69
38	师资队伍建设的压力	4.85
39	改进课程质量的压力	4.60
40	提高本院（系）整体科研水平的压力	4.96
41	提高本院（系）社会服务能力的压力	4.56
42	指导教师申报课题或项目的压力	4.47
43	促进本院（系）采用现代技术的压力	3.87

（二）工作压力三维度

根据提取的三个公因子，可以把院长的工作压力分为学院发展的压力、自我发展的压力和人际压力三个维度，对三个维度的均值进行统计分析（见表 3 – 49）可知，来自学院发展的压力最大，其次是院长自我发展的压力，人际压力最小，工作压力总均值为 4.2347，属于中等程度的压力。

表 3 – 49　工作压力三维度均值

	工作压力	学院发展	自我发展	人际压力
均值	4.2347	4.6597	4.2998	2.8504
中值	4.3529	4.7778	4.4000	3.0000
众数	4.29	5.00	4.40	3.00

（三）人口学变量与院长的工作压力

对人口学变量与院长的工作压力分别进行独立样本 T 检验和方差检验，结果见表 3 – 50。

表 3 – 50　人口统计学特征与工作压力的关系检验

人口学变量	分类项目	均值	标准差	Sig.	差异是否显著
性别	男	4.2480	0.7907	0.119	否
	女	4.0936	0.7593		
政治面貌	中共党员	4.2550	0.8030	0.225	否
	非中共党员	4.1368	0.7370		
民族	汉族	4.2373	0.7915	0.795	否
	少数民族	4.2007	0.8174		
年龄	小于 40 岁	4.1673	0.8745	0.181	否
	41 岁—50 岁	4.2943	0.7659		
	50 岁以上	4.1447	0.7907		
任职时间	少于 4 年	4.3536	0.7442	0.002	是
	5 年—8 年	4.1051	0.8200		
	9 年以上	4.0614	0.8538		
职称	教授	4.2561	0.7376	0.291	否
	副教授	4.2095	0.9528		
	讲师	3.9965	0.8780		

续表

人口学变量	分类项目	均值	标准差	Sig.	差异是否显著
受教育程度	博士	4.2960	0.7518	0.580	否
	硕士	4.1963	0.8102		
	学士	4.1811	0.8769		
学校	"985 工程" 高校	4.2147	0.6169	0.259	否
	"211 工程" 高校	4.3747	0.6651		
	一般本科高校	4.2076	0.8413		

说明：1. 显著值 =0.05；

　　　　2. 职称、学位变量中的助教、其他项由于样本数少，故略去。

从表 3-50 可知，男性院长的工作压力高于女性；中共党员的院长工作压力高于非中共党员院长；41 岁—50 岁年龄段的院长压力大于其他年龄段；任职时间小于 4 年的院长工作压力最大；教授职称的院长工作压力最大，拥有博士学位的院长工作压力大于硕士与学士学位拥有者，"211 工程" 大学院长的工作压力最大。

对人口学变量进行显著性差异分析可知，院长的工作压力在性别、民族、政治面貌、年龄、职称、学校组织类型和受教育程度 7 个变量之间没有显著性差异，但在任职时间存在显著性差异，工作时间越短的院长感受到的工作压力越大。

（四）工作压力对再任意愿的影响

对工作压力和后期再任意愿两个变量之间的关系进行单因素方差分析，结果见表 3-51。

表 3-51　后继任职意愿与工作压力的方差分析

变量	分类项目	均值	标准差	Sig.	差异是否显著
再任意愿	愿意	3.9545	0.9723	0.000	是
	不确定	4.3223	0.6268		
	不愿意	4.4494	0.6651		

说明：显著值 =0.05。

由表 3 –51 可知，有着不同的后期任职意愿的院长在工作压力间存在显著性差异，明确表示届满后不愿意继续担任院长的，其工作压力程度最高，明确表示愿意的工作压力程度最低。对工作压力与再任意愿进行相关分析，相关系数 $r = -0.246$，$P = 0.000$，存在显著负相关，可见，工作压力对院长的后期意愿和职位忠诚有一定的负影响。

（五）工作压力对院长的工作满意度的影响

对工作压力和工作满意度两个变量进行相关分析（见表 3 –52），结果表明，院长的工作压力与工作满意度存在显著性负相关，相关系数 $r = -0.23$，$P = 0.000$，可见，院长的工作压力对其工作满意度存在负影响。

表 3 –52　工作压力与工作满意度相关分析

		工作压力	工作满意度
工作压力	Pearson 相关性	1.000	- 0.230**
	显著性（双侧）		0.000
工作满意度	Pearson 相关性	- 0.230**	1.000
	显著性（双侧）	0.000	

说明：＊＊ Correlation is significant at the 0.01 level (2-tailed).

第四章

影响我国大学院长角色冲突的因素分析

大学院长属于典型的角色冲突职位,我国大学院长感受到的角色冲突通常受多种因素共同影响,既有外部环境的影响,也有大学组织因素、院长角色本身的特性及个体与人际关系等因素的影响。下面对影响我国大学院长角色冲突的因素进行具体分析。

第一节　环境与院长的角色冲突

外部环境是影响院长角色冲突的重要因素。我国正处在由传统的计划经济向社会主义市场经济的转型过程中,由于经济、政治体制的巨大变革,各种利益调整和分化带来了人们价值观念的深刻变革,人们的价值观念正发生急剧、深刻、全方位的历史性变化。以社会、集体为本位和中心的主导价值观受到冲击,呈现出价值主体个性化、价值目标现实化、价值选择的多样化和价值标准相对化等特点。随着社会的转型,计划体制下所形成的价值观念正面临着新的挑战,人们思维方式的变化,自我意识的觉醒,人们以批判的眼光来重新审视过去那种过于强调立足于集体和社会本位基础之上的集体主义价值观，而着意于建构价值主体更趋个性化的新价值观。其基本特征是肯定人是目的，强调以个人的存在、发展为出发点，强调个体主观能动性的发挥，强调个体在群体及社会中的地位和价值，强调个体权力与权益的维护。随着我国逐步建立起多种经济成分、多种分配方式并存的社会主义市场经济体制，人们合法追求个人利益的正当性得到承认和尊重，人们的思维方式、实践方式、生活方式的自主性大大增强，便客观地导致了社会价值评判标准的相对化和多元化。价值多元化格局出现后，社会主导价值的权威性下降，各种价值观都获得了存在的社会基础与合理性，新旧价值观念之间的竞争与对抗不断，各种价值观之间的对立与冲突也日趋明显，因而，价值冲突难以避免。

转型中的社会构成了大学组织的外部生存环境，社会转型所引起的变化不可避免地要反映到大学中来。我们对教育系统本身所进行的改革就是当前社会转型的一个重要表现之一，通过教育体制改革的深化调整着教育系统内的利益格局。由利益分化、价值观念分歧所带来的组织内部矛盾与冲突也正成为大学组织生活中一个常见现象。开放多元的外部环境，提高了大学组织成员的思想观念、目标追求和利益诉求的异质化程度，大学和学院内各群体的利益诉求、价值追求以及对院长的角色要求、价值评判标准等都变得更加复杂多样。他们追求自身正当利益的动机和维护自身权益的意识不断被唤醒和强化，对利益的追求成为成员行为的一种强大动力，都会对院长提出反映各自利益需求的角色期望与角色要求。各种群体都趋向于从各自的价值观念和价值立场出发，用各自的价值标准来评判院长的角色行为。面对这种多元环境，院长在与大量的知识劳动者和非知识劳动者打交道的过程中，通常要处理数十人乃至上千人的问题，院长常常感到无法同时满足不同人群的期望，很难让每个群体都同时满意，不可避免地会出现角色冲突。

大学所处环境的变化也深刻影响到大学和学院的组织行为。高等教育管理体制改革使大学开始逐步摆脱政府附属地位而获得独立法人身份的同时，打破了单一政府财政拨款的经费来源格局，学费和社会服务的收入在大学经费中所占比重日益提高。投资体制的变化和院校市场的形成，使大学的发展更加受到高等教育市场的影响，要求大学及其管理者树立市场意识和开放竞争意识。大学走向开放，进入社会中心，成为各种社会群体利益诉求的对象，要求院长必须走出传统的大学围墙，在关注校内群体需要的同时，也要关注外部群体的需要，开始与校外企事业单位建立联系，把满足外部社会需要也开始纳入学院的组织目标。这种目标的多样化，扩展了院长的角色职责，使其角色内容变得更趋复杂多样，提高了院长在平衡校内外目标与群体需要之间的难度，从而更加容易置院长于角色冲突的情境之中。

第二节　学院组织特性与院长的角色冲突

学院组织因素包括学院组织构成、组织目标、组织权力、组织文化、内部管理体制与领导风格以及内在制度等方面的内容。作为一个系统，学院组织的最大特点是多元并存性。从权力结构来说，包括学术权力、行政权力和政党权力；从文化结构来说，包括教师文化、学生文化、行政文化；从内部群体承担的功能来看，包括教学功能团体，科研功能团体、教辅功能团体、党团功能团体及后勤保障功能团体；从组织目标来说，包括人才培养、科学研究和社会服务。学院是一个有着多元权力、多元文化和多元目标，由多功能团体共同构成的社会组织系统，学院的这种特性成为院长角色扮演过程中产生角色冲突的组织根源。

一、异质性功能团体构成的系统与院长角色冲突

角色理论认为，角色冲突的产生和个体体验到的角色冲突强度，一般取决于角色期望的性质和个体角色扮演能力的高低这两个因素。角色传递者数量越多，角色期望性质的差异性越大，角色扮演者因为来自不同角色期望而引起的角色冲突可能性就越大。也就是说，对于一个系统来讲，其内部成员的异质性越大，他们共享的价值观念、目标追求就越少，在向中心人物传递

角色期望的过程中，由于他们不一致的角色期望而引发中心人物角色冲突的可能性就越大。"当角色处于组织的单一亚系统，同时所有与角色设置相关的成员都处于同一个亚系统中，角色只是由一种活动构成时，角色的扮演过程是最简单的。"① 一般说来，一个组织越是由具有不同人际风格、态度、价值观和利益追求的成员组成，成员对组织和组织目标的认识就越趋向不一致，那么组织内部发生冲突的可能性就会更大。让亨的研究表明，"同质性团体中的冲突比异质性团体中的冲突要少得多。"② 这是因为同质性高的组织成员间在价值信念、意识、需求、行为方式等方面的一致性程度更高。组织行为学的相关研究也证实，不同人群在价值观上差异很大，相同职业或工作类别的人趋向于拥有相似的价值观，例如，对公司经营者、钢铁业的工会成员和社区工作者的比较研究表明，尽管三组人群的价值观有很多部分是重叠的，但是三组人群的差异也十分明显。③

在大学组织中，院校作为划分和组合学术活动的基本方式之一，它一方面把化学家、心理学家和历史学家这些不同的专家联系在一起，另一方面又将专家与非专家，教授、学生与行政管理人员联系在一起。学院已经发展成为一个由多样化的群体构成的，承担着多种功能的实体组织，"作为一个社会实体，一个组织通常包括一系列不同的功能团体，这些功能团体中的成员扮演着特定的工作角色。"④ 这一点对学院来说同样如此，学院内不同团体的成员扮演着不同的工作角色，当学院成员以知识为劳动操作材料，通过对历代流传下来的书面材料和口头材料进行思考、记忆和批判性评论，发挥着保存和提炼知识的作用时，他们从事的是教学活动，扮演着教师角色；当他们致力于知识的发现和形成新的知识时，他们从事的是科研活动，扮演着学术研究者角色；当学者们运用他们的知识为社会其他部门提供帮助时，他们所

---

① Kahn R L, Katz D. The Social psychology of organizations [M]. New York: John Wiley & Sons, 1978: 197.

② Kahn R L, Katz D. The Social psychology of organizations [M]. New York: John Wiley & Sons, 1978: 148.

③ 斯蒂芬·罗宾斯，蒂莫西·贾奇. 组织行为学（第12版）[M]. 李原，孙健敏，译. 北京：中国人民大学出版社，2008: 104.

④ Mark W, Melissa P. Reconceptualising organisational role theory for contemporary organisational contexts [J]. Journal of Managerial Psychology, 2007, 22 (5): 440.

从事的是应用知识的活动，履行着服务社会的职能，扮演的是咨询者或知识转化者角色；当他们为学校教育活动提供服务保障，履行着计划、组织、领导和控制等职能时，他们扮演的是管理者角色。可见，学院组织是一个由承担着多种功能的团体构成的系统，它是人的系统，由各种不同的团体组成。根据活动类型的主体，至少可以在学院组织中划分为三个基本群体：管理群体、学术人员群体和学生群体，他们承担着不同的功能，有着不同的目标，形成了不同的工作价值观。比如，行政人员更强调服从，认可纪律约束，追求效率，倾向于建立相对统一、清晰的组织目标，严格的等级，规范有序的操作程序和有效的责任机制来简化多样化、复杂性与模糊性，降低组织运作成本，最大程度实现预期的组织目标。然而，学术人员崇尚自由、平等和独立，他们坚信学术是学者的生命，没有学术就没有学者，"自由是学术和科学工作之首要的、永恒的要求。"① 他们反对过多的约束，希望工作自主，能够自主地确定学术发展目标和学术方向，他们不太欢迎非专业人员对自己所属专业领域所从事的各项活动指手画脚。人们用"有组织的无序状态"来描述大学内部组织状况，非常贴切与生动。但需要注意的是，这里的"无序状态"并非指大学内部组织秩序的混乱，它实际反映的是大学组织内部人们思想、行为的非一致性、价值与活动取向的多元化和异质化。大学组织中不同团体之间的思想、行为规范和价值取向表现出的非一致性、离散性和多元化特点，使学院成为一个异质性系统。克拉克·克尔（Clark Kerr）把现代大学称为多元化巨型大学，认为它不是一个社群，而是若干个社群——本科生社群和研究生社群；人文主义者社群、社会科学家与自然科学家社群；专业学院社群；一切非学术人员社群；管理者社群。② 在多元化巨型大学中，这些不同的社群团体都形成和发展出了一套反映自己价值、信念与目标追求的价值系统，形成院校中的亚文化，随着院校的发展和规模的扩大，这些功能团体的亚文化也逐步发展，把教师、行政管理人员和学生各自进一步分开，亚文化内部也进一步分化，扩大了学院系统内各功能团体的异质化程度，增加

① 刘易斯·科塞. 理念人：一项社会学的考察 [M]. 郭方，等译. 北京：中央编译出版社，2001：308.

② 克拉克·克尔. 大学的功用 [M]. 陈学飞，等译. 南昌：江西教育出版社，1993：12.

了引发院长角色冲突的可能性。

随着我国大学内部劳动力的多元化，性别、年龄、宗教信仰，甚至种族和肤色等差异都将进一步加剧学院成员的多元化和异质化程度。有研究表明，不同团体的工作价值观会表现出性别、年龄、区域和文化差异，地域经济差异对人们的工作价值观有影响。[①] 价值观是决定活动主体的价值选择和行动目标的抽象范畴，它与人们的主观需要和动机相联系，并带有一定的情感色彩。由于价值系统上的异质性，不同功能团体分别代表着不同群体的利益，拥有异质性的利益诉求和价值取向，他们对学院和院长的角色期望变得复杂而又多样，有些甚至相互矛盾与冲突，这些冲突的角色期望经常会置院长于一种两难处境之中。

除了不同功能团体之间的异质性外，同一功能团体内部也并非完全的同质性。比如，教师团体内部对研究目的的理解上，有人主张把求知、求真作为学术活动最高的价值追求，认为基础研究应是无功利性的，应是造福于人类长远福祉，主张为"学术而学术"、"为知识而求知"。而另一些人则对应用研究、技术开发研究情有独钟，主张"学以致用"，以运用知识服务社会作为研究目的，强调知识的直接转化运用，强调科研活动与现实社会需要的直接对接，在学术研究上表现出理想主义和功利主义价值取向上的差别。例如，杨兰等就"高校教师的科研态度"对重庆 5 所高校进行了问卷调查，结果显示，高校教师的科研态度在年龄、职称和学位上都存在着差异，特别在职称和学位上存在显著差异，具有博士学位的教师在对科研的认识、情感和行为三个维度上的得分都要高于没有博士学位的教师，拥有教授职称的教师对科研的态度要好于未获得教授职称的教师。[②] 方明军、毛晋平对北京、上海、浙江、广州、武汉、长沙等城市近 10 所大学的专业课教师的职业认同现状进行了调查，结果显示：不同职称的教师在价值认同上存在显著的教龄差异，主要表现在 6 年—10 年、10 年—15 年教龄组讲师的价值认同显著低于

---

① 宝贡敏，缪仁炳. 东西部工作价值观差异比较与区域经济——对浙江杭州与广西南宁周边地区的调查分析 [J]. 浙江社会科学，2003（5）：109 - 113.

② 杨兰，刘毅，王叙红. 高校教师科研态度的调查与分析 [J]. 中国高校科技与产业化，2008（Z1）：61 - 62.

副教授和教授，16 年以上教龄组教授的价值认同显著高于副教授和讲师，而不同教龄教师间在价值认同上也存在显著的职称差异。①

根据 2008 年 6 月笔者对湖北、福建两省高校教职工对院长的角色期望进行的开放式问卷调查结果显示，学院教职工对院长的期望主要包括以下几方面：第一，希望院长能提供良好的学术环境与条件，营造自由的学术研究氛围；第二，希望提高待遇，改进福利；第三，领导行为方面，希望院长处事能做到公平、公正，具有人格魅力、组织协调能力强，果断，具有奉献精神；第四，学术要求方面，希望院长学术水平高，眼界开阔，有战略眼光，了解学科前沿，把握学科方向；第五，学院组织管理方面，希望能建立激励机制，建立良好的内部运行机制，关心教师的利益，提高教师参与管理的机会，改变薪酬分配制度；第六，人际方面，希望能更多地尊重教师。群体之间也存在较大的差异，教辅人员和青年教师希望院长能更多地改善他们的福利待遇。除了关注福利待遇之外，中初级职称的教师同时也极为关注专业发展，希望学院能提供良好的个人发展环境，建立良好的内部激励机制，也希望能得到院长和学院在职称、课题申报等方面的帮助和指导；高级职称的教师希望能得到更多的尊重，希望有更多的机会参与学院管理。可见，教师群体内部对院长角色期望除了一些共性要求外，还是存在较大的差异性，不同职称、年龄的教师对院长角色期望表现出一定的异质性。近十年来，伴随着高校学生规模的扩张，我国高校教师规模也急剧增加，年轻教师所占比重不断扩大，体现出明显的年轻化特点，1998 年到 2003 年，30 岁及以下年龄段教师增长了 83.7%；36 岁至 40 岁的教师增长了 183.2%；51 岁以上教师增幅不大，2003 年新增教师中，40 岁以下教师达 6488 人，占当年新增教师总数的 62.6%。② 对年轻教师来说，他们在个人生活改善、学术职业发展等方面的诉求，相比于中老年教师来说，更趋多样化，对学院和院长抱有的期望也会更多。

----

① 方明军，毛晋平. 我国大学教师职业认同现状的调查与分析 [J]. 高等教育研究，2008 (7)：56 - 61.

② 吕诺. 我国普通高校 40 岁以下教师数量超过三分之二 [EB/OL]. [2004 - 09 - 08]. http：//news. xinhuanet. com/newscenter/2004 - 09/08/content_ 1957886. htm.

如今，对院长来说，面对一个异质性功能团体构成的学院组织系统，"来自上级监管者（行政人员、董事会）、委托人（教师和学生）和赞助人（纳税人、立法者和捐赠者）的各种要求综合在一起创造了一种喧闹的环境，而院长必须在这种环境中生存，因为一个学院的成功依赖于所有参与者的相互作用，这些特殊利益团体塑造了院长的角色。"[1] 院长对这些功能团体成员需要满足的程度，通常会直接或间接地影响到这些团体成员功能的有效发挥程度。当这些功能团体对院长的角色期望或角色要求存在较大差异，或院长有效满足这些团体成员需求的能力受到限制时，这种限制既可能是院长角色能力不足，也可能是外部资源供应不够，都会让院长感受到角色冲突和角色压力。因此，"院长经常面临着被理想化或伤感化的风险，他们既可能被视为理论和实践中的智慧之源，同样也会被视为学院所有坏决策和不幸之源。"[2]

二、学院组织控制的二重性与院长角色冲突

社会心理学家卡茨（Katz）和卡恩说："人们绝大部分工作时间是在组织中度过的，因此必须紧密联系组织的社会结构来考察人的行为。"[3] 按照古典管理理论框架，大学和学院通常被视为一个科层等级系统，权力集中于上层，由上到下行使权力；社会系统理论框架则把大学视为由各种正式和非正式团体构成的系统，下级也会影响到上级的权力运行。正如只是按照古典管理理论来看待大学组织，通常会失之偏颇一样，仅仅从社会系统理论来看待大学也是不全面的，只有把这两种理论框架结合起来，才有助于我们更加清晰地认识大学和学院组织。因此，我们必须树立一种相互作用的视角来看待大学和学院组织，以此来认识大学组织内部科层系统与专业团体之间的相互影响。

---

① Joni Mina Montez, Mimi Wolverton, Walter H. Gmelch. The roles and challenges of deans [J]. Review of Higher Education, 2003, 26（2）: 241-266.

② David F, Bright M P R. Academic Deanship: Individual Careers and Institutional Roles [M]. San Francisco, CA: Jossey-Bass, 2001: 3.

③ 刘国权. 大学组织行为 [M]. 长沙: 湖南人民出版社, 2005: 35.

大学的组织结构是由学科和事业单位两维交叉而形成的矩阵结构，在大学整体组织结构布局中，学院组织就处于这种交叉点上，处于学科和事业单位的交汇区，正是这种交汇形成了学院组织控制的二重性特征。这种二重性使像大学和学院这种由专业人员构成的专业组织，同时受专业价值规范和官僚规章制度的影响，其运行也同时受这两方面的制约。

科森（Corson）较早就发现了大学和学院管理中表现出的这种组织结构上的二重性。科森看到，在大学和学院里同时存在着两种结构，一种是传统的管理科层结构，另一种是教师在其权力范围内对学校有关事务做出决策的结构。于是，"在学校内部的管理控制中出现了两个来源极不相同的'幽灵'：一种是根植于正规集权化的古典科层传统，而另一种则以教师非正式的特权和专业主义为基础。"① 这两种控制系统不但在结构上相互分离，而且也建立在不同权力系统之上，科层系统的权力主要来自于组织结构中的职位，其权力基础是上级对活动的控制与协调，而学科系统的专业权力的基础是自主性和个人的知识。这两种权力的来源非但不同，而且相互对立。在企业组织中，"管理权力和专业权力之间的矛盾是不可调和的，由此而产生的冲突因对管理权力的最终决定权的承认而得以解决。但是，在专业组织和大学中，类似的问题远远没有得到解决。"② 专业组织的成员主要由专业人员组成，专业人员的任务就是创造、应用、保存或传播知识，他们负责确定组织目标，维护组织的成就标准。在企业和政府这类组织中，科层管理权力适用于组织的主要目标活动，但是在大学和学院这类专业组织中，管理人员却只负责辅助活动，为专业人员所从事的主要目标活动筹划措施。也就是说，在专业组织中，专业人员应该拥有主要权力，而管理人员所拥有的是处于从属地位的权力。

学院既是学科的一部分，又是学校的一部分，学院组织结构的两维交叉性，使其成员同时来自管理子系统和学科子系统，既有学科子系统的教师、学生和研究人员，也有管理子系统的行政管理人员和教学辅助人员、后勤服务人员。这种由专业人员和行政人员共同构成的组织，其运行通常受专业价

① 马克·汉森. 教育管理与组织行为 [M]. 冯大鸣, 译. 上海：上海教育出版社, 2004：92.
② 伯恩鲍姆. 大学运行模式 [M]. 别敦荣, 等译. 青岛：中国海洋大学出版社, 2003：11.

值规范和科层规章制度的共同作用。院长作为学院的负责人，也由于这种交叉而表现出同属于管理子系统和学科子系统的特点，成为两个有着不同的价值观念、工作内容、工作要求和运行方式的子系统的共同成员。他既不同于纯粹的行政人员，也不同于完全的教师，他是典型的跨边界工作者。他必须同时受到这两个子系统的影响，其角色扮演同时受学科规范和科层规章制度的制约，两种子系统的要求同时交汇，对院长同时施加控制和影响，这要求院长必须努力在二者之间寻求一种平衡，才能做到既有利于促进学科发展，又有利于实现学校的目标。院长的角色行为通常要同时考虑来自学科规范和科层规章制度的双重要求，要考虑两种不同的运行方式各自具有的特点。来自学科系统的要求，希望院长进行民主管理，更好地发挥教授的作用，倾听教师的意见，让教师参与管理，尤其是增加在学术领域的发言权，希望院长遵循学会运行模式，培育学院文化，保障学术自由。而来自科层系统的要求，希望院长能更好地贯彻学校的政策，落实学校当局的决定，讲求效率，快速决策，遵循科层运行模式。这两种不同的价值系统同时作用于院长，经常会对院长的角色扮演提出不同的角色要求与角色期望，从而引发院长的角色冲突。如果这两种价值系统是立体运行的话，还不至于形成冲突与矛盾，但由于它们是交叉运行，同时对院长施加控制和影响，使得院长的角色天然地潜含着内在冲突的基因。院长如能在两者之间保持一种巧妙的平衡，也许不会发生冲突，但要真正做到这一点，如果说不是不可能的话，至少也是极为困难的，尽管有不少院长以此为目标，但几乎很少有人能成功地做到。

因此，院长在学院中的位置和学院组织控制的二重性决定了院长角色在实际扮演过程中发生冲突不可避免。只是这种冲突的程度取决于学院的权力结构、院长角色担任者对来自这两个子系统的价值观念、行为方式的自我认同程度以及个人平衡能力。也正是通过院长不断地对这些冲突进行调节，而使学院的学术管理能在自主与控制、民主与集中之间保持一种平衡。

三、多元权威结构与院长角色冲突

学院组织控制的二重性和党对教育的领导使我国大学和学院内部形成了

多元权威并存的格局。

根据古典组织理论，科层系统的运行要遵循指挥链和统一命令原则，这两条管理原则要求一个员工在任何活动中只应接受一位上级的命令，而不能接受多头领导。统一命令原则的本质是要从组织结构上防止组织成员陷入两个矛盾的命令，或来自两个或两个以上上级不一致的期望而引起的角色冲突之中。许多古典理论家又从这条原则推论出单一责任原则，即一个人只应对成功完成一个上级布置的任务负责。这种设计确保了对下属的工作进行系统的、一致的报告、评价和控制。管理中的统一命令原则强调组织中的单一权威来源，如果违背这条原则，不仅会使权力和纪律遭到严重的破坏，而且容易使命令接收者由于无法同时满足来自不同方向的命令或要求而产生角色冲突。为了确定组织中产生角色冲突和角色模糊的条件和结果，卡恩等采用访谈和问卷调查的方法，对53人进行了访谈和全国725人进行问卷调查，发现一个比较普遍的角色冲突形式是感受到多重命令，经历了角色冲突的人说，他们对给他们施加压力的人的信任和尊敬减少，更加不喜欢给他们施加压力的人，和这些人的沟通也减少，他们自己的工作效率也降低。[1] 许多对医院这一具有多元权威源的专业组织的研究结果也表明，权威源之间的冲突不仅会给组织造成巨大代价，也会对成员产生干扰，引起成员的角色冲突。扎瓦科（Zawacki）对医院护士的研究证实了多元权威的影响，他发现，护士的角色冲突源于医院的双重等级，这种角色冲突使护士以带有敌意的方式回应医师，并对正式规则进行消极抵制。[2]

像医院一样，大学也是一个多元权威并存的专业组织。权力作为大学组织运行过程中的重要因素影响着大学组织的生存与发展。伯顿·克拉克指出："如果我们懂得权力，我们好像就懂得所有我们需要了解有关国家高等教育系统整合的一切方面。"[3] 因此，他将"权力"视为学术组织的三大基本要素

① House R J. Role Conflict and Multiple Authority in Complex Organizations [J]. California Management Review, 1970 (12): 53 – 60.

② House R J. Role Conflict and Multiple Authority in Complex Organizations [J]. California Management Review, 1970 (12): 53 – 60.

③ 伯顿·克拉克. 高等教育系统——学术组织的跨国研究 [M]. 王承绪, 译. 杭州: 杭州大学出版社, 1994: 7.

之一，提出在高等教育系统中，合法权力分配中的许多权力关系是从工作组织和相伴而生的信念中形成的。大学组织中的权力关系非常复杂，在不同层次上形成了多种类型的权力类型。伯顿·克拉克在《高等教育系统——学术组织的跨国研究》一书中把各国高等教育系统的权力分成六个层次 10 种类型，尽管这六个层次并不是在所有的系统中都存在。从底部向顶部看，第一个层次是主要的运行单位——系或讲座——研究所的结合，前者在美国最发达，后者典型的表现在欧洲模式中。第二个层次是几个运行单位的集合，同时又是大学或学院的一部分，主要是学部，例如，在许多欧洲大学有法学、医学、神学和哲学四个传统学部；在美国的大学中，有文理学院，有时将一个更大的单位称之为学院，例如，医学院或工程学院等。这两个最低的层次有时被看作是一国高等教育系统的基础结构。第三个层次是整所大学或学院。第四个层次是多校园的学术管理组织，这一层次试图将所有下属组成一个系统，但又是低于政府本身的一级正规权力层次，这一层次的组织类型是很多的，首先是多校园的或邦联制的大学。例如，加利福尼亚大学系统，包括 9 所大学，又如威尔士大学有 5 所分校，其次是州或地区的高等教育系统，它包含一类院校，例如，州社区学院系统。第五个层次是州、省或市政府本身，这里"权力"具体体现在政府的一个部或局，行政首脑和立法机构通常也是影响的源泉。第六个层次是最高级层次，即一国的政府及其有关的部局与立法机构。这六个层次的权力可分为 10 种类型：个人统治（教授统治），例如，在以讲座为基础的学术体系中，讲座教授具有极高的地位，教授实行广泛的对学生的学习监督，也常常监督低级教师的工作；学院式统治（教授统治），它是教授们管理整个系或学院、研究院和大学等组织最偏爱的方式，体现专家仲裁的思想；行会权力，是前两种权力中派生出来的，是个人权力与学院式权力的结合，主要来自传统的学者行会管理模式；专业权力，像纯粹官僚权力一样，被认为是产生于普遍的和非个人的标准，但这种标准不是来自正式组织而是来自专业，它被认为是以"技术能力"而不是以正式地位导致的"官方能力"为基础的；董事权力（院校），院校董事会最终为院校的命运负责，作为一个组织，他们通常是院校的合法拥有者或合法经理人；官僚权力（院校）；官僚权力（政府权力）；政治权力，通常指带有政治倾向的国家、党派以及各种团体对高校的介入和影响；高教系统的学术寡头权力；感召力，也称为卡里斯玛权威，它既不来自行政结构中的地位，也非出自于世袭的传统权力，主要来自非凡的个人特性。第一、二层称为基层结构，大学或学院称为中层结构，第四、五、六三个层次被称为上层结构。这六种基本的统治形式在各国高等教育系统中或单独、或综合、或强大、或弱小、或轻微地存在着，这些形式主要根植于学科、事业单位和整个高等教育系统中。

上述 10 种权力具体到我国大学和学院内部，主要有教授个人统治、集体统治、学术寡头权力、院校官僚权力、政治权力和感召力等，可以归纳为科层权威、专业权威、政治权威及天赋权威四大类，每种权威都有反映其权力特点的运行方式，它们共同存在于大学组织之中，同时对院长的角色行为产生影响。教授享有建立在专业知识基础之上的专业权威，影响着学院的运行和院长的管理活动，在学术事务领域，教授们享受充分的发言权，院长在进行决策时不能无视教授们的见解，他们会对院长涉及学术领域的决策产生影响。另外，《中华人民共和国高等教育法》规定"国家举办的高校实行中国共产党基层委员会领导下的校长负责制"，以法律的形式将"党委领导下的校长负责制"确定下来，它同政府给大学提供资金一道，共同赋予了政治权威在大学管理中的合法地位，形成了分别代表政治权力和行政权力的党委与行政的双重领导，在学校层面形成了双重权威并存的布局，在大学的具体管理中普遍实行的校级管理模式是"两会并行制"，即党委常委会负责决策，校长办公会负责执行。对处于组织中层职位的院长来说，除了要接受学校行政系统的领导外，还必须接受党委系统的指令，形成了两个指挥源，这两者如能和谐相处，发挥合力，有助于我国大学的发展。但在我国大学的管理实践中，书记、校长之间存在意见分歧是一种常见现象，人为引起的"以党代政"、"党政不分"、"多头指挥"的矛盾与冲突比较多，当这两个指挥源发出的命令、要求不一致时，容易让院长感到无所适从而引发角色冲突。

坚持党的领导成为我国大学管理的重要原则，这使我国大学组织除了具备科层权力和专业权力外，形成了第三个权威源——政治权力系统。该权力系统从政治利益出发，对大学内部成员提出要求，例如，维护大学的安全与稳定，保证党对教育的领导，以及贯彻执行党和国家的教育方针政策等。除了科层权威、专业权威和政治权威外，大学和学院组织中还存在着一种被喻为权力百搭牌的天赋权威，也称为卡里斯玛权威，它既不来自行政结构中的职位，也非出自于世袭的传统权力，主要来自非凡的个人特性与人格魅力。个体凭借其人格魅力对组织及其成员产生影响，它被比喻成一张权力的百搭牌，是最不系统最难预测的权力形式，在高等教育系统中，它处处可见，它存在于学生、教授、行政人员、董事会成员、政治家或利益团体的代表中，它作为一种力量也会经常影响院长的角色扮演。例如，拥有知名院士的学院，院士的个人影响力就形成了一种权威，虽然他的权威往往是学术寡头权威与天赋权威的结合，但除基于专业知识而形成的专业权威之外的个体人格魅力也极具影响，他们严谨的治学态度、执着的探究精神、果敢的批判勇气等人格特征都具有极大的个人感召力与凝聚力。他们对学院乃至学校的发展都具有无形的影响力，这种影响既涉及学院的学科规划、学科和专业建设，也涉及课程、教材及实验室建设等方方面面。

大学这种多元权威并存的权力结构，使院长的活动经常处于多重权威控制之下，一方面受到组织中拥有管辖权和等级权威的学校上级行政和党委的控制，另一方面又受到和他一样拥有专业知识和技能的同行控制，还要受到学院内极具人格魅力的成员的影响。院长决策时，不仅要考虑科层系统的要求，也要考虑学科系统的需要，还不能违背政治系统的要求，这种来自多系统的要求强烈地挤压着院长。例如，院长在推行教师聘任制时，科层系统希望通过聘任制来激发教师的工作积极性，学术系统希望聘任制能保障学术自由，而政治系统希望在推行聘任制的过程中不能出现危及稳定的因素。当院长做出一项决策时，不仅上级管理层可以对其进行评价，学院内的其他专业同行也有权对它进行评论。对院长的角色期望和要求，不仅来自科层和政治系统，也来自学科系统，大学这种多元权威并存的结构，容易置院长于一种左右为难的角色困境之中。以教师考核为例，现在我国高校普遍地对教师实行"记工分"的量化考核方式，规定每年必须完成的教学、科研工作量，规定每个教师每年的科研经费任务，把对这些量化目标的完成情况与个人薪酬、聘任和晋升直接挂钩，有的院长也把自己的角色戏称为"生产队长"。这种无视高校教师的工作特点，照搬企业量化考核方法的管理方式，引起了教师学术群体的极大批评与不满，教师批评它会造成学术浮躁，急功近利，追求数量而忽视质量，不利于创新等负面影响。院长在执行这种考核办法的过程中经常遭受来自教师专业团体的批评与学术权威的质疑，但由于这是学校做出的决定，按照遵守纪律和下级服从上级的科层管理原则，院长作为学校科层系统的执行层，他又必须坚决执行学校的相关政策和决定，从而常常引发院长们的角色冲突。当作为个体，对学校的相关政策和决定不认同时，这种源于对科层管理原则的强制服从，更加容易引起院长的角色冲突。福建X大学教育学院L院长本人也不赞同这种量化考核办法，他认为这种量化考核做法与自己的理念相背离，会影响学术自由和高水平成果的产出，但他又必须执行学校的做法。福建X大学信息学院Z院长甚至把高校推行量化考核的做法称之为"无稽之谈"，但从学院管理者角色出发又必须这样，才能做到"让那些教授做事情"。

> 学校行政化的量化考核办法，与我自己的教育理念相冲突，这个办法其实会影响学术自由的，特别会影响到一些需要大投入，高时段投入的科研课题。用行政化，量化考核方式通常会促进短、平、快项目的产生，这种考核，量还可以，但是质会受到影响，往往造成有些人把一些大的课题分成小的部分来做和发表。但是学校又要推行量化考核，那我们也就只好这样做。（福建X大学教育学院L院长）

> 作为个体，我认为这些都是无稽之谈，真正要出高质量的东西，跟量化毫无关系，好东西有一篇就行了，差东西一千篇又有什么意义呢？但是，从学校管理的角度，我又必须这样做，你要让那些教授做事情，你不能只听他说"我要做高水平的东西"，最后100年过去了，什么东西都没做成，拿了国家的工资，什么活都不干那总不行吧。（福建X大学信息学院Z院长）

在对"不同的人对我会有不同的工作要求"一项的调查中（见表4-1），37.1%认为完全符合，36.1%认为基本符合，17.0%认为有些符合，5.1%认为不确定，1.8%认为不太符合，2.0%认为基本不符合，0.9%认为完全不符合，认为完全和基本符合两项共占73.2%，可见大部分院长感受到了不同来源的工作要求，这种多来源的工作要求也反映出大学组织中多元权威结构对院长角色扮演的影响，容易让院长置身于满足了某一方而无法同时满足另一方的两难选择之中。山东 S 大学新闻学院 W 院长就深有感受，他说："学校对我们的要求比较多，既要搞好管理工作，又要维护学院的稳定和教师的团结，还要让学科水平不断提高。这让我们有时难以兼顾。"

表 4-1 认为"不同的人对我会有不同的工作要求"的比例

符合程度	完全不符合	基本不符合	不太符合	不确定	有些符合	基本符合	完全符合
所占百分比（%）	0.9	2.0	1.8	5.1	17.0	36.1	37.1

四、多样而又模糊的组织目标与院长角色冲突

大学被公认是典型的有组织无政府状态的组织。有组织无政府状态是指任何具有以下三个普遍特征的组织机构形式：难以确定的目标、含糊不清的技术和不断变化的参与者。[①] 大学这种有组织的无政府状态，使大学的领导和管理受制于目标、技术及经验的模糊。美国的鲍得里奇（Baldridge）教授在对美国高等教育组织及管理进行长期研究的基础上，系统地描述了学院和大学的组织特征，认为学院和大学是一种独特的专业组织，其独特之处的一个主要表现就是具有模糊与纷争的目标系统。[②] 和企业组织相比，大学和学院组织的目标往往不那么明确和具体，更无法像企业那样以利润的数值来标示其组织目标的实现程度。企业组织的目标是明确的，管理是统一的，而这正是高等教育组织所缺少的。正如迈克尔·科恩所言："几乎任何一个受过教育的人都可以举办一场标题为'大学的目标'的报告，但几乎没有人会自愿地去听这些报告。在大多数情况下，这些报告以及一些相关的文章差不多

---

① 迈克尔·科恩，詹姆斯·马奇. 大学校长及其领导艺术：美国大学校长研究［M］. 郝瑜，译. 青岛：中国海洋大学出版社，2006：3.

② 陈学飞. 美国、德国、法国、日本当代高等教育思想研究［M］. 上海：上海教育出版社，1998：74-75.

都是一些愿望很好的社会修辞的操练，很少有可以实际操作的内容。对一所大学的目标做出规范陈述的努力，其结果往往会导致一些无意义又值得怀疑的目标。"[①] 针对这种情况，罗伯特·伯恩鲍姆解释说，其原因，一方面是由于高等教育的目标难以取得一致，另一方面是因为与人们的成就相关的目标的实现和实现目标的活动都不能以令人满意的方式记入"资产负债表"。"当学院和大学变得越来越多样化，更加分化、专业化和更多地与社会其他组织发生联系的时候，学校的使命并没有变得更加明确，并且它们不仅不是在朝着统一的方向发展，而是在不断分化，不断扩充，并且成为压力和冲突的来源。现在的问题不在于学校不清楚自己的目标，而在于它们同时接受了大量的相互矛盾的目标。"[②] 大学和学院从事的教育事业不是一个提供单一产品和服务的产业，它提供的产品或致力于实现的目标是多样的，有时也是冲突的。例如，从事教学活动，实现人才培养；开展科学研究，促进知识创新；提供社会服务，推进社会进步。我们对这三个目标在办学理念上的倡导，并不意味着它们在实践中也总能和谐共处，追求这些目标的实践活动常常引发一定的冲突。譬如，教学与科研对教师时间上的冲突，学生需求导向的教学活动与学科导向的科研活动的冲突等。而院长作为学院的直接负责人，他必须承担起领导学院去实现这些存在一定矛盾和冲突的目标的实现，从而容易引发角色冲突。有研究者对美国大学院长角色冲突的研究发现，综合型大学院长的角色冲突要高于研究型和学士型大学[③]，这是因为研究型和学士型大学的目标清晰，复杂性更少，分别以研究和教学作为自己明确的目标，而综合型大学处于一种不稳定的中间地带，它们不再是纯粹的教学型大学，也没有博士学位授予权，但它们非常渴望拥有博士学位授予权。综合型大学的院长一方面面临着要根据教学任务来配置教师，与此同时，上级行政部门又非常关注研究所能带来的潜在的财政资源和声誉，这种组织目标的多样性使综合型大学院长产生更强的角色冲突。我国大学还没有像美国大学那样分类清晰，

① 迈克尔·科恩，詹姆斯·马奇. 大学校长及其领导艺术：美国大学校长研究［M］. 郝瑜，译. 青岛：中国海洋大学出版社，2006：213 - 214.

② 伯恩鲍姆. 大学运行模式［M］. 别敦荣，等译. 青岛：中国海洋大学出版社，2003：12.

③ Wolverton, Mimi; Wolverton, Marvin L. et al. The impact of role conflict and ambiguity on academic deans［J］. The Journal of Higher Education. 1999, 70（1）：98.

基本上既要承担教学，又要从事科研，还要鼓励进行社会服务，这种对教学、科研和社会服务等多重目标的强调常常容易置院长于左右为难的角色冲突之中。

从中世纪大学以培养绅士和僧侣为主要目标，大学的使命局限于单一的保存和传播知识，到工业经济时代，大学选择了走出象牙塔，走进社会，逐渐与社会生产、经济发展建立联系。到了后工业经济社会，特别是知识经济社会，在全球化、国际化大背景下，大学在社会经济中的地位发生了根本变化。"大学已经从纽曼时代的'乡村'，走过了弗莱克斯纳时代的'市镇'，来到了克拉克·科尔时代的五光十色的'城市'，大学已经彻底参与到社会生活与经济发展之中，成为社会的'服务站'、'发动机'、'思想库'"。[①]如今的大学已成为一个承载多重目标的组织，越来越呈现出多目标多功能的特征，并且，这些多样化的目标在特定的时空和资源条件下的矛盾冲突将变得更加激烈。正如克拉克·科尔在他的《大学的功用》中所说："大学已经从一个居住僧侣的村庄演变为一座由知识分子垄断的城镇，今天已经变成了一座充满无穷变化的城市。"[②] 珀金斯（Perkins）比较了大学和政府机关、公司和基金会等组织后认为，大学患有"组织消化不良症，因为它们吞进了多种不同且相互冲突的使命。"[③]

关于大学组织的目标与任务，迈克尔·阿伦（Michael Allen）认为，目前可以达成共识的观点是：大学的基本任务包括三个方面，传播、扩展和应用知识，三者分别与大学的教学、研究和社会服务职能相联系。[④] 但这只是对大学组织目标的一种模糊表述，目标的模糊性使学院内部各团体对学院目标的理解各不相同。例如，有关如何教学，教什么内容，如何选定研究的主题与方向，如何进行评价等，管理人员与教师都有各自的理解。虽然很多人坚信它们三者之间可以相互促进，教学与研究相结合的必要性与重要性也被

---

① 周玲. 大学组织冲突研究 [D]. 华东师范大学，2006：37.

② 克拉克·科尔. 大学的功用 [M]. 陈学飞，等译. 南昌：江西教育出版社，1993：26.

③ 克拉克·科尔，玛丽安·盖德. 大学校长的多重生活：时间、地点与性格 [M]. 赵炬明，译. 桂林：广西师范大学出版社，2008：187.

④ Michael Allen. The Goals of Universities [M]. The Society for Research into Education & Open University Press，1988：7.

广泛宣传，但在实际的学术实践中，在具体的学院和教师身上，它们很多时候并没有如人们预想的那么完美，对它们相互冲突的抱怨之声也不绝于耳。学院组织目标的模糊性和多样性，不仅会使多元目标在对有限资源的争夺上引发冲突，而且也容易引起多元目标之间的相互矛盾，而大学高度的专业化及其不同部门间的松散状态，增加了对这些冲突目标进行统合的难度，无疑使院长的角色扮演更加困难。对工商企业而言，可以依据产出和利润作为统整各部门目标、行为和评估目标完成情况的依据，但对大学组织而言，由于受教育对象的特殊性，除了一些有形的研究成果之外，其产出结果具有难以量化和明晰化的特点，也难以统合到同一个具体的目标之下。在大学组织内部，各子系统追求的目标也不一样，这种目标的差异也常常成为引发组织内冲突的重要来源。伯顿·克拉克精辟地指出："由于高等教育的任务既是知识密集型又是知识广博型的，因此很难陈述综合大学和学院的目的，更不必说一个国家的高等教育系统的目的了。有哪一种机构能够把古典文学和社会工作容纳在一起，把物理学和社会学结合在一起，把考古学和动物学联结在一起呢？很久以来，庞大的学术机构至多也只有宣而不明的目标。这种目标的含糊性在 20 世纪是有过之而无不及，以致想尝试澄清目的的人不由得望而生畏。"[①] 学院组织目标的模糊性，使得每个群体都有充分的理由和正当性向院长提出要求，每个群体都可向院长阐述应该获得支持的充分理由，都希望能在资源分配方面获得院长的优先支持。然而大学组织目标的模糊性还表现为其目标实现情况的难以精确和测量，它不像企业可以凭借利润值来判断组织目标的实现情况，这使得院长难以找到一个具有说服力的指标来判断哪个目标更有价值，这种目标的模糊性容易置院长于混乱之中，从而容易引起院长的角色冲突。

---

① 伯顿·克拉克. 高等教育系统——学术组织的跨国研究［M］. 王承绪，译. 杭州：杭州大学出版社，1994：18.

五、多元的组织文化与院长角色冲突

虽然大学承接着文化知识的保存、传递和创新等功能，但大学作为一个组织，形成和拥有自己的组织文化，而且由于其组织成员构成的多样性，其内部文化表现出多元化特点。参照的标准不同，可有不同的分类，例如，以文化主体为依据，可分为教师文化、学生文化和管理文化；按照文化的表现形式，可分为物质文化、制度文化、精神文化和行为文化。美国学者威廉姆·H. 伯格奎斯特（William H. Bergquist）以美国高校为基础，提出了大学的四种文化模式：学院文化、管理文化、发展文化和协商文化。

学院文化是一种由学者主导的文化，强调的是以学科为基础的学术研究、教授自治、魅力领导。学院文化的共享价值是学术自由、学者的独立人格和学术研究的非功利性，视知识和真理作为唯一的评判标准的价值体系。学院文化的效率意识淡漠，"学者们更愿意追求理想的境界而不是现实，追问可能而不是具体实际。"① 学院文化强调独立工作，鼓励视角的多样化和教师工作自主权，教师自主开展教学和科研工作，自主确定教学内容和教学方法。利用伯恩鲍姆（Birnbaum）的话来说，它是一种"松散联结"的文化，人们之间的关系是非正式的、非等级性和长期的。该种文化中的变革是通过准政治性协商来进行的，"对许多教师来说，学院文化最吸引人的地方之一是它容忍甚至鼓励自主活动。"②

学院文化的历史渊源来自英国的牛津、剑桥模式和德国模式。学院文化是英国和德国大学模式的混合物。③ 牛津大学、剑桥大学作为英国古典大学，奉行自由教育，在教学与研究之间，更重视教学，通过教学塑造人的精神和

① William H. Bergquist. The Four Culture of the Academy: Insights and Strategies for Improving Leadership in Collegiate Organization [M]. New York: Jossy-Bass, Inc.: 29.

② William H. Bergquist. The Four Culture of the Academy: Insights and Strategies for Improving Leadership in Collegiate Organization [M]. New York: Jossy-Bass, Inc.: 43.

③ William H. Bergquist. The Four Culture of the Academy: Insights and Strategies for Improving Leadership in Collegiate Organization [M]. New York: Jossy-Bass, Inc.: 57.

灵魂，而不是带有任何外在目的的研究，更不以提高人的谋生技能和手段作为办学宗旨，致力于培养社会精英，造就有着良好风范的"绅士"。德国模式与英国模式不同的是，它更重视研究，提倡教学与研究自由，从而无止境地拓展知识领域，教师拥有相当大的自主性和独立性，学术权力的重心在主持各讲座与研究所的教授。这两种模式中，学术人员占据大学主导地位，管理人员的权力受到极大限制，是教授而非行政人员影响着学校的决策过程，"即使某些管理人员为人推崇，也是因为他们的学术记录和个人品性，而不是因为他们特殊的管理技能。"① 学院文化主导的大学组织，结构上表现为松散结合，却表现出相当强大的文化亲和力。相比于其他组织，该类机构的人格化因素、非正式权威往往遮蔽了正式权威，在受到非学术力量威胁时，组织中的学术人员更容易结成非正式的联盟来与之相抗衡。在学院文化中，学术人员在有关教育假设、价值、目标、判断优秀的标准、促进专业和机构变革的前景等方面持有共同的态度。②

管理文化源于美国的两类学院，一是美国的天主教学院和大学，一是美国的初级学院（社区学院）。虽然位于乡村的殖民地学院实际上要先于殖民地高中而存在，但城市里的殖民地学院却是中小学的延伸，这些中小学是为那些来自社会底层的年轻人而开设，由牧师和修女以各种教学命令来管理。"受这些中小学校的传统影响和建立在公认的教学命令和教会等级之上，创立了这些教会学院，它在创立时同时设想，学院的权力线要清晰，正式设计的机构管理者应该控制学院的整个计划和管理职责。"③ 由于受牧师支配，天主教学院更加拥护资助它们的教会的管理和领导。由于 19 世纪的天主教比新教更加强调权威和等级，因此，天主教学院比新教学院也更有等级性。天主教学院强调和重视本科生教育而对研究生教育缺乏关注，重视研究、学问、教师自治和研究生教育的德国大学模式对它的影响很小，它主要受它的主要

---

① William H. Bergquist. The Four Cultures of the Academy: Insights and Strategies for Improving Leadership in Collegiate Organizations [M]. San Francisco: Jossey-Bass Publishers, 1992: 24.

② Martin, W. B. Conformity: Standars and Change in Higher Education [M]. San Francisco: Jossey-Bass, 1969: 206.

③ William H. Bergquist. The Four Cultures of the Academy: Insights and Strategies for Improving Leadership in Collegiate Organizations [M]. San Francisco: Jossey-Bass Publishers, 1992: 57.

竞争对手——初级学院的影响。它们有几个共同特点，都服从于没有特权的民众，都由当地人士控制和管理，天主教学院常常由本地教会提供资助和管理，社区学院由本社区提供经费和控制，它们强调教学甚于研究或学问，它们都由清晰的等级权力链所管理。

天主教学院的财政困难进一步加重了这种强调等级权力的管理文化。天主教大学在很大程度上是为那些生活在社会底层的穷学生服务的，其服务宗旨主要是为学生提供就业准备和改善其经济状况。与新教学院主要由世俗的校长和理事会领导不同，天主教学院主要由牧师领导和管理，它们从没有建立起直接获取世俗财政支持的传统，它们主要依靠教会的财政支持。① 由于捐赠主要给予教会，而很少直接捐给学院，天主教学院很少获得大额捐赠，除了从教会获得资助以外，几乎没有其他可靠的经费来源。经费困难以及所面对的教育对象又大多是亟待获得谋生手段的贫穷子弟，要求这些大学不得不另寻办学思路，自由进行知识探寻的学院文化在这些大学和学院内缺乏基础，"学院文化之于它们无疑是一种奢侈，对自由教育和高深研究更不敢问津，因为或许只有摆脱生存的窘境才是最紧迫的。"② 因此，大多数天主教大学逐步建立起了一个高度科层化、权力集中的组织制度，其基本特征是实行严格的财政控制，树立职位权威，建立森严的等级制度，规范动作程序，目的在于保证教学活动平稳运行，提高资源使用效率。与教会学院相类似，美国的部分初级学院也是由所在社区的中学系统发展而来，它们像当地学校系统中的其他教育机构一样管理，学院成员被当成教师而非当成学者或研究者来培训，管理人员也可从高等教育获得他们的高级学位，这些学院的重点是为职业做准备，在课程方针明确界定的范围内开设课程。③ 这些在19世纪后半期建立起来的初级学院，后来和教会学院和大学一起成为美国高等教育的重要组织部分，它们也成为美国高等教育中管理文化的重要来源之一。

管理文化对美国的影响日益增加，其影响几乎和学院文化一样引人注目。

---

① William H. Bergquist. The Four Cultures of the Academy：Insights and Strategies for Improving Leadership in Collegiate Organizations ［M］. San Francisco：Jossey-Bass Publishers, 1992：60.

② 阎光才. 识读大学：组织文化的视角 ［M］. 北京：教育科学出版社, 2002：216.

③ William H. Bergquist. The Four Cultures of the Academy：Insights and Strategies for Improving Leadership in Collegiate Organizations ［M］. San Francisco：Jossey-Bass Publishers, 1992：58.

20 世纪 60 年代，快速发展的高等教育进一步加强了管理文化，这时期的高等教育制度鼓励进行设施规划、发展精确的成本调查程序、要求可比性的描述、开展预算和学术项目评价。① 到 20 世纪 60 年代—70 年代以后，随着政府实行财政紧缩政策，经费不足开始成为美国大学日益严峻的问题，大学与外部社会联系更加紧密的同时，也感受到越来越大的外部压力，公众对高等教育的不满在增加，高等教育出现了职业化倾向，工商企业的一些经营理念、管理思想和方法手段也纷纷引入大学管理，使一些研究型大学的管理文化模式特征也日益呈现出来，更加关注教育目标和产出，以为学生提供职业准备教育和提高组织运行效率为目标，强调组织效率和责任，强调规范化和整体化。导致管理文化扩张的最后一个原因是大学中兼职教师的显著增加，导致学术人员在学院和大学的日常运行中的影响减小，学院文化呈现衰退趋势，在此背景下，产生了新一代的教育管理人员，他们形成了自己的语言、仪式和价值观念，形成了自己的亚文化。如伯顿·克拉克所言："在学术单位和高等教育系统的亚文化中，最不引人注目但重要性日益增加的趋势是管理人员文化与教师学生文化的分离。由于在大学、各省与中央管理部门中专业干部取代了由教授兼职，导致一套独立的规则和一种独特的利益的出现。"② 针对这两种文化日益分离的趋势，特里·伦斯福德（Terry F. Lunsford）提出："大学行政管理人员和教学人员，在日常生活中越来越相互分离，每一方面都试图保持自己'一类人'的接触。"③ 这种相互分离的结果是，大学管理人员与教师互不往来，各自为政，只是在一些没有非同类人员参加的会议上，同事之间才进行一些沟通。"在管理人员权力过大，教师被赋予的权力过小的情况下，管理人员进行的创新工作可能增大教师和管理人员之间的隔阂，加深相互之间由于两种不同文化所带来的业已存在的或隐或现的对立

　　① William H. Bergquist. The Four Cultures of the Academy：Insights and Strategies for Improving Leadership in Collegiate Organizations［M］. San Francisco：Jossey-Bass Publishers，1992：67.
　　② 伯顿·克拉克. 高等教育系统——学术组织的跨国研究［M］. 王承绪，译. 杭州：杭州大学出版社，1994：99.
　　③ 伯顿·克拉克. 高等教育系统——学术组织的跨国研究［M］. 王承绪，译. 杭州：杭州大学出版社，1994：100.

情绪。"①

我们可以借鉴威廉姆·H. 伯格奎斯特的文化模式来分析我国大学院长的文化环境。古尔德（Gould）在论述大学文化时曾提醒我们说："我们一定不能忘记，高校的文化在核心上就是矛盾的。"② 学院文化与管理文化分离且并存的情况同样存在于我国大学和学院之中，由于其目标取向和价值体系的不同而冲突不断，在管理活动中表现出自由与控制、民主与集中这两对矛盾。学院文化强调学术自由，鼓励自由探索，倡导大学与外部社会保持必要的距离，在学院内部管理中平衡学术权力与行政权力，主张社团式管理模式，让教师享有平等地参与学院内部管理的机会，尊重他们在学术事务上的发言权。但日益严重的管理文化过于强调科层管理模式，过于强调大学对外部社会需要的满足，行政权力泛化而学术权力式微，用行政方式来处理学术事务，行政人员主导和控制着学院决策，造成控制有余而自由不足，集中过度而民主欠缺。

这两对矛盾在学院的学术管理中又避免不了地集中和反映到院长身上，其冲突的程度取决于这两种文化在各高校的地位及院长本人对这两种文化的体认程度。为了促进教师自由探索，把学院营造成自由探究的场所，要求院长在管理中尽量发挥和尊重学术人员的作用，努力在学院内部创造一种对话的环境，保障学术自由，尊重学院共同体内处于边缘或反对群体的声音，让他们参与学院学术管理活动，给予他们在学术事务方面的自主权。但在一个更加开放的环境下，大学与社会的联系益加紧密，大学和学院的发展对外部资源的依赖程度更高，大学和学院的管理已经不能仅仅考虑学术内在逻辑一方面，还同时受到社会外部发展力量的牵引，那种任由教师凭自己个人兴趣的学术探索已越来越缺乏社会基础，要求大学和学院对教师的学术活动进行适度的控制与引导。包括院长在内的大学管理者越来越感觉到，一所大学或学院供养不起一批 5 年或 10 年不发一篇论文的教授了。但是，基于教师学术

① Rourke, F. E. and Brooks, G. E. The Managerial Revolution in Higher Education [J]. Adminstrative Science Quarterly, 1964 (9)：154－181.

② 埃里克·古尔德. 公司文化中的大学 [M]. 吕博，张鹿，译. 北京：北京大学出版社，2005：83.

活动的个体性和专业化特点，院长又不能简单采取行政办法，进行命令或强制，只能通过说服与沟通，协商与引导。此外，由于我国大学内还具有一个党团系统，形成了具有中国特色的高校政治文化，也会对院长的管理活动和角色扮演提出要求。

一般而言，在同一个组织中，"文化差异越大，引起的角色冲突和角色模糊越大"，"追求的目标越相似，角色冲突和角色模糊就越小。"[①] 对于同时身处科层和学术两个子系统的院长来说，很多情况下都不由自主地被置于这三种文化的对立或冲突的旋涡之中。"作为学术人员，他喜欢权力的分权和均衡化，反对权力的集中和阶层化；他喜欢个性化，反对制度的统一和标准化；他喜欢弹性化，反对形式主义的繁文缛节；他喜欢人性化，反对无情面的刻板僵硬化。但作为行政人员，他又必须服从权威的层级、强调规章程序、重视组织的整体目标，讲求工作效率，同学术文化中所谓的自由放任主义做斗争。"[②] 因此，学院多元文化对院长学术管理活动的影响，会使院长感受到不同的角色要求，从而容易引发院长角色的内在冲突。

六、内部管理体制、领导风格与院长角色冲突

我国高等教育管理体制，在政府与大学的关系方面，体现为政府集权管理。经过多年的高等教育管理体制改革，确认了高校独立的法人身份，学校逐步获得了一些办学自主权。但在高校内部，根据集权领导原理建立了党委统一领导和行政人员主导的内部管理权力结构，一方面内部管理权力主要由大学党政部门掌握，大学行政人员主导大学内部管理，大学教师虽然获取了一定的参与管理的权力，但其作用主要是咨询性或辅助性的。另一方面，大学内部管理权力主要集中在学校层面，学校对大学的招生、教学、科研、人事等各项事务拥有最后的决定权，院系主要执行学校的决策，缺少必要的自

---

① Oded. Shenkar Y Z. Role Conflict and Role Ambiguity of Chief Executive Officers in International Joint Ventures［J］. Journal of International Business Studies，1992，23（1）：55－75.

② 朴雪涛，林群. 大学系主任角色行为研究［J］. 交通高教研究，2002（2）：84－86.

主决策权。有研究者就"组织中的决策权主要由谁控制?"对我国6所"985工程"高校中的大学行政人员和学术人员进行问卷调查,行政人员中,64.41%的人认为大学组织中的决策权主要由校级领导控制,30.51%认为由院系领导控制,20.24%认为由学校部处级领导控制。而学术人员中,45.67%的人认为大学组织中的决策权主要由校级领导控制,21.13%认为由院系领导控制,30.99%认为由学校部处级领导控制[①],可见,我国大学的决策权主要集中在学校,学校领导及其职能部门主导着大学组织的决策,院系的决策权较少,体现出学校集权的色彩。随着学院承担的任务日益复杂和多样化,院长的责任和压力也日益增大。根据权责利统一的管理原则,为了让院长能更好地扮演其角色,履行其职责,学校需要授予学院和院长更大的管理权限,使其角色权力与角色义务相匹配,才能保证院长角色的顺利扮演,更加灵活地开展工作。莫瑞斯(Morris)等人通过研究也认为,对决策的参与与角色冲突有关。[②] 也就是说,给予角色扮演者参与决策的机会越多,他们在角色扮演中感受到的角色冲突就越少。然而,在目前的学校集权管理体制下,院长角色权力落后于其角色责任的下放,让院长们普遍感受到职权与责任不匹配,使院长在履行职责过程中经常感到力不从心,在一定程度上抑制了院长工作的创造性和主动性,无法很好地履行院长职责,使理想角色与实践角色之间产生角色差距,从而引发角色冲突。

除学校集权的内部管理体制外,学校领导风格也会影响到院长的角色扮演,进而引发院长的角色冲突。

社会心理学家勒温以权力定位为基本变量,把领导者在领导过程中表现出来的领导风格分为专制型、民主型和放任自由型三类。专制型领导把权力集中在最高层,组织重大决策由领导者单独做出,然后下达给下属执行,并在必要时以强制方法让下属执行,领导者与下属之间存在着不信任关系。民主型领导风格中,权力控制在最高层,但对中下层进行部分授权,在授权范围内给予下属一定的决定权,领导对下级比较信任,并且能倾听下属的意见后再作决定,上下之间能保持意见沟通。放任自由型领导实行无政府主义管

① 周玲. 大学组织冲突研究 [D]. 华东师范大学出版社, 2006:98.
② 郭朝阳. 冲突管理:寻找矛盾的正面效应 [M]. 广州:广东经济出版社, 2000:81.

理，把权力放手交给下层，一切尽由下层自理，领导既不管理也不监控。有研究者通过对金融行业的研究发现，上下级之间的沟通风格对角色冲突有负影响，上级采取非命令式的沟通风格会让下级感受到较低的角色冲突。① 因为非命令式的沟通风格意味着上级在工作中给予下级较大程度的自主性，而自主性会增加员工在满足不同的角色期望时的灵活性，因此减少了角色冲突的可能性。另外，非命令式的沟通风格更加强调下级参与，更加尊重下级的意见，这些都有利于减少角色冲突的可能性。

由于院长的角色扮演总是在与大学和学院组织中的其他成员互动过程中进行的，与学校领导的互动就是其中重要内容之一，校领导的领导风格也会成为引发院长角色冲突的因素。专制型领导在做出决策时由于不善于听取院长的意见，与院长也缺乏应有的沟通，很多时候在忽略各学院的差异和不同需要的情况下，以行政命令的方式直接下达或强制院长执行，因此更容易引起院长的角色冲突。而民主型领导风格由于领导对院长比较信任，注意与院长沟通交流，听取院长们的意见，并进行部分授权，给予院长一定范围内的自主决定权，可以让院长更好地处理和应对来自不同的角色期望，从而减小角色冲突。福建X大学的个别校领导采取的是一种专制型领导风格，对各学院院长不太信任，通常采取行政命令方式行事，有时甚至绕过院长，这让全面负责建筑与土木工程学院工作的L院长既感到被轻视而影响了工作积极性，又陷入左右为难的角色冲突之中。

> L院长：我在我们这个单位当了这么多年的负责人，从原来当系主任开始，快10年了。我个人感觉，一个很大的问题，我们的学校领导对院长不够信任，在我们学校不是我一个学院院长有这种感觉，我们蛮多的院长都有这样的一种看法，领导对院长不够信任。不信任的话，那学校领导就不会听你的意见，甚至会反过来做，一次这样，两次这样，那院长在工作上就会没有信心的。
>
> 问：这里的不信任具体指哪些方面呢？

---

① 顾盼．上下级沟通、角色压力与知识共享及工作满意度研究［D］．杭州：浙江大学出版社，2007：120.

L院长：方方面面，不好具体说，比如说，涉及发展思路的问题，涉及这个阶段我要办什么，不能办什么。这本来是涉及院领导班子内部的事情，但是学校领导有时候还要按自己的意思来办，甚至有时候学校不经过你学院就直接去做。这个使我们为难，非常为难，这个我不愿意举具体的事例，但确确实实有这样的事情，用语言来形容，那就是学校对学院行政不够信任。说实话，有时候我的工作积极性就会受到影响。比如前年我就计划往后撤（不当院长），当时为什么不愿做呢？倒不是工作上遇到多少困难，就是觉得这种事情让我们的积极性受到挫伤，所以就不愿意去做。对这样的事情我是有看法的，比如说，像我们这样的一个学院，从专业出来的一个院长，他肯定比你不是从事这个学科的校领导更有发言权，他的意见至少应该（和我们）交换一下。

问：当校院之间发展思路不一致时，校领导会找院长沟通吗？

L院长：有时候连招呼都不打，就直接叫你这样去做，就决定这样去做，以学校的名义叫你这样去做。做完了其实对你这个学科的发展埋下了很多隐患，这个比我前面讲的那个问题，更让我为难，因为前面那个只是改善办学条件的问题，这个问题是让人感觉到被轻视。

七、内在制度不完善与院长角色冲突

角色扮演通常离不开"舞台"，大学通过确立规章制度和建立内部运行机制为院长搭建起角色运行的具体舞台。健全和完善的规章制度和运行机制可以为院长进行有效的角色扮演提供保障，而缺乏有效的信息沟通机制和不恰当的政策制度导向也会常常引发院长的角色冲突。

在任何组织里都存在着大量的不利于信息沟通的因素，如选择性注意、信息过分负载、参考框架的差异等。在大学和学院组织内部，学校和学院之间、科层子系统和学科子系统之间、教师和行政人员之间已经形成了一种既存在差异又相互依赖和密切联系的关系，各自在目标追求、价值观念、运行方式等方面存在着一定的差异，彼此间的差异性往往容易成为诱发冲突的因素。为了减小双方间的差异，加强信息沟通和交流是缓解组织内差异性的重要方式，如果缺乏畅通的信息交流渠道，由于信息的不对称很容易出现冲突。伯顿·克拉克在《建立创业型大学》一书中倡议，有效的管理依赖于中层领导和下层管理成功地与上层领导的协调一致。目前我国的大学运行方式实行行政主导，大学和学院的管理主要依靠行政运行方式，信息的传递体现为自上而下的单向流动为主，大学和学院组织内部双向信息传递的渠道还不完善，仅有的一些民主参与学校和学院管理的方式还有待加强。"一个组织内不同的人有不同的信息沟通渠道，若彼此之间互不通气，则很容易产生冲突。"[1]由于缺乏有效的信息沟通途径，院长与其他成员对一些问题的看法或分歧无法通过沟通来消除，各成员利益诉求或价值观念上的冲突投射到院长的角色期望上，容易成为院长产生角色冲突的潜在因素。访谈中问到，当学校的要求和学院的要求不一致时院长会如何处理？有的院长会找学校领导反映，但大多数院长表示，即使感到为难也只有执行学校的要求。

下面是福建 X 大学信息学院 Z 院长的回答。

问：当学校提出的要求与学院的要求不一致时，你通常会怎么办？

答：能怎么办呢，执行呗。

问：你通常会去找学校领导反映吗？

答：比较少，学校领导那么忙，很难见。也就是在开会的时候说说，至于学校领导听不听那就很难说了，反正很多时候说过后，还是一样，并没有多少改变。

对于学院内部来自不同教职工的期望，院长们通常采用的方式是私下里个别交流和沟通，进行说服和劝导，但正式的制度化的沟通渠道还没有真正有效地建立起来，目前的教代会和一些学术委员会，其作用也还有待加强。

除缺乏有效的信息沟通机制外，有些大学不恰当的政策导向也会引发院长的角色冲突。院长的角色行为通常要遵行学校的规章制度，受学校的规章制度和政策所调控，学校的规章制度和政策在一定程度上制约着院长角色功

---

[1]　谢建社，朱明. 社会冲突管理的理论与实践［M］. 南昌：江西人民出版社，2005：37.

能的实现。当制度导向有助于院长角色功能的实现时,角色冲突会比较小,相反,会增加院长的角色冲突。例如,有些高校通过给予各学院自主创收的政策,在缓解学校整体办学资源不足方面具有一定的作用。但另一方面,由于学科差异,学科与社会结合紧密度以及各学科创收能力之间的差别,又增加了许多院长的角色压力,从而引发角色冲突。广西 G 大学轻工与食品学院 W 院长觉得学校实行的二级财政制度是引发他产生学科建设与创收冲突的制度根源。

> 由于我们学校实行二级财政制度,我现在感觉最大的困难就是创收。作为院长来说,本来工作的重点应该是学科发展、师资队伍建设和学术整体水平的提高。但是到现在为止,最现实的问题是创收问题,就是给教师发奖金福利问题,这给我很大压力。我们现在是岗位津贴由学校发,奖金课酬由各学院自己发,这造成学院之间收入不平衡,差别非常大。有的学院年终奖金福利以万为单位,有的则一年到头一两千块钱。我感觉压力非常大,这与我的工作设想和工作目标有点矛盾了,那怎么办呢?只能压着我想方设法去创收,解决他们个人生活需要的问题,这就涉及我们学校的体制问题,特殊的体制导致我们有这个特殊的现象。(广西 G 大学轻工与食品学院 W 院长)

而福建 X 大学土木与建筑学院 L 院长则认为,学校过于注重科研经费的政策导向,对他所在的年轻学院而言,不利于引导教师出高水平的科研成果。教师们为了完成学校规定的科研经费任务而不得不把精力用于横向课题,使他面临着提升学院学术水平与实现学校规定的科研经费任务的矛盾之中。

> 现在学校在科研管理上给各学院下达经费任务指标,给我们科研上很大的压力,像我们这样的学院,我个人认为还处于创业期,可能需要做高水平的研究,而不是以经费为目标,我们现在应该鼓励我们的教师去拿国家和省级的自然科学基金,提升我们学科和成果的学术影响力。(福建 X 大学土木与建筑学院 L 院长)

第三节　角色属性与院长的角色冲突

院长的角色冲突还与院长这一角色的属性有关，院长角色是一个典型的跨边界工作者角色，这一角色所具有的内在属性使院长产生角色冲突具有一定的内在必然性。

一、角色间的依赖性

院长的角色冲突还受到管理者和学者两种角色间的依赖关系影响。角色间的依赖性指的是两个或多个角色之间的一种作用关系，其中一种角色的有效扮演很大程度上依赖于另一种角色。当前，院长对学院的有效管理和院长的管理者角色功能的实现存在着对学者角色的依赖，这种角色依赖关系成为引发院长角色间冲突的客观基础。

学院作为高度专业化的学术组织，院长管理者角色的有效扮演离不开学者角色的支持。学院作为一个松散联结的专业化组织，其内部管理事务，除了日常行政事务之外，更多的是学术事务，院长的职责通常要求对其学院的学科专业发展提供指导，对专业、课程、教学及教师进行评价，要对专业化的学术事务进行计划、指挥、协调和决策，这都要求院长必须具有较高的学术水平，必须以了解和精通相关专业知识为基础，需要学术眼光。否则，院长即使依靠行政权力强行做出相关决策，通常也容易遭到其他人员的质疑或抵制，会减弱院长的领导力和影响力。访谈中院长们普遍认为，如果没有个人的学术成就作基础，在学院内根本难以立足，说话也没有分量。

> 高校中的领导与行政部门、与企业中的领导不同。企业和行政机关的领导他拥有权力，他拥有权力就意味着他拥有权威，权力和权威是一体的。高校中不一样，知识分子是谁都不服谁，在这种情况下，权力不等于权威。院长你虽然有一定的权力，但是这种权力不等于权威。权力

和权威是不一样的，有的时候权力越大，他的权威越小；有的人他虽然没有权力却拥有很高的权威。所以，你要正常地行使你的职责，做一名合格的院长，你不光要有权力，上面充分地授权给你，另一方面，你还要通过自己的学术成就，通过自己的素质，通过自己的工作和业务表现来树立你的权威。（山东 S 大学新闻与传播学院 Z 院长）

作为院长他应该有很高的学术素养，他应在学院所在学科中是很专业的，而且要有相当的成果，要能够服众。如果学校任命一个院长，他在学术上没有什么造诣，或学术水平相对低一点，那就不能服众，因为学校毕竟是一个学术单位。如果没有专业素养，你在学院中想发展某一个学科，人家会说你不具备权威性，不具备服众的素质，人家会说你提出的方案是不全面的或者说是不可靠的。如果你学术水平很高，人家会更加认可。（广西 M 大学化工学院 C 院长）

费希尔（Fisher）在《校长的力量》一书中描述了大学校长能够行使的五种力量，从效果最小到最大的依次顺序是：强制性权力、奖励的权力、合法性权力、专家性权力和个人魅力。[①] 费希尔认为："如果领导者能把个人魅力、专家权力和合法性权力结合起来，加上适当的奖励的权力，运用一点或者不必使用强迫性权力，就能获得最佳领导效果。"[②] 这里强调的也是领导过程中要善于把作为管理者的职权与作为学者的专业权力相结合，这一点对院长来说同样适用。院长在管理活动中的权威并不能仅仅依靠来自职位的职权，而成为一个精通相关学科的学者，有利于提高院长在学院管理中权威和影响力。因为在学院这个专业化组织中，教师分别隶属于某一特定的学科，他们的活动具有高度的自主性和相对的独立性，教师之间的联系并不如科层系统中上下级之间那么紧密。院长合法性职权的影响力很难进入到专业组织内部，也很难真正影响到专业成员的活动。他还必须借助于专业权威，依赖学者角色，才能实现对专业人员的有效影响，提高院长的领导力。因为在大学这个

① 克拉克·科尔，玛丽安·盖德. 大学校长的多重生活：时间、地点与性格 [M]. 赵炬明，译. 桂林：广西师范大学出版社，2008：181.

② Fish, James L. Power of the Presidency [M]. New York：American Council on Education and Macmillan Publishing Co, 1984：40.

学术组织中，"知识即权力"，学院事务的决定权应该为有知识的人共享，知识最多的人有最大的发言权，没有知识的人无发言权。"在美国大学中，踏上院长职业之路的典型路径通常是以获得终身教授职位作为开端的。"① 哈佛大学前文理学院院长罗索夫斯基表达了同样的观点，他说："在大学，只有有知识的人才有资格拥有较大的发言权。"② 组织行为学领域，在对正式权力和个人权力对提高员工绩效的相关研究中，相当清楚地表明个人来源的权力最有效。③ 广西 G 大学教育系 L 主任就遇到由于学术地位不被认可而感受到领导威信不足的问题。

> 最让我感到痛苦的是有时自己的想法和理念得不到教师的认可，因为我之前是在教务处干，还没有拿到博士学位。虽然我的课很受学生欢迎，但有的老师不认可，觉得我的教学经历太短。这其实反映出的是一群人对我的一种身份的认同问题，他们觉得你以前是干行政出身，教学时间不长，又没有拿到博士学位，所以对我的身份产生不认同，对我做系主任也觉得可以不听。（广西 G 大学教育系 L 主任）

除了从提高个人领导过程中的威信之外，从保证学院良性运行出发，也对院长的学者角色提出了要求。1996 年颁布了《中国共产党普通高等学校基层组织工作条例》，根据这一文件的精神，高校在院系一级建立起党政联席会议制度，党政联席会议既是院系的日常管理机构，也是院系的决策机制，遵循集体领导、民主决策、分工合作、共同负责的基本原则，其成员包括正副院长和正副党总支书记，就院系的教学、科学研究、学科建设、人才培养、社会服务、行政管理以及在贯彻执行上级组织决定涉及的工作中的重大事项进行决策。然而，由于学院是一个学科分化和知识高度专门化的组织，其决策涉及的事务大多数属于学术事务的范畴，在学术专业领域，最有发言权的

---

① Gary S. Krahenbuhl. Building the academic deanship: strategies for success ［M］. American Council on Education and Praeger Publishers，2004：1.

② 亨利·罗索夫斯基. 美国校园文化——学生·教授·管理 ［M］. 谢宗仙，周灵芝，马宝兰，译. 济南：山东人民出版社，1996：240.

③ 斯蒂芬·罗宾斯，蒂莫西·贾奇. 组织行为学（第12版）［M］. 李原，孙健敏，译. 北京：中国人民大学出版社，2008：400.

应该是教授，只有充分吸收教授参与决策，才能保证决策的科学性和可行性。但在我国当前的大学治理结构和学术权力模式下，教授在学院管理中的作用发挥很不充分，有的学院虽然也设立了一些专门委员会，但只担任咨询审议功能，而且院长书记等党政领导通常都是这些委员会的当然成员，体现出明显的行政主导倾向，党政成员主导着学院的管理和决策。因此，学院的良性运行对作为学院首要负责人的院长的学者素质提出了较高的要求，从确保学院决策和管理的科学性与有效性出发，要求院长在担任管理者角色的同时，必须依然致力于学术研究，以保持自身较高的学术水平与学术眼光，这成为引发院长管理者角色对学者角色产生依赖的体制性原因。访谈中，院长们对这一点也极为认同。

> 系主任应是学术带头人，这一点很显然，尤其是从当前的学科发展来看。如果系主任的水平很弱的话，他不了解整个学科的发展，不了解学科最新动态，跟踪不了学科前沿，那整个系的发展都会受到影响。（湖北 H 大学化学系 H 主任）

> 作为院长，不是说你的学术水平一定要最高，但是至少要在你这个学科具有相当的水平，否则你就看不到你这个学科的未来发展和对你的学科进行合理的规划。（福建 X 大学土木与建筑学院 L 院长）

为了保证院长具有较高的学术水平，院长在任职期间，继续从事学术研究，关注和了解学术动向就显得极为重要，这既是个体发展的需要，更是确保学院有效管理与良性发展的需要，管理者和学者两种角色的兼任，在当前治理结构下就具有极大的现实存在的合理性与必要性。因此，管理者角色功能的有效完成对学者角色产生了极强的单向依赖性，院长角色间的依赖关系，内在地规定了它的担任者需要具备学术和行政两方面的素质，为了胜任院长这一角色，通常需要从管理和学术两方面对任职者提出素质要求。作为学校科层系统的重要成员，要求具有较强的管理、组织和协调能力，才能凝聚人心，作为学院这一学术组织的直接负责人和首席学术管理者，又通常要求院长具有虽说不一定是最高，但必须具有较高的学术水平和学术声誉，才能遵循学科发展内在规律，准确把握学科发展方向，促进各学院和学科的发展。

正是这种依赖性使院长在从事学术行政管理工作时，也不能放弃学术研究工作，这种角色间的依赖关系客观上造成院长在履职过程中的管理者与学者两种角色间的冲突。

加上受学术取向的工作价值观的影响，目前担任院长职务更多地被教师们视为一种临时性的兼职工作。从事教学和科研工作才是教师们的终身追求，教师们的价值主要是通过学术成就来体现，学术共同体内部对其学术地位的认定也主要根据学术成就，而非管理成绩。因此，院长们在从事学术管理工作时，尽管普遍感到时间和精力上有很大冲突，但也不愿意放弃学术研究，这无疑进一步加剧了学术管理者和学者两种角色之间的冲突。

二、跨边界工作者

跨边界工作者（Boundary Spanner），也叫边界管理人员或边界工作者，指那些在组织边缘操作的人。他们活动于组织与环境的交汇区，比如，销售人员、进货员和客户服务代表等，也可指跨越部门、群体边界的组织成员。边界管理人员是埃文（Evan）在研究企业间关系时提出的概念，指一个企业中连接本企业与其他企业的那些工作人员。随着关系营销理论和实践的发展，这一概念逐渐被理解为负责建立与维持和其他企业的交换与合作关系的企业员工。[①] 跨边界工作者可以指跨越内部部门边界的人员，也可指跨越组织外部边界，与组织外的其他组织进行接触的人员，跨边界者通常把组织与环境、组织内不同部门或群体联系起来。跨边界者在组间关系中扮演有核心角色，对促进组间交流非常重要，对组织的有效运行也很必要。[②] 然而，角色冲突是跨边界经常遇到的一个难题，因为跨边界者与不同团体的成员相互作用，不同团体的成员向跨边界者传递他们特别的角色期望，例如，他应该如何行

① 王晓玉，晁钢令. 人际关系、人际信任对企业间关系的影响——来自中国家电分销渠道的实证分析 [J]. 财贸研究，2006（5）：111 – 116.

② Ray Friedman, Joel M. Podolny. Differentiation of Boundary Spanning Roles: Labor Negotiations and Implications for Role Conflict [J]. Administrative Science Quarterly, 1992, 37 (1): 28 – 47.

动，应该持有怎么样的价值观，应该代表谁的利益等。由于每个团体的利益和价值观是不同的，因此，跨边界者可能会体验到相互冲突的有关他应该如何扮演其角色的各种期望，这种角色冲突会对跨边界的关系双方产生功能紊乱的影响，由于无法让双方满意，双方对其产生的怀疑以及内在的角色模糊会使角色扮演者产生巨大的压力。①

跨边界者的角色冲突引起大量注意的原因之一是，当角色期望传递者来自不同的社会系统时，角色冲突特别严重。凡·赛尔（Van Sell）等报告说："跨边界的要求被证明是与角色冲突最紧密相关的因素。"② 一些跨边界职位已被确认存在角色冲突，例如中层管理人员、半日工作的家庭主妇、采购人等。有研究证实，"成员所处等级层次和靠近组织边界的远近是影响角色期望、角色行为和心理紧张的因素。越靠近组织边界的职位潜藏的冲突越大，"③ "当角色接收者同时介入两个或两个以上的子系统时，角色会变得更加复杂，因为每个子系统都有自己的优先权，某种程度上还有自己的亚文化。跨越子系统边界将对角色接收者提出身体或空间上的要求，或者要求角色接收者调和来自不同子系统成员的要求，"④ 跨越系统边界将使角色变得更趋复杂。大学由学科和科层两维交叉形成的矩阵结构，以及院长身处二元子系统的地位特征，使院长在大学组织中同时身处科层子系统和学科子系统之中，同时身处学校管理系统的中层和学院管理系统的上层，同时处于学院与外部环境的联结点，其工作情境处于经常的交替变化之中，既要代表学校，又要代表学院，既要忠于学校，又要忠于学科，既要对内部负责，又要加强外部联系，院长的这种组织结构位置使院长成为典型的跨边界工作者。来自不同系统的差异性角色期望使他们不可避免地产生角色冲突。调查中就"有时候，我同时要在两个工作方式不同的团体中工作"一项结果显示，21.6%的

---

① Ray Friedman, Joel M. Podolny. Differentiation of Boundary Spanning Roles: Labor Negotiations and Implications for Role Conflict [J]. Administrative Science Quarterly, 1992, 37 (1): 28 – 47.

② Mary Van. Sell, Arthur P. Brief, Randall S. Schuler. Role conflict and role ambiguity: integration of the literature and directions for future research [J]. Human Relations, 1981, 34: 43 – 71.

③ Kahn R L, Katz D. The Social psychology of organizations [M]. New York: John Wiley & Sons, 1978: 210.

④ Kahn R L, Katz D. The Social psychology of organizations [M]. New York: John Wiley & Sons, 1978: 198.

院长认为完全符合，25.9%认为基本符合，21.2%认为有些符合，11.3%认为不确定，5.9%认为不太符合，6.3%认为基本不符合，7.8%认为完全不符合，平均值为4.96（1—7代表完全不符合至完全符合），可见，大部分院长感受到了来自不同团体的角色期望或要求。

卡恩等通过研究也发现，具有以下特征的组织职位易受角色冲突的影响：一是跨越边界；二是需要用创新性的方法去解决非常规问题；三是承受着来自组织内外部变化的或不同的角色期望①。显然院长职位和工作性质非常吻合上述三个特征，通常面临着来自组织内外部及工作本身等多方面的角色期望，而由于其跨边界者的特性，这些期望经常是互相冲突和不一致的。因此，大学和学院组织结构所赋予院长的跨边界者的特性，使院长往往承受着比其他职位的人员更高的角色压力，更容易经历角色冲突。

卡恩提出了"重叠角色组模型"（图4－1）来解释一个人同时扮演多种角色的现象。卡恩认为，在正式组织中，每个人都有一定的职位，担任一定的角色。当一个人在组织中执行某种组织角色时，为了很好地完成这个角色的任务，往往要同一些人发生联系，并协同工作，于是这个人就被称为"中心人物"。而跟他协同工作的人，如上级、下级、同事以及组织外的某些人，就和他组成了一个"角色组"，而整个组织可被看作是由诸多互相重叠、连锁的"角色组"构成的集体——"重叠角色组"，角色组中的不同成员，对中心人物有不同的期望，角色组中的人员构成越复杂，其角色冲突就越大。

从图4－1中，可看到有三个"角色组"，采购代理商、设计工程师和副总经理是中心人物。供应商和顾问等虽不在正式组织中，但也是有关"角色组"的成员。设计工程师既是采购代理商那个"角色组"的成员，又是以他为中心的那个"角色组"的主管。若"重叠角色组"协调不好，其成员的角色行为可能出现下述矛盾和严重后果。

1. 角色冲突。角色组中的成员，对中心人物会有不同的期望。当角色组中的人员构成越复杂（包括组织内外部多种人物），其角色冲突越大。

2. 角色不明。若角色组中的成员没有及时传递完成角色任务所需要的有

① Mark C. Johlke, Dale F. Duhan. Testing Competing Models of Sales Force Communication [J]. The Journal of Personal Selling and Sales Management, 2001, 21 (4): 265–277.

关情报资料，尤其是当上级未明确授权范围与要求，并提供相关信息时，就会使中心人物不知如何采取行动，做出应有的反应。在这种情况下，个人所体验到的是强烈的不安和不满。

3. 角色负担过重。中心人物往往会遇到来自许多角色组成员的期望，而这些期望有的超出了中心人物的职权范围；有的过于苛刻，短期内根本无法实现，从而使中心人物感到力不从心、心力交瘁。

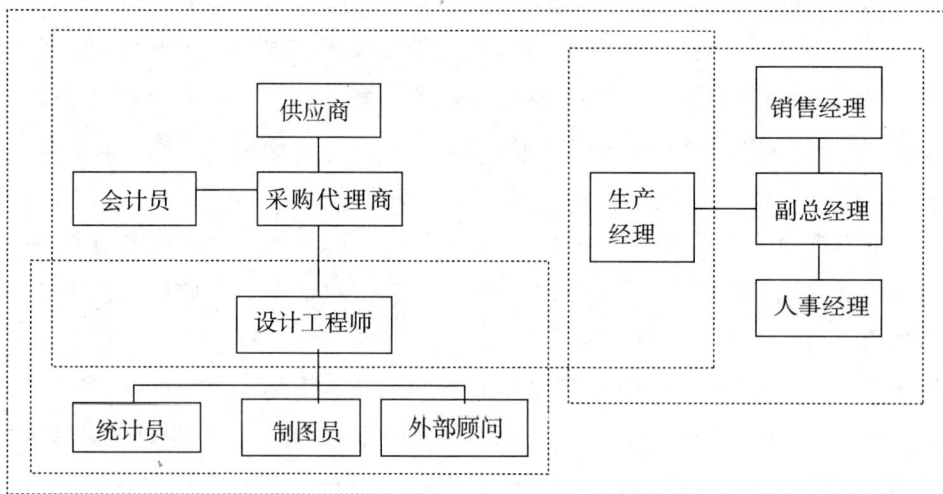

图4-1 卡恩的"重叠角色组模型"①

从心理学的角度来看，角色冲突、角色不明和角色负担过重都会引起个体心理上的紧张和焦虑。中心人物往往会做出"要么斗争、要么逃避"的反应，甚至因不满而视组织效率于不顾，使有关任务无法执行。

大学组织情境中，院长也同时身处多个角色组（图4-2），使院长要同时扮演多种角色，成为典型的跨边界工作者，他必须至少同时管理四个系列的关系：与学校领导的对上关系；与教师的对下关系；与其他院长、学校职能部门的平行关系；与工商企业、用人单位、项目委托人及兄弟院校的对外关系。他既是学校领导眼中的下属，又是教师眼中的领导，既是学者又是管理者，既是学院的代表，又是产学研合作的沟通者，这些角色共同形成一个

---

① 龚敏. 组织行为学［M］. 上海：上海财经大学出版社，2002：221.

个角色组。而角色冲突的产生通常源于角色组中的不同角色含有不相容的成分。角色组的存在，使院长要同时扮演多种不同的角色，而与院长角色发生互动的角色伙伴，如，校领导、职能部门负责人、教师、学生等都对他抱有一定的角色期望，当这些期望彼此出现矛盾或院长对过多的角色期望难以应付时，容易让院长引起角色冲突。

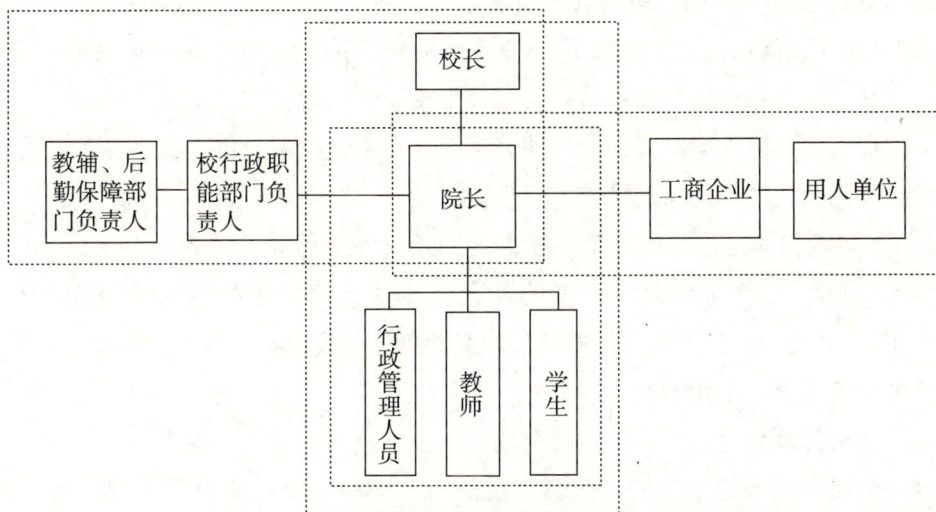

图 4-2　院长的多重角色组

三、过重的角色量负荷

　　大量针对工商企业和医院的经验研究表明，在角色扮演过程中，角色模糊、角色负荷与角色冲突之间存在着密切的关系，它们会引起或影响到角色冲突的程度。角色模糊是指角色扮演者由于缺乏有关角色期望、角色职责、角色任务、角色行为、角色道德规范所必要的信息而产生的角色认识和角色行为不清的状态。角色模糊的核心是不确定性，当角色扮演者缺乏有关职责范围、角色期望、角色任务、角色行为和完成角色任务的方式等方面的信息时也会引起角色冲突，"造成角色内冲突的主要原因是角色的模糊性"，① "当个体或者团体被置于一个模糊的环境中，在那里，对于他们来说，很难清楚地分清应该负责的范围，这时，冲突发生的可能性是很大的。"② 一些实证研究也证明了角色负荷与角色冲突之间存在较高的正相关性，有研究者认为，"不现实的工作期望导致角色的负荷过度或过重的工作量，也是导致角色冲突的重要原因"，③ 角色负荷容易引起角色间和个体与角色之间两类冲突。伯克（Burke）等认为角色负荷是一种特殊的角色冲突，当对某一角色的要求超过承担给定角色的个体能力时，就会出现角色负荷。④

那么，我国大学院长的角色冲突是否也受角色模糊、角色负荷的影响呢？对院长的角色冲突与角色模糊、角色负荷进行相关分析（表4-2），从表4-2可知，院长的角色冲突与角色模糊之间不存在显著相关关系，但与角色质负荷和角色量负荷呈中等程度的显著正相关，相关系数分别为0.547和0.563，可见，我国大学院长的角色冲突受角色负荷影响，角色模糊没有对院长的角色冲突产生影响。

通过计算角色模糊、角色负荷均值可知（表4-3），目前我国大学院长的角色模糊均值为2.2632，角色质负荷为3.9887，量负荷为5.7623，可见，目前我国大学院长感受到的角色模糊和角色质负荷较小，主要是量负荷，工作负荷过重成为影响院长角色冲突的重要因素，在时间精力有限的情况下，过多的行政工作负荷加剧了院长作为学术管理者和学者之间的角色冲突。这也成为院长们普遍反映冲突最强烈的地方。

---

① 转引马克·汉森. 教育管理与组织行为 [M]. 冯大鸣，译. 上海：上海教育出版社，2004：346.

② 谢默霍恩，亨特·奥斯本. 组织行为学（第8版）[M]. 刘丽娟，等译. 北京：清华大学出版社，2005：362.

③ Mike Milstein, James Farkas. The over-stated case of educator stress [J]. The journal of educational administration, 1988, 26（2）：232-249.

④ Kim Brookes, Patricia M Davidson, John Daly et al. Role theory: A framework to investigate the community nurse role in contemporary health care systems [J]. Contemporary Nurse, 2007, 25.（1-2）：146-155.

表 4 - 2　院长角色冲突与角色模糊、角色负荷相关分析

		角色冲突	角色模糊	质负荷	量负荷
角色冲突	Pearson 相关性	1	0.099*	0.547**	0.563**
	显著性（双侧）		0.027	0.000	0.000
角色模糊	Pearson 相关性	0.099*	1	0.273**	-0.126**
	显著性（双侧）	0.027		0.000	0.005
质负荷	Pearson 相关性	0.547**	0.273**	1	0.383**
	显著性（双侧）	0.000	0.000		0.000
量负荷	Pearson 相关性	0.563**	-0.126**	0.383**	1
	显著性（双侧）	0.000	0.005	0.000	

＊ 在 0.05 水平（双侧）上显著相关。

＊＊ 在 0.01 水平（双侧）上显著相关。

表 4 - 3　角色冲突、角色模糊和角色负荷均值

	角色冲突	角色模糊	质负荷	量负荷
均值	4.8761	2.2632	3.9887	5.7623
中位数	5.0000	2.1667	4.0000	6.0000
众数	5.00	2.00	4.40	6.80

受我国高校管理行政泛化的影响，院长们的角色量负荷变得非常沉重，各种不必要的行政事务和会议占去了大量的时间和精力，这些会议在院长们看来，并非都是必要的，或至少并非都必须要院长亲自参加的。他们几乎没有时间阅读自己的专业文献，无法集中精力投入到科研活动中去，这在院长们从内心深处把当教授视为自己的本行，而把当院长视为临时兼职的状况下，常常使院长们陷入内心的矛盾冲突甚至心理恐慌之中。北京 Z 大学公共管理学院 W 院长和广西 G 大学商学院 Y 院长就时常有这种强烈感受。

像我们这种学校很多学术搞得好的人不愿意当院长，觉得白白浪费很多时间，而且过去行政化倾向弱一点的时候，占的时间不是太多，现在占的时间实在是太多了，现在几乎快变成坐班了，大量事务性的东西，自己的科研怎么做？说句难听的话，很恐慌，有时你忙完一些事务性的

东西，你觉得一天又浪费了，有时候自己该看的东西没有看，该写的东西没有写，那种恐惧感是很强的。因为你在学术上稍微一停，你就和别人拉开了差距。（北京Z大学公共管理学院W院长）

开始的时候不太想当（院长），毕竟来说，院长也不算是一个官，他和你完全搞行政是两码事，但是他又耗掉你大量的时间做行政，无意当中，让你感觉到有一种失落。（广西G大学商学院Y院长）

就"我经常被要求做一些不是很必要的事情"一项的调查结果显示，19.6%的院长认为完全符合，21.8%认为基本符合，26.1%认为有些符合，11.3%认为不确定，9.5%认为不太符合，9.1%认为基本不符合，2.6%认为完全不符合，可见，大部分院长认为他们平时承担了一些不太必要的事情，而这些不必要的事情无疑加重了他们的角色负荷（图4-3）。

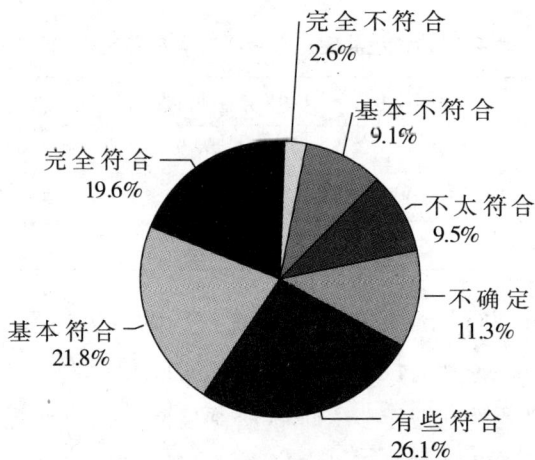

完全不符合 2.6%

基本不符合 9.1%

不太符合 9.5%

不确定 11.3%

有些符合 26.1%

基本符合 21.8%

完全符合 19.6%

图4-3　"我经常被要求做一些不是很必要的事情"结果

四、角色资源约束

角色资源是指为了有效地履行某一角色职责，发挥其角色功能所需要的支持保障条件。角色资源约束则指角色功能的实现受资源条件所限制或制约。

任何组织都必须依靠外部环境所提供的资源而生存，同样，组织内部各机构的运行、功能的实现、目标的达成也必须有资源保障。对于院长来说，大学及学院就是其存在的环境，院长职能的履行，活动的开展所需要的资源也必须由大学和学院来提供，这里的资源既包括经费、仪器设备、图书资料、办公用房等物质资源，也包括学校的政策制度、自主权等非物质资源。由于资源具有稀缺的特点，组织的活动必然会受其制约，院长角色功能的发挥也受其所处的资源环境制约，当资源充裕和丰富时，院长可以充分自如地履行其职责，有效地实现角色期望，当资源缺乏时，院长的角色功能由于受资源限制而不能有效地发挥。当角色扮演者缺乏足够的角色资源来保障其角色功能和角色期望的实现时，这种角色期望与资源供应之间的不一致经常导致院长角色冲突。以经费为例，对当今大学而言，"筹措基金始终是学校生活中反复出现的主题。无论是穷，还是富，是公立的，还是私立的；是学院，还是大学——钱永远是不够周转的。"① 下面几位院长就感受到了由于经费、场地供应不足而引发的角色冲突。

　　最大的困难就是经费，资源有限，想干的事很多，但资源远远不能满足事业发展的需要，这是最大的困难。其他的困难倒是小困难，如人际关系呀，新老关系呀，教学和科研的关系呀，积累和发展的关系呀。因为资源的投入是决定发展瓶颈的问题，其他的问题在这个问题得到解决的情况下可以得到很好的解决。（湖北 H 大学新闻与传播学院 Z 院长）

　　X 大学定位为研究型大学，学校定位很高。我面临的一个重要挑战是如何让我们学院与世界接轨，如何让学科水平与 X 大学的学校整体地位相符合。面临的困难最主要的是资金不够，再一个是人员配备问题，师生比例不对。我们现在的资金是完全跟不上，这是我作为院长最头痛的问题。（福建 X 大学艺术学院 S 院长）

　　最为难的事情，我个人觉得，是我们想做的事情，所需要的条件不够。像我们有两个学科，一个是建筑，一个是土木，建筑偏向文科，土木偏向工科，建筑的实验设备不够，需要场地，需要场所，现在我们的

　　① 亨利·罗索夫斯基. 美国校园文化——学生·教授·管理［M］. 谢宗仙，等译. 济南：山东大学出版社，1996：227.

场所不够。但是没办法呀，你要向学校要场所又很难，没有场所限制了我们的教师，包括带研究生，包括做科研，包括人才的引进都受限制，而这一块又不是我们学院所能解决的，这是一个感觉很为难的事情。讲到土木这一块呢，我们原来很多的实验室，实验场所，实验用房，到现在还落实得不好，影响了我们引进人才和做科研，甚至对整个教学都有影响，这个是很为难的。我向学校汇报多少次了，但是学校也很难解决，我们原来有几个实验室，有一栋比较好的楼，但是学校要搞校庆，把我们的实验室给拆了，有近一年的时间，我们的学生没办法做实验。然后在山上临时搭建了几个实验室，大概有一两年时间，这样我们的学生大概有一年时间的实验受到影响，教师意见很大。但是学校领导坚持要这样做，我们夹在中间也确实很难做，这个就很为难，你跟学校说，学校领导要求你支持学校领导的工作，跟教师们说，教师们说这个影响教学工作，教师们讲，我们也无话可说。（福建 X 大学建筑与土木工程学院 L 院长）

除了受物质资源约束外，角色资源约束的另一重要内容是角色权力与义务的不匹配，院长承担的责任大，但却缺乏应有的角色权力，使院长无法顺利履行其角色规范，也会引发院长的角色冲突。

由于角色是与一定的地位相联系，对应着一定的权力和义务的行为规范体系。角色权力、角色义务和角色规范共同构成了社会角色系统结构中的三个基本要素。角色权力是指角色扮演者履行角色义务时必须具有的支配他人或使用所需的物质条件的权力。[①] 角色权力包括运用一定的物质手段的权力和同交往对象进行交往的权力。社会角色在履行角色义务时，必须有使用一定的物质手段，例如，工具、设备、原材料等的权力，没有这种权力，就难以履行角色义务；除了一定的物质支配权，社会角色还必须有同其他社会角色进行交往和合作的权力，交往对象也必须有与之交往与合作的权力，没有这种权力，也不能履行角色义务。角色义务是指社会对角色所规定的应尽的

---

① 丁水木，张绪山. 社会角色论 [M]. 上海：上海社会科学院出版社，1992：48.

社会责任。① 在组织中，角色义务通常与组织任务和目标的实现紧密相连。角色权力的确立通常决定于角色义务的要求，有什么样的角色义务，就会确立什么样的角色权力。而角色权力对履行角色义务又具有保证和激发作用。角色规范是社会所规定的角色的行为要求或行为模式，对角色行为具有调节作用。由于角色总是以一定的地位为基础，角色扮演是地位的动态体现，角色扮演的过程也就是行使相应的权力、履行相应的义务的过程。角色功能的实现通常需要这三个要素之间保持匹配，尤其是角色权力与角色义务之间的匹配，这两者之间的不匹配会导致角色功能的紊乱或者无法实现。对角色担任者来说，也会因为角色权力与义务之间的不匹配，容易出现由于无法实现其他人提出的角色期望而产生角色冲突。科层组织模式的创始人马克斯·韦伯在其论述组织理论的代表作《社会与经济组织理论》一书中系统地分析了正式组织结构，全面地阐述了作为资本主义社会的一切大型组织所应具有的基本特征，该书的中心思想是，把组织看作是由职位和部门的等级结构形成的系列，每个职位、部门的权限和职责都是依据合理、合法的原则，按照它在组织中的地位确定的，每个组织成员的一切职务行为都受到既定规则的制约。韦伯认为，行政领导要履行规定的职责就必须具有合法的权力，必须享有与其职责相适应的合法权力。②

早在 1998 年，有研究者对我国 22 所部属重点大学学院制运行情况进行调查发现，"多数学校的院长感到学院的责权力不明确，校院系三级之间的关系不顺。学院的责权力相分离，学院的工作范围扩大了，事务性工作增多了，任务加重了，但在科研、教学、人事、办学等方面没有太多的自主权和决定权。实体学院没有实权，权力过多地集中在学校一级，学院只是被动执行的一级机构，影响着学院的管理功效和办学积极性。全面推行学院制最迫切需要解决的问题就是理顺校院系三级的责权力关系，赋予学院较大的权力。"③ 笔者通过对 35 位院长的访谈也发现，角色权力与角色义务不匹配是受访院长中反映比较普遍的问题，也成为制约院长主动性与创造性的重要原

---

① 丁水木，张绪山. 社会角色论 ［M］. 上海：上海社会科学院出版社，1992：42.
② 朱国云. 组织理论：历史与流派 ［M］. 南京：南京大学出版社，1997：43.
③ 廖世平. 部分重点高校实行学院制的调查分析 ［J］. 高等教育研究，1998（6）.

因之一。广西 M 大学艺术学院 W 院长和北京 B 大学管理学院 H 院长在筹划学院发展时，除了感受到经费投入不足而制约了学院的发展之外，由于缺乏人事决定权，师资难以满足学院发展的需要而感到比较为难。

> 从我们学院来讲，大的方面主要是责权力不统一。想做的事，没有权，给我的资源太少，学校赋予的责却很多，利基本上也不会考虑太多，这三者不对等。使我们有些工作不好开展，我们学院如果按照我的想法，按照我们的投入，我的工作目标会实现得更早一些。我们目前有三个专业，按照我的设想，我是想做大播音与主持这个专业，学校也要求我们这么做。但是学校的投入太少，我们的师资配备很少，我们物色到的教师，引进时学校有其他条件限制，比如说要研究生或高职称，本身这个专业有高职称的人就不太多，而且从一个专业来说，并不要求所有的教师都要有高职称，但因为没有达到学校的学历要求，我们就引进不了，所以比较为难。(广西 M 大学艺术学院 W 院长)

> 现在压力太大，学校把各种压力都下放到院长身上，学科建设，队伍建设，但是又没给予一定的权力，这个很困惑，就是权责利不匹配，没有更多的资源来解决这些问题。(北京 B 大学管理学院 H 院长)

在我国高等教育系统中，行政官僚权力主要集中在教育主管部门，院校的自主权力有限。但在大学组织内部，有限的自主权又主要集中在学校层次，作为基层操作层次的院系自主权很小，在学校内部管理体制上表现出学校集权的特点。在这种学校集权管理体制下，权力主要集中在学校和各职能部门，院长更多地处于贯彻执行者角色，一切按学校的布置安排行事，听从学校统一指挥。"大干事"、"秘书"、"队长"、"看门狗"是很多院长在描述自己目前的角色状态时用到的词汇，形象地反映了院长角色权力与角色义务不匹配的状况。随着大学规模的扩大，功能扩展，大学变成巨型组织，内部事务更加复杂，由学校集权包揽一切事务的做法正受到越来越大的挑战。斯梅·塞尔（Smel ser）从美国加利福尼亚州公立高等教育的研究得出结论说："当一个系统发展变得更加复杂时，如果日常权力继续归于中央机构，它就逐渐地变得难于管理，虽然最终的权力可能还继续属于那个机构，它变得必须把操作权力放下层。"① 实行管理重心下移是各高校为了适应新的形势变化，开展内部管理体制改革的共同趋势。随着越来越多的管理责任下放到学院，院长角色资源不足和角色权力义务之间的不匹配状况也在加剧，学校把越来越多的具体事务下放到院系，但在责任下移的同时，相应的权力并没有及时下放。与工业或政府部门中自上而下的科层决策模式相比，大学组织中虽然也有科层管理系统，但由于大学组织是一个底部重心沉重的学术组织，教学和科研等职责直接由学院承担，院长也担负着对这些活动的首要领导责任，教学和科研领域的很多决策通常是由院系一级做出的。比如，一所大学的物理系要决定教什么和研究什么，就很难从学校做出的任何决定中找到依据。正如阿什比所言："在英国，如果一名大学校长给化学系教授下达关于研究或课程的指令，人们就会认为这个校长应该进精神病医院了。对于像这样的决定，校长没有权力去做，他必须鼓励最大限度的责任分担。"②

"一些对联合公司的研究发现，工作自主性可以减轻角色冲突和角色模糊，工作自主可以降低传递的角色的数量和频率。"③ 自主性可以体现其拥有的独立性和忽视相互冲突信息而根据他们自己的希望行事的能力，高度自主也可以减少角色模糊，因为它可以让人更好地界定自己的角色。学院成为管理重心后，院长作为直接负责人，要有效地适应动态的外部环境，处理纷繁复杂的内部管理事务，顺利履行院长角色功能，给予一定的自主权，赋予与其角色义务相应的角色权力是重要前提。对院长而言，目前角色权力滞后于角色责任的下放，院长缺乏应有的管理自主权，所拥有的角色权力无法使他们很好地履行角色责任，在一定程度上制约了院长角色功能的顺利发挥，使他们在履职过程中，因为缺乏必要的自主支配权而不能及时应对内外部新情况、新变化，从而容易产生角色冲突。例如，在发表论文的核心期刊的认定上，福建 X 大学由学校统一指定，而没有把核心期刊的认定权交给学院，忽视了学科差异，结果置 L 院长于学校和教师都不满意的角色冲突之中。

---

① 张慧洁. 中外大学组织变革 [M]. 上海：复旦大学出版社，2005：123.

② 克拉克·科尔，玛丽安·盖德. 大学校长的多重生活：时间、地点与性格 [M]. 赵炬明，译. 桂林：广西师范大学出版社，2008：149.

③ Oded. shenkar Y Z. Role Conflict and Role Ambiguity of Chief Executive Officers in International Joint Ventures [J]. Journal of International Business Studies, 1992, 23 (1)：55 - 75.

在我们学科的一类核心刊物的认定上，我们学校规定要 SCI、EI、SSCI 三大检索才为核心期刊，理工科可以这样规定，但对文科就不应该这样规定。因为我们建筑学科是偏文的，我们建筑里面有人研究建筑历史的，那你如何能用这三大检索作为标准来认定呢？那不叫人家死翘翘！最后我逼得没办法，我就把清华的、同济的、东南大学几家认定的建筑类核心刊物给学校看，学校你就跟人家一样认定，好不好？你总不能说我们的水平比清华还高，清华大学建筑排全国第一，东南大学也在前面，他们两家的应该有参考价值吧。学校还是不同意，还从人家认定的期刊中挑几种，他总觉得那个杂志的出版社不好，或者那个杂志的主编单位不是非常强。人家清华都认可，你为什么不认可？对不对，这个你学校为什么不可以尊重学院的意见呢？不行，（学校认为）你们那是低标准，（笑），人家清华都把这个当标准还叫低标准？这个我就不懂得了，所以这个事情到现在为止，我都不理解。那我们的老师肯定就有意见了，这样就弄得我们的教师不稳定，有的老师进修回来就走了，其实这一批人都是相当不错的，我跟老师都解释不了，（笑）那老师们觉得你没办法把这个跟学校领导沟通好，那是你没本事，（苦笑）教师觉得你没做好工作，学校领导也会批评你怎么用这么低的标准。这个事情我们就很难做。(福建 X 大学土木与建筑学院 L 院长)

除缺乏应有的自主权外，制度资源供给不充分，使院长的履职活动缺乏应有的制度支持，也常常置院长于角色冲突之中。

师资队伍的管理，现在是只进不出，我们任何事情都要人来做，能不能做好，就要看这个人了。人只进不出，没有淘汰机制的话，你怎么管他，教师反正也是做好做坏一个样，你能拿我怎么样？所以我们现在的这种机制有时候让我们非常为难，很难弄。(广东 S 学院信息学院 Z 院长)

再以教师考核聘任为例，虽然现在高校都在实行教师聘任制，但由于相关社会配套措施和社会保障制度还不完善，加上中国是一个人情社会，虽然教师聘任制在制度设计上给予了学院和院长拒聘权，但真正实行的却很少。

现在学校实际上相当于一个大的国有企业，你不满意的人想解聘也解聘不了，你想变动也变动不了。虽然是聘任制，这个权力给你，你用就是自己给自己找麻烦。你如果想换一个人，人还没换，那这边什么七大姑八大姨，这个领导那个领导，搞得你不可开交，搞得你无法办事，与其惹这么个麻烦还不如将就着用。（湖北 H 大学新闻与传播学院 Z 院长）

人员出口的自主性太差了，基本上没有办法，应该说理论上和制度上都有，但是很难实施，考虑到中国特有的人情世故，几乎没有人用。（广东 W 大学管理学院 Y 院长）

理论上可以解聘，但是我没有见到哪个学院院长真正解聘哪个人的，我和很多院长交流过，没听说哪个院长可以自行解聘哪个人的。因为这个人不是由院长聘，而是由学校校长聘的，而实际上又是院长在用。（北京 B 大学管理学院 H 院长）

教师的聘任还有一个基本上可以量化的考核参照标准，例如，教学工作量，科研成果等，但行政教辅人员的考核却没有一个科学的量化的考核标准，这使院长做出有关行政教辅人员的聘任决定显得更加困难。

教师的聘任考核，有一个明确的标准可以判断，或者教学或者科研不行。行政人员虽然也有岗位职责，但是你没有一个可以量化的东西明确地说明你就是不行，只要他不是恶劣到了什么都不能干的地步，我们一般无法解聘他。另外，他们还有一个出口的问题，你把他淘汰去哪里，他走不出去的时候，天天来找你麻烦，这样也不利于学院内部的稳定和团结。（广东 Z 大学新闻与传播学院 L 院长）

因此，相关制度资源供应不足或不到位，在一定程度上束缚了院长的手脚，让他处于一种"想干成事却不能"的两难处境之中。

另外，权力分配与权力结构通常受制于管理组织原理，我国大学学术管理组织原理主要体现为坚持党的领导、政府集权管理、大学自主办学、民主管理等方面。权力在校—院—系三级组织结构中进行配置，我国大学根据集权领导原理建立了统一领导和行政人员主导的学术管理权力结构。一方面大学内部学术管理的权力主要由大学党政部门掌握，大学行政人员主导大学内部学术管理，大学教师虽然获取了一定的参与管理权力，但其作用主要是咨询性或辅助性的。[①] 另一方面，大学内部学术管理的权力主要集中在学校层面，在大学的招生、教学、科研、人事等各项学术事务管理上，决策权主要集中在学校层面，作为学校的中下层结构的院系主要担负学校学术决策的执行责任，缺少必要的自主决策权。这种权责不统一的学院权力结构，使院长在履行职责过程中经常感到力不从心，缺乏自主制定措施来应对内外部情况的变化，使其无法很好地履行院长职责，使理想角色与实践角色之间产生角色差距，从而产生角色冲突。随着学院承担的任务日益复杂和多样化，院长的责任和压力也日益增大，为了能更好地胜任其职责，学校需要授予学院和院长更大的学术管理自主权。

第四节 个体、人际关系因素与院长的角色冲突

个体因素包括个体人口学特征、个体工作价值观、人格特质等方面。通过第三章的研究发现，除任职时间外，院长的角色冲突在性别、民族、年龄、政治面貌、受教育程度和职称等个体人口学特征方面没有形成显著性差异。下面侧重从个体工作价值观、人格特质、任职时间和人际关系等方面进一步阐述个体因素与人际关系因素对院长角色冲突的影响。

一、学术取向的工作价值观

工作价值观是人们对待工作的一种信念和态度，是人们在工作生活中表现出来的一种价值取向，它是价值观在职业选择上的体现。工作价值观会对个体的择业行为、工作动机、责任心、忠诚度、价值判断等产生影响。

---

① 别敦荣. 中美大学学术管理 [M]. 武汉：华中理工大学出版社，2000：135.

对于为什么选择担任院长，通过访谈发现，不同的人有不同的回答，有的是学校领导直接要求下被动接受；有的是主动应招，寻求自我实现；有的是学而优则仕，学校把担任院长作为稳住优秀人才的措施；有的是在社会官本位风气影响下，希望借助于院长职务寻求更多的社会资源。虽然高尚和不太高尚的动机常常是混合在一起，但就他们的工作价值观而言，通过访谈发现，院长们普遍持有一种学术取向的工作价值观，这种工作价值观影响着院长的角色扮演行为，有时也会成为引发角色冲突的重要因素。

对于很多院长来说，具有追求较高层次需要的意愿，比较重视自我实现需要的满足，而这种高层次的需要满足主要不是依靠担任管理者角色来实现的，而主要是通过其学者身份来实现。院长们更愿意把成为一名优秀的学者当作自己的追求目标，追求学术上的成功是他们主要的工作动机，他们信奉学术是学者的生命，没有学术就没有学者。他们对所属学科具有一种归属感和责任感，而更多地把担任院长仅仅视为个体在学术追求领域之外的一种人生尝试与体验，或者视为寻求自我实现价值的另一个领域，但这个领域常常处于次要的从属地位。从这种工作价值观出发，决定了院长担任者不会把担任院长角色视为一种人生长久追求，而更多地把担任院长视为一种"临时"行为，视为一种丰富人生经历的尝试性体验，教师才是他们的本行，他们更注重通过在自己所属学科领域取得的成就来体现自身价值，他们的报酬也主要取决于教授身份。北京 Z 大学公共管理学院 W 院长的一席话极具代表性：

> 我本身就是一个教师，当院长都是过渡性的，兼职做，那只是个临时性的兼职，做一届二届为大家服务一段时间后，还是要回到教师岗位。这是你的本行，本职工作，而且自己所谓的学术承认是在学术圈里的，而不在担任行政管理这方面。（北京 Z 大学公共管理学院 W 院长）

院长学术取向的工作价值观的产生，是由于学院本质上属于学术组织，而学术系统中的核心单位通常是以学科为中心的，"学科明显是一种联结化学家与化学家，心理学家与心理学家、历史学家与历史学家的专门化组织方式，"① 按照学科实现知识领域的专门化，将相同的专家汇聚在一起。学科组织方式具有超越时空及国际性的特点，在大学和学院中，最重要的成员群体依然是由教师和研究人员组成，他们根据学科组成子系统，他们的主要才能和专业身份基本上是与学科联系在一起。"院校中每一个学科单位都在第一线工作拥有不证自明的和公开承认的首要地位。"② 一些针对专业人员的组织行为研究表明，"专业人员一般不愿放下他们的工作，转而承担管理责任……转入管理工作通常意味着剪断与他们职业的纽带，不能追踪专业领域的最新进展，荒废他们花费数年才开发成功的技能。他们对专业的效忠要高于对雇主的效忠。"③ 学术人员对自己的学科和专业表示出远远超过所属组织机构的忠诚，他们更看重来自同行和学术共同体对自己的肯定和评价，而并不太在意外行的看法与意见。如果让学术工作者在学科和单位两者之间进行选择，他一般都会选择离开单位而不是学科，一个人离开他的专业领域要比离开他所在的大学或学院的代价高得多，因为一个人的高等教育层次越高，其专业在决定任务时的重要性越明显。正如伯克特·霍尔兹纳（Burkart Holzner）和约翰·H. 马克斯（John H. Marx）所言："很少有哪些现代机构能像学科那样显著地和顺利地赢得其成员的坚贞不一的忠诚和持久不衰的努力"④，他们的看法是相当中肯的。院长对学者身份的依恋和对学科的忠诚，使他们经常面临着鱼和熊掌不可兼得的两难处境，在担任院长时无法舍弃学术研究，这就使时间和精力上的争夺成为学者和管理者两种角色最经常面临的冲突。

受院长学术取向的工作价值观影响，当管理者和学者两个角色发生冲突时，院长们会更在乎学者身份。广东 Z 大学教育学院 Z 院长就明确表示，他更在乎作为一名学者，并把它当成自己终生追求的目标，而把担任院长仅仅

① 伯顿·克拉克. 高等教育系统——学术组织的跨国研究 [M]. 王承绪，译. 杭州：杭州大学出版社，1994：34.

② 伯顿·克拉克. 高等教育系统——学术组织的跨国研究 [M]. 王承绪，译. 杭州：杭州大学出版社，1994：38.

③ 斯蒂芬·罗宾斯，蒂莫西·贾奇. 组织行为学（第 12 版）[M]. 李原，等. 译. 北京：中国人民大学出版社，2008：209－210.

④ 转引伯顿·克拉克. 高等教育系统——学术组织的跨国研究 [M]. 王承绪，译. 杭州：杭州大学出版社，1994：38.

视为丰富自己人生经历的一种体验。当在一般行政事务上发生管理者和学者角色间冲突时，他会选择牺牲行政事务来保证自己的学术事务，因为在他看来，自己的学术事务更有价值。

在管理者和学者这两个角色冲突中，我会更在乎作为学者的定位。作为院长好不好，到了我们这个份上，中国的体制说你行，你就行，说你不行，行也不行，所以我没有必要对你领导太负责，我自己会有一个学术的评价标准和做人的原则。在这种冲突当中，当然事关学校大局的事情时，我们会掂量的，在一般行政事务上，我更看重自己学术的品位与评价，宁可牺牲一些行政的东西，我要保住学术方面的东西。因为我们当院长是偶然的，当教师是必然的，从个人经历来讲，是一种丰富，一种挑战，也是一种提高，但那不是我终生的追求。我终生的追求是学者，我们又不是行政官员，如果是行政官员那可能要在这方面继续做下去。我觉得我就是教授，教授成千上万，但是能当校长和院长的很少，但是现在给了我这个机会，我就要尽力做好，以后怎么样，我不会把它当成自己长远的打算。（广东 Z 大学教育学院 Z 院长）

下面这个发生在四川 X 大学外国语学院 Y 院长身上的故事更能说明学术取向工作价值观对院长的影响。

Y 是一位英语教授，1982 年四川师范大学外语系毕业后分配到四川 N 大学，1989 年—1991 年留学英国诺丁汉大学，1992 年担任四川 N 大学外语教研室主任，1994 年担任社科部主任，1998 年—2000 年担任外事处处长。2000 年 8 月，他却以"三不要"（不要档案、不要户口、不要工资关系）的方式，离开工作了 18 年的四川 N 大学，到整体实力弱于 N 大学但拥有外语系的四川 X 大学。

在对 Y 院长的访谈中，问及当初为什么会选择放弃担任外事处处长职务，离开学校实力更强的 N 大学，到实力更弱的 X 大学时，他说这都是源于一种追求和热爱，一种对所属学科的热爱和对学术研究的追求。2008 年 10 月，他在写给笔者的信中说：

我原本是不愿意离开四川 N 大学的，因为我三番五次地给学校领导上书，希望学校能够设置外语学科，招收英语专业本科生，但均被拒绝。我的心冷了！"天下何处无芳草"啊?! 于是我留下了无限遗憾和痛苦，来到了沱江河畔的四川 X 大学，开始了人生的"第二次插队"。

由于四川 N 大学是一所农林类高校，并没有设立英语专业，除了承担一些公共外语课程教学之外，他一直担任学校行政工作，感受到与自己的学科越来越有一种距离和陌生感。为此，他曾多次给学校领导"上万言书"，建议学校增设英语专业，发展外国语言学科，但由于语言类专业处于 N 大学的整体学科规划之外，其建议并没有被学校采纳，为了寻求学科的归属感以及出于对所属学科的忠诚，他最终怀着几丝眷恋和忧伤离开 N 大学。下面是他离开 N 大学时所作的一首诗，可见他当时的复杂心情：

辞 行 泪

一纸辞书痛我述，
千绪万虑愧相如。
同舟共济十八年，
唯有权贵视空无。

我心我情君不受，
壮志秋风白了头。
人生难遇酒千杯，
醉后醒来放歌喉！

在行政管理职务与学科归属之间，Y 最后选择了对自己学科发展更有利的 X 大学，其工作价值观体现出鲜明的学术取向。Y 到 X 大学后，被任命为外国语学院院长，在工作中显现了如鱼得水般的工作热情，在任职的前三年时间里，积极发展外国语言文学学科，2001 年开办英语本科专业，2003 年开办日语本科，并于当年成功申报外国语言学及应用语言学硕士点，实现了三年内"从专科到本科，再到硕士点的跨越式发展"。他从学科归属中体验到了生命的价值和意义，下面是他首届研究生毕业时自己写下的一段话：

一晃三年过去了……学生们毕业了，远走高飞了……留下的是无尽的思念和师生之间永恒的情意……

有时，我感到很庆幸，四川 X 大学接纳了我，给了我一个实现自己理想的舞台。可更多的感觉却是在走进研究生课堂时的那种"诚惶诚恐"和"战战兢兢"，在指导自己学生时的那种"灯枯油尽"的不安心境。我不知道这三年是怎样熬过来的，阅读了不计其数的书籍，写下了大量的读书笔记，为自己设计了一个又一个的研究方向……可心里仍然"吃不准"。真难为了我的学生们啊！就这样一个"歪教授"，能带好自己的研究生？我从未有过这样的"不自信"和"内心彷徨"……

这是我从未有过的人生品味，就像自己要"嫁闺女"一样，有内心的欣慰，可更多的却是我的首届研究生离别时给我留下的"辛酸、苦涩、无尽的思念"和对未来研究领域的"心魂不定"的思索……

再见了，我的首届研究生，这三年来是你们的成长在推动着我艰难地爬行和攀登，是你们使我再一次的懂得该如何"指导"自己的学生……

谢谢你们，愿你们一生幸福、平安！（2007 年 6 月 28 日 于 X 大学）

由 Y 院长的案例可见，他的工作价值观具有明显的学术取向，主宰其工作生活的力量是学科而不是所在院校。为了寻求一种学科的归属感，他放弃了学校实力明显更强，但难以找到学科归属的 N 大学。这种对学科和院校态度上的差异，也同样存在于持"临时性"看法的许多院长身上，许多院长把作为一名学者，在自己的学科领域从事科学研究视为自己的终身事业，其个人价值的实现也主要依赖于学科领域做出的学术成就，而很少有人会把担任院长作为实现自己个人价值的主战场。他们不像职能部门的职业化官僚，这些官僚容易成为自己院校或部门的"鼓吹者"，因为他们的工作奖励和职业成功比教授更直接依赖于院校表面的成功。院长们更倾向于把院长职位视为一种临时性的工作岗位，他们走上院长岗位，要么是被上级看中或教师推选而不好推辞，要么把担任院长视为尝试一个新领域，增加一种生活阅历，体验另一种成就感，但没有人愿意把院长职位当作自己的终身事业。

二、个体人格特质

人格特质是一个人在各种情境中所表现出来的稳定的心理特征，例如，进取、乐观、随和、自信等。领导特质理论试图寻找到那些成功领导者共有的人格特质，研究者从各自的研究中提取出了数量众多的领导特质。斯托格迪尔（Stogdill）通过回顾 124 项领导特质的研究后认为，尽管很多研究取得了较一致的结果并有正面的证据支持，但如果只是把这些品质作为孤立的存在，则很少有诊断和鉴别的意义，若将这一系列品质串联或结合起来，那么它们之间的相互作用在某种程度上会有利于个体去谋求履行领导的职责。[①] 也就是说，个体如果具备与领导角色要求相适应的特质，有助于他更好地扮演领导角色，不同的领导情境需要与之相适应的领导技能与个体品质，不同角色的成功扮演需要与之相适应的人格特质。组织行为学的研究也表明，个体人格特质的研究在人员招聘、人事匹配、指导职业发展等方面都有帮助，并把这些研究成果运用于实际的企业管理活动。例如，很多企业在人员招聘时通常会根据岗位对人员的要求，通过人格测试进行人员筛选，以提高员工与岗位的匹配度，从而改善员工的工作绩效。个体人格特质对角色冲突的影响主要体现为个体特征与院长角色之间的匹配程度。根据雅各布·盖茨尔斯（Jacob Getzels）和埃根·古巴（Egon Guba）的社会系统的组织模型，在组织系统中观察到的角色行为通常是角色与个体相互作用的结果，有效的角色扮演通常要求个性与角色相匹配，这种匹配程度越高，角色扮演效果越好，反之，效果越差，而角色冲突的一项重要内容是角色扮演中角色与个性不匹配的状态。由于院长在大学组织中的特殊位置，其角色涉及人际交往、组织管理、学科建设、内外联络等方面，对他在外倾性、随和性、责任心、参与性等人格特质维度方面提出了要求，作为学院的行政负责人，要求他必须热心、认真、有责任心，作为领导者，要求他富有进取心、首创精神、判断力、敢

---

① 马克·汉森. 教育管理与组织行为 [M]. 冯大鸣，译. 上海：上海教育出版社，2004：215.

于决策，作为内外联络者，要求他善于沟通和表达，作为资源调配者，要求他公正、无私，作为调解者，要求他善于倾听等。山东 S 大学文学与新闻学院 Z 院长就由于不太善于人际交往而在担任院长的过程中感受到人格特质与角色要求之间的不匹配。

> 作为院长，不时地要求我参加一些社交活动，比如，迎来送往，人际社交这些活动，我有时并不想参加，但作为院长又没办法。因为代表学院，必须做好这些事情，一方面是由于这些事情占了太多的时间，另外我也不太擅长搞人际关系。（山东 S 大学文学与新闻学院 Z 院长）

三、任职时间

通过第三章对院长的角色冲突与个体特征的检验可知，任职时间对院长的角色冲突也有影响，院长的角色冲突在任职时间这个变量上有显著性差异，角色冲突随着任职时间的增加而呈下降趋势。这主要是由于新任院长在踏上院长这一职位后，通常都富有激情和梦想，希望能通过担任院长使自己的管理理念付诸实践，在学术活动之外的管理领域来体现自身价值。但由于任职时间短，缺乏足够的经验来应对履职过程中遇到的矛盾和冲突，加上自我期望值也较高，因而对角色冲突更加敏感，更加容易感受到角色冲突。从学院内成员来看，教师普遍对新任院长怀有较高的期望，期望新院长能更好地关注和满足他们各自不同的愿望，新任院长往往也更愿意倾听学院内不同教师的意见与建议，因此，更容易感受到来自不同群体的期望与要求，从而引发角色冲突。随着任职时间的增长，院长提高了对职位的适应度，对于院长角色扮演过程中的问题也有了更深的认识，角色扮演能力也增强，从而可以更从容地应对、处理各种冲突或不一致。

四、人际关系

　　组织内人际关系也会对角色扮演产生影响。良好的人际关系有利沟通，可以增进了解与互信，减少由于误解或信息不对称而产生的矛盾与冲突。卡恩等通过研究发现，"报告有角色冲突的人对向他们施加压力的人信任减少，对施加压力的人的喜欢程度和尊敬程度也减少，也少与这些人交流，结果他们自己的效率也降低了。"[1] 院长与组织成员之间的关系也在一定程度上会影响到其角色扮演行为。当院长拥有良好的人际关系时，院长与成员之间能够相互理解，对于来自不同群体不一致的角色期望，能通过及时地交流沟通来缩小认识差距，或取得他人的谅解与支持。通过访谈了解到，那些认为与教职工有着较好人际关系的院长，面对一些来自教职工但无法满足的期望或要求时，都能通过沟通说服来争取教职工的理解，感受到的角色冲突程度也相应降低。

---

[1]　John R. Rizzo, R . Role Conflict and Ambiguity in Complex Organizations ［J］. Administrative Science Quarterly, 1970, 15 （2）: 150 - 164.

第五章

院长角色冲突的影响与应对

院长角色冲突的产生受环境、组织、角色、个体与人际关系等多因素的共同作用，在这几大因素的共同作用下，院长的角色冲突具有一定程度上的不可避免性。因此，在正视角色冲突影响的基础上，必须重视对院长角色冲突的管理与应对。

第一节　我国大学院长角色冲突的影响

正如并非所有的冲突都只具有破坏性功能一样，角色冲突的影响也具有双重性，它既具有一定的消极破坏性影响，也具有一定的积极建设性影响。

一、院长角色冲突的消极影响

通过对院长的深度访谈和角色冲突问卷调查，院长角色冲突的消极影响包括个体和组织两个方面，既影响到个体的身心健康，又影响到角色的有效扮演，具体包括以下几方面。

1. 带来巨大的心理压力，影响身心健康

院长同时扮演着管理者和学者双重角色，由于这两类角色扮演情境的高度重叠性，使院长经常面临着两种角色间的冲突，这种角色之间的冲突，表现最激烈的是院长在时间和精力分配上的冲突。院长们经常苦于时间不够用，搞行政管理工作影响到了自己的学术工作，无法做到两者完美的兼顾。很多院长在担任院长前都是教师，担任院长后一直坚持从事着教学和科研工作，但管理工作耗费了大量的时间、精力，使他们在科研时间投入、提升自己的学术水平等方面的压力非常大，有些院长会引起心理紧张与焦虑，产生一定程度上的心理失衡，进而降低工作效率。为了保证科研的时间投入，他们经常要牺牲周末或晚上的休息时间，因此常常会影响到自己的身心健康。心理学研究也表明，适度的心理冲突能成为人们活动的动力，对活动起激励作用，但冲突过于激烈会引起有机体过度的情绪紧张，容易产生挫折感，降低工作效率，甚至引发一系列的身心疾病。有研究证明，角色冲突引起的角色紧张会使人心率加速，胆固醇增高。

2002 年，广东省教育工会对广东 19 所高校的 8417 名教师的健康状况进行了调查。调查报告显示，广东省高校教师中有七成处于亚健康状态，包括工作时间过长，睡眠不足，节假日经常加班等在内的 12 项因素影响着教师的身体健康，其中最危险因素是来自工作时间过长的压力。① 这些影响教师健康的因素同时存在于院长身上，甚至是有过之而无不及。在对院长工作压力的问卷调查中，就"用于科研工作的时间压力"一项（表 5 - 1），30.8% 的院长认为压力非常大，42.2% 认为比较大，两者共占 73.0%。在"提升自己学术水平的压力"一项中（表 5 - 2），20.2% 的院长认为压力非常大，42.7% 认为比较大，两者共占 62.9%。

---

① 吴辉. 男教师不如女教师近七成大学老师亚健康［N］. 南方都市报，2002 年 9 月 5 日第 2 版.

表 5 - 1　用于科研工作的时间压力（%）

压力程度	完全没有	稍微有一点	比较小	一般	比较大	非常大
百分比	1.4	4.5	6.1	15.0	42.2	30.8

表 5 - 2　提升自己学术水平的压力（%）

压力程度	完全没有	稍微有一点	比较小	一般	比较大	非常大
百分比	2.0	9.5	9.4	16.2	42.7	20.2

广西 G 大学商学院 Y 院长就因为行政事务占用过多的科研时间而感受到一种心理失落。

现在高校的行政化色彩非常浓，院长处理了很多本来不应该出现的行政事务，承担了大多的行政事务，一天中这种无谓的消耗太多，那你用于学术研究的时间肯定会减少，有时候你几乎没有时间去做研究。但是你不做研究你又很难有前景，可是你做研究的话，你的工作质量又无法保证，这两者肯定有冲突。我一开始不太想当（院长），毕竟，院长也不算是一个官，它和你完全搞行政是两码事，它又会耗掉你大量的时间做行政，无意当中，让你感觉到有一种心理失落。（广西 G 大学商学院 Y 院长）

院长职位的特殊性使院长常常处于利益相关者群体的利益诉求的中心，从学校管理层、学院到广大师生，都对院长抱有不同的角色要求和角色期望。面对这些多元的利益诉求，受条件限制，院长由于无法有效地给予满足或同时兼顾而不被人理解，常常形成较大的心理压力或思想包袱，个体如果不能有效地调适，通常会影响到身心健康和任职意愿。广西 G 大学教育系 L 主任就因为无法同时满足不同群体的角色期望，而又不被人理解而内心感到痛苦，甚至萌生退意。

我最痛苦的事就是不被人理解。比如你做一件事，明明是为学院好，而且你已经尽力了，但是没有做好，却不被其他人理解。有时候很受气，而且要委曲求全，这种事情是经常有的，然后这个人会说你无能，那个人说你没有做好事情。比如说我们的博士点建设，这方面我觉得难度很大，每年都要作，每年都要说，但不是说你的实力提高了你就能拿到博士点的，他需要方方面面的，尤其是外联工作压力是很大很大的，因为你去拜访人家，人家不一定见你。这工作是很苦恼的，但是教师不理解，他认为你应该做，这是你的事，给了你那么多权，给了你那么好的条件，然后还拿那么多奖金，你应该做这些事情。所以，干完这届后，我就专心搞自己的学术了，对自己的影响实在太大了。（广西 G 大学教育系 L 主任）

2. 影响院长的再任意愿

大量组织行为学研究证明，角色冲突会造成教师的压力感与倦怠感，尤其在教师的情感衰竭与人格解体方面[①]，角色冲突被证明为影响职业倦怠的重要因素。

对角色冲突和再任意愿两个变量之间的关系进行单因素方差和相关分析，结果见表 5 - 3：

表 5 - 3   角色冲突与再任意愿的方差分析

分类项目	均值	标准差	Sig.	差异是否显著
愿意	4.6581	0.9633		
不确定	4.8321	0.9932	0.000	是
不愿意	5.1576	0.9430		

说明：显著值 = 0.05

由表 5 - 3 可知，院长的角色冲突在不同的再任意愿间存在显著性差异，可见，角色冲突对再任意愿有影响。明确表示届满后不愿意继续担任院长的，其角色冲突程度最高，明确表示愿意的，角色冲突程度最低。把角色冲突分为高中低三个等级层次，采用 Spearman（斯皮尔曼）等级相关分析法与再任意愿进行相关分析，相关系数为 - 0.185，P = 0.000，存在显著负相关，可见，角色冲突程度越强，院长的再任意愿越弱。

按学校类型对院长的再任意愿进行分析（表 5 - 4），从表 5 - 4 可知，一

---

① 林美玲. 教育改革、教师倦怠与报酬 [M]. 高雄：复文图书出版社，2001：140.

般本科高校中38.9%，"211 工程"高校中26.3%，"985 工程"高校中仅有8.3%的院长表示愿意继续担任院长，在明确表示不愿意继续担任院长的人数中，985 高校为50%，"211 工程"高校为33.8%，一般本科高校为20.8%，可见，所处层次越低，实力越弱的学校的院长更愿意继续担任院长，实力越强的高校的院长越不愿意。出现这种差异的原因，一方面是由于重点高校比一般本科高校的院长感受到的角色冲突程度更高。另一方面是由于我国社会的官本位色彩还很浓厚，高校内部管理行政泛化，很多资源还是依靠行政手段进行调配，担任院长有助于他们学术地位的提升。就一般高校而言，对那些学术地位和影响力还很弱的学校的院长来说，其学术地位的提升往往与院长职位紧密相连，担任院长有助于他们获取一定的学术资源，可使他在内外部资源的获取方面更加便利，也有利于扩大与大学外部组织及学术同行的交流。美国社学家乔纳森·特纳认为"个体从扮演某一角色的过程中得到的内在利益越多，则把自我置于那个角色上的趋势就越强。"[①] 而对于"211 工程"和"985 工程"高校的院长来说，校内资源配置方面的规章制度相对比较完善，资源的分配主要受学术因素的影响，体现了学术资源与行政资源相分离的趋势，担任院长本身并不能在获取校内资源方面有太大的帮助，他们的学术地位和影响力的提升，并不需要依赖于院长这一职位所提供的便利条件就可以实现，担任院长后由于花在科研上的时间减少，他们反而觉得影响了自己学术水平的提升。正如特纳所言，在角色扮演中，"当个体接收到情感积极的回应时，他们的自尊就会得到提升，而这又会进一步增加对这一身份的投入，当个体体验到一种消极的情感，就会降低对角色演出中所确认的身份的投入，降低其在显要序列中的位置，并选择一种能更为恰当地表现这一角色的身份。"[②] 因此，角色冲突降低了重点大学院长对院长角色的积极情感回应，使他们对院长角色的投入降低，相应地，继续任职的意愿也降低。

---

① 奚从清，俞国良. 角色理论研究 [M]. 杭州：杭州大学出版社，1991：44.

② 乔纳森·特纳. 社会学理论的结构（下册）[M]. 邱泽奇，译. 北京：华夏出版社，2001：104.

表5-4　再任意愿与学校类型关联表

			学校类型			合计
			985 高校	211 高校	一般本科高校	
再任意愿	不愿意	% within 学校类型	50.0%	33.8%	20.8%	26.5%
	不确定	% within 学校类型	41.7%	40.0%	40.3%	40.4%
	愿意	% within 学校类型	8.3%	26.2%	38.9%	33.1%
合计		% within 学校类型	100.0%	100.0%	100.0%	100.0%

3. 分散院长的精力，影响学院组织目标的实现

学院作为大学基层学术组织，其组织目标就是以知识为操作材料，通过人力、物力资源的组织调配，促进知识的传递、保存、创新和运用。学院作为大学的基层组织，是大学使命的直接承担者，其组织目标的实现总是建立在一定的资源保障条件之上的，充分的资源保障是学院组织目标实现的重要条件。当前，大多数院长面临着资源供应不足而引起的角色冲突，一方面是各利益相关者对院长提出了多样化的要求和期望，另一方面是严峻的资源不足。为了缓解资源供应与学院需要之间的矛盾，经费筹措成为摆在越来越多院长面前的一个紧迫而又现实的难题。有的学校为了缓解经费不足的难题，为调动各学院的经费筹措积极性，把津贴福利发放的权限下放给各学院，并给予各学院自主创收的政策，在国家统一工资制度下，各学院教师收入的差距越来越依赖于各学院自己提供的津贴与福利。由于学科之间的差别，各学院创收能力不同，使各学院教师的福利待遇差距也在拉大，教师对改善和缩小院际收入差异的期望，使有的学院院长感受到了巨大的角色压力。正是在这种压力下，广西G大学教育系L主任为了筹措资金，不得不花费大量的时间精力来开拓筹资渠道，改善教师生活福利，在一定程度上影响了学院的学科建设和管理工作。

我们学校的经费分配和其他学校有些不同，基本工资和岗位津贴由学校统一发，课酬则由各院系自己发，学校给政策，让各院系去搞创收。通过这一年的努力，我们已经建立起了几种寻求资金的方式，如中学校

长培训，心理咨询师培训，研究生班等。由于各学科的差异，各院系之间差别很大，有的院，如管理学院，他们一年创收上千万，教师课酬也高，年终奖金都以万计，有的院系很少，一节课才几块钱，这种差异让我们产生了压力，而这种压力完全是来自于生活福利方面的考虑，和学科建设等问题没有关系。但我们必须花一定的时间和精力去开拓财源，搞些创收来给教师发福利，否则，由于和别的院系差别太大，老师们会对我们领导有意见，这是一种无形的压力。（广西 G 大学教育系 L 主任）

院长工作压力调查问卷中关于"为学院筹集资金的压力"调查显示（表5-5），34.6%感觉非常大，37.8%感觉比较大，两者占72.4%，也就是说大部分院长们感觉到筹措经费的压力比较大，不得不花费相当的时间精力来开拓财源，不少学院办班创收的直接动机是为了改善教职工的福利待遇问题，有的出于增收目的而投入大量人力、物力于横向项目。

表5-5　为学院筹措资金的压力（%）

压力程度	完全没有	稍微有一点	比较小	一般	比较大	非常大
百分比	3.5	4.2	4.9	15.0	37.8	34.6

从学院在大学组织中的地位和使命来说，院长应该致力于组织全院力量来实现学院的组织使命，本不该花费大量的时间和精力来筹措经费，筹措经费主要由学校来承担。这种资源供应型角色冲突在一定程度上影响了院长对学院组织目标的追求和投入，尤其是那些没有被学校纳入重点支持和重点发展的学科来说，在校内资源分配方面往往处于更加不利的地位，其自筹经费弥补学院发展需要的压力更大。有的为了创收，把本来就紧张而又有限的资源用于其他方面，例如，开办各种培训班，办成人教育等，一方面加重了教师的工作负担，另一方面也影响了学科水平的提升。当然，鉴于学院资源不足而进行的创收活动，出发点并非都是为了弥补学院发展经费不足，有些是出于改善教职工的福利待遇为直接目的的，这都在一定程度上影响到院长对学院组织目标的追求，甚至在一定程度上扭曲了学院的组织目标。广东 S 学院会计学院 X 院长说："我们现在的创收很多考虑的不是工作本身的需要，更多考虑的是教工的福利。"广西 G 大学轻工与食品学院 W 院长也有同样的感受：

我的工作设想就是让老师们集中精力做学问，学校发了这么多工资给你，你就要好好工作。但是现在的情况是，有好多学院福利发得很高，所以就有人提出说我们也要向他们看齐，那怎么办呢？只能压着我想方设法去创收，解决他们个人生活需要的问题，甚至包括一些其他的问题，才能让他稳定，那么他对我的要求压力就很大，我感觉压力非常大，这就与我的工作设想和工作目标有点矛盾了。（广西G大学轻工与食品学院W院长）

面对这种冲突，有的院长尽管能够保持清醒的认识，但也不能完全无视创收的压力，只能采取一些选择性策略，以便在追求学院组织目标和创收之间取求一种平衡。

创收这一块，像一些短期3—6个月的，我们就不办。经常总有人打电话来询问，我们都说不办，虽然办这些培训也可以有点钱，但是我觉得有些得不偿失，挣那么点钱，老师花费的精力很大，要花我们很多的时间与精力。本身我们的教学和科研工作都很忙，如果为了得这点，那失去的会更多。（广西M大学外国语学院II院长）

我们不去搞层次低的专升本，我们现在只是办艺术硕士，因为办其他的班会影响有限的资源投入，我们现在的收入主要靠社会赞助。（福建X大学艺术学院S院长）

4. 抑制院长从事组织变革的热情

无论是资源供应型角色冲突还是期望型角色冲突，在一定程度上都会抑制院长变革的热情。组织的变革是需要一定的资源条件支持的，缺乏资源条件支持的变革，通常难以获得成功。院长作为学院的领导者，通常赋有领导学院进行变革，以适应外部社会需要和环境变化的使命，但由于资源不足而使院长很多美好的设想或宏伟的蓝图只能停留在院长的规划与想法之中。例如，广东S学院信息学院Z院长就曾想对学院人才培养模式进行改革，以更好地提高人才培养质量，但这项改革涉及的关系很多，对这些关系的处理已超过了其现有的职权范围，比如，学分和人才培养计划目前由学校负责制定，院长和学院无权更改。也就是说，只有赋予他更广泛的自主权，提高角色权力与角色职责的匹配程度，才能保证该项改革的顺利推行，只有学校提供了相应的制度和政策支持，才能保证其更好地扮演变革型领导角色。

> 在人才培养方面，我想进行一些改革，培养高质量、与社会需要对口的人才，但现在的管理体制就很难达到。比如说，我们信息学院有四个专业，我希望把前两年打通，第三年按不同方向培养，但现在学校的体制是做不到的。学校一进来时，专业就明确了，不能随便调整专业，第三年你想按专业来培养，排课就非常困难，操作上很困难。现在学生就业是一个政治任务，为了保证就业，现在把实习排在第八学期，很多实习都流于形式了，我们想放到第七学期，但是涉及学分，很多东西我们不能乱动，都是学校统一规定好的。另外，现在社会对我们人才的需要是多层次的，像我们是培养应用型人才，需要有一些特色，我想搞一个特色实验室，例如，网络测试实验室，但学校没有经费，所以建不成。现在我们要培养高质量的与社会需要相适应的人才，在体制、机制和经费方面没有大的动作是做不成的。现在大众化，学生差异很大，我们想把一些尖子生抽出来组成一个尖子班，但是在教学计划等很多操作上就不太好弄，现在很多体制和制度还没有改，这样就会出现一些冲突。
>
> （广东 S 学院信息学院 Z 院长）

二、院长角色冲突的积极影响

美国社会学家刘易斯·科塞认为，"社会如果没有冲突就会僵化与停滞。"[①] 正如团体之间的冲突并非完全具有破坏性功能一样，院长的角色冲突除了上述消极影响之外，也存在着一定的积极影响。

1. 角色冲突有利于提高院长关照不同群体期望和要求的自觉意识

角色冲突可以促使院长决策时更多地考虑不同功能团体的期望与要求，

---

① 科塞. 社会冲突的功能 [M]. 孙立平，等译. 北京：华夏出版社，1989：112.

更好地整合不同的角色期望，在不同利益群体的诉求之间进行合理取舍，从而提高决策质量，也有利于决策的推行。因为"人们对一个行为承担的程度是一个他们参与决定行为的程度的函数"①，关注不同群体的需要，让人们参与决策或组织变革不仅能减少组织变革的阻力，而且能使他们为一个更有效的变革过程做出贡献。人们对决策的参与程度或决策过程中被关注的程度通常会影响到人们对决策的接受程度，人们通常更容易接受那些反映和体现了他们利益诉求的决策。要求期望型角色冲突，有时可以使院长更好地关注学院内部不同功能团体间的差异性需要，尤其是处于相对弱势地位团体的需要。

> 以前我虽然知道老师们对我抱着一定的期望，大家都希望有更好的发展机会，有较好的收入。但由于我们学校的现状与整体实力，教授们往往更受重视，对于年轻教师相对关注少一些，后来通过其他渠道了解到，年轻教师的抱怨比较多，对院长的期望也很高，尤其是刚参加工作的教师，他们希望学院能提供好一些的工作条件，希望能帮扶一把。后来我们学院就制定了相关政策，帮助年轻教师制定个人学术规划，安排老教授给了一定的教学指导，让他们参加学术团队，提供一些科研经费等措施。(广东 Z 大学公共卫生学院 X 院长)

显然，广东 Z 大学公共卫生学院 X 院长就是感受到来自不同群体的角色期望后，开始更多地关注年轻教师的需要，并制定了一些针对性的措施来应对。再以发展愿景为例，愿景是一种关于现实的、可信的、有吸引力的、面向未来的目标。确立愿景的目的就是增强师生对院长和学院的信心，但学院的发展愿景并不是凭空虚构出来的，学院的发展愿景不仅仅是院长个人目标的表达，更是倾听和尊重其他人的愿望与要求的象征，愿景必须能够反映出成员们的利益和愿望，通过与其他成员的沟通来形成共同认识。只有为成员所共同分享的愿景才能真正发挥团结成员的作用，而院长的角色冲突在一定程度上有助于院长以更开阔的视野吸收、考虑不同群体的愿望与要求，整合不同的角色期望，最终形成能反映大多数群体愿望和要求的共同愿景，从而

---

① 沃纳·伯克著. 组织变革 [M]. 燕清联合，译. 北京：中国劳动社会保障出版社，2004：88.

提高院长领导的有效性。

2. 角色冲突可以成为引发大学内部管理改革的激发器

院长资源供应型角色冲突，反映的是角色资源不足使院长无法顺利履行角色功能，在现有大学管理制度无法改变的情况下，会引发大学内部的"政治游说"活动，院长通过向学校领导和各职能部门进行"政治游说"获取学校的资源和政策支持。随着那些由于资源供给不足，尤其是制度供给不足而引发的角色冲突的累积，并成为大学院长群体的普遍共识时，在一定条件下，会激发进行高校内部管理体制改革的呼声，成为高校内部管理体制改革的推动力。1979 年 12 月 6 日，复旦大学校长苏步青、同济大学校长李国豪、华东师范大学校长刘佛年、上海交通大学党委书记邓旭初等在《人民日报》上共同呼吁给高校一点办学自主权，激发了围绕高校办学自主权为中心的高等教育管理体制改革。虽然这次改革是多因素共同促成的结果，但不可否认的是，当时的大学领导普遍感受到角色权力与义务之间的不匹配，政府管理得过多，高校缺乏应有的办学自主权，这种集体意识到的角色冲突引发了他们的改革呼吁，要求重新界定政府与高校之间的权责关系，给予高校应有的办学自主权。广西 M 大学从 2007 年开始推行新任中层干部岗前培训制度，所有新聘院系负责人都必须接受和参加为期十天的岗前培训，主要培训内容包括党的教育方针政策、领导干部素质要求、高等教育理念、管理理论与实践等内容。该制度的推行就与院长的角色冲突有关，因为很多院系负责人在从学科领域转到管理领域后，面对一个全新的活动领域，普遍感到自己的领导胜任力不够，对高等教育的理解有待深入，相关的管理理论与管理技能不足，面对学院管理中经常遇到的矛盾和冲突有时处理不当，既影响了个人身心健康，增加了心理负担，也影响了管理工作，这些都制约着院长的角色扮演行为，他们普遍希望学校能实行岗前培训。后来学校组织中层干部到清华大学进行培训，通过培训后，M 大学的院长们普遍反映受益很多，提高了自己的职位胜任能力。在对 35 位大学院长的访谈中，问及当前体制下院长的自主性和创造性发挥得如何时，很多大学院长虽然都说有一定的自主空间，但自主性还不强，其中权责利不统一是普遍存在的问题，在一定程度上制约了院长工作的主动性和创造性发挥，都希望能够给予院长更大的自主权，这也将推进各高校内部管理体制改革的进一步深化。

3. 角色冲突还有助于提高院长的角色扮演能力

适当的角色冲突可以使院长依据学校、师生的期望、院长职位的要求以及特定的管理情境，去不断反省自己的角色扮演行为，调整自己的角色认知，有意识地提高自己的角色扮演能力和技巧，促进角色功能的实现。广西 G 大学商学院 Y 院长就是在角色冲突中不断提高自己的角色扮演能力的。

> 广西 G 大学商学院 Y 院长：做院长后，说话就不一样了，作为老师你可以随便说话，作为院长就不能，你一说话，别人就可能理解为你的意思，也许本来我们是开玩笑。再一个行为上也不同，很多应酬必须要参与，这些应酬花费了大量的休闲时间，肯定对人有影响。但我必须学会适应，我现在也在发生转化，把这些应该做的事情或不喜欢做的事情转化为自己喜欢做的事情，把它当成一种乐趣。
>
> 问：你感觉转化成功吗？
>
> Y 院长答：还可以吧，应该还可以，现在基本上适应了。
>
> 问：除了转化的办法外，还有其他方法吗？
>
> Y 院长答：没有，我基本上就是采取这种办法。每天必须要做的事，我必须要处理，心态慢慢调整，从教师的角色转变需要一个过程，但是看到学院慢慢发生的变化，我也会感到很欣慰。

可见，Y 院长正是在感受到角色冲突后开始有意识地反思自己的角色行为，自觉地按照院长角色要求来检查自我角色扮演的差距，审视自己的角色行为，不断提高自己的角色扮演能力。

第二节 院长角色冲突的管理与应对

角色冲突的影响具有双重性，既有一定的积极作用，也有一些消极影响。而在影响院长角色冲突的各因素中，既有一些刚性的客观因素，它使院长不可避免地要产生角色冲突，也有一些柔性的可调节因素，它意味着采取措施来缓解院长角色冲突的可能性。因此，需要进一步探讨院长如何对角色冲突进行管理与应对。

一、院长应对角色冲突的策略选择

美国社会心理学家古德把角色冲突称之为"角色紧张"，认为角色紧张对社会、对个体的身心健康都有害无益，因此一旦产生了角色紧张就要设法消除。古德认为，个体首先应该从许多角色中挣脱出来，把时间和精力用到那些对其更有价值的角色上。根据什么标准来决定角色的取舍呢？古德认为应从下述三个方面去考虑：第一，该角色对个体的意义；第二，不扮演某些角色可能产生的积极的和消极的后果；第三，周围的人们对拒绝某些角色的反应。[①] 比德尔就各研究者有关如何应对角色冲突的研究成果进行了概括，格罗斯（Gross）认为人会在各种不相容的规范中进行选择，而且，这个人如果在了解到别人强大到什么程度，其规范在多大程度上合理时，那么他的选择就能被预见到。弗拉特（Vande Vliert）提出了解决强烈的角色冲突必须采取的三个步骤：选择—妥协—退出，如果可能，在规范之间进行选择，如果不可能，在规范之间进行妥协；如果其他所有手段都失败，则从情境中退出。霍尔（Hall）则论述了对角色冲突的三种类型的反应：与别人协商以改变他们的期待；调整一个人的观点，从而使问题不被感到太烦恼；顺应别人的行为。[②]

通过对院长的访谈发现，当角色冲突发生，他们在选择应对角色冲突的策略时，受到下面几个方面的影响：造成角色冲突的因素的重要程度；个体对这些因素的控制程度；角色冲突对自己的影响程度。在这三个方面的共同作用下，个体会做出与人沟通协商、调整自己观点和顺应他人的行为，并采取妥协、沟通、顺应、忽视、退出等策略（图5-1）。

---

① 转引周晓虹. 现代西方社会心理学流派［M］. 南京：南京大学出版社，1990：241.
② 比德尔. 角色理论的主要概念和研究［J］. 曾霖生，译. 国外社会科学文摘，1988（11）：4-7.

1. 顺应与退出策略

在角色冲突会对自己产生较大影响的前提下，当造成角色冲突的因素非常重要而个体又无法对这些因素进行控制时，通常会采取顺应或退出策略。

2. 沟通与妥协策略

当造成角色冲突的因素重要，产生的影响也较大，而个体可以对它们施加一定的控制时，通常会采取沟通或妥协策略。

3. 忽视策略

当角色冲突产生的影响小，个体可以对造成角色冲突的因素进行控制，或者造成角色冲突的因素可控度小，角色冲突的影响比较小，造成角色冲突的因素不重要时，通常会采取忽视策略。

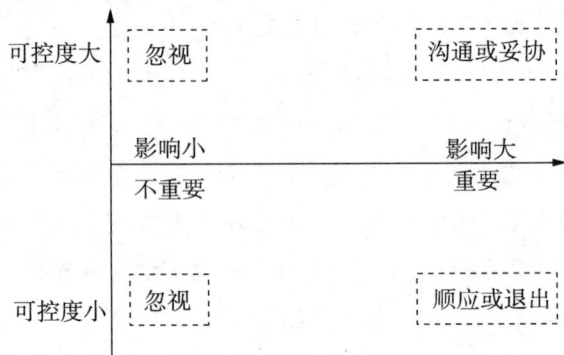

图5-1 角色冲突的影响及应对策略选择

案例1：广西M大学外国语学院H院长：

问：你遇到过不同群体的要求不一致而让你产生冲突的情况吗？通常如何处理？

答：有，嗯，就说评估吧，很明显的，对吧，一般教师都不愿意搞评估，因为他们认为搞评估虚呀、假呀，搅乱正常的教学秩序呀，等等。可是上面要求要做，领导要求要做，学校有任务下来，你必须要做。虽然底下的教师不愿意做，但上面又要求做，我必须贯彻上面的精神，碰到这种情况，我就不能听老师的了。虽然我对一些做法也有一些不赞同，比如，评估弄的哪些指标呀，有些不太现实，让人不太赞成，但是还是有一个下级服从上级吧，组织观念还是要的，要不然，你整个学校不炸窝了。那我们在做工作的时候还是说实话，说真话，我告诉老师们说，我们要说实话，说真话，通过评估真正做到以评促建，以评促改，评建结合的目的。我们在评的过程中，哪些不足，我们不隐瞒，不弄虚作假，来向上面要政策要经费，尽量让大家感觉到通过做还是能得到一些实在的利益吧。（笑）当然，你要让个个都满意，达到优，那是不可能的，因为学校的投入毕竟是有限的，但是做了之后，大家还是明显感受到有点好处，有成效。我们评估那么多，好像还没有碰到很大的阻力，因为在作动员的时候我都跟老师们讲清楚。

案例2：广西 M 大学数学与计算机学院 HE 院长：

问：有时学校出台一个政策，你作为教师可能有不同看法，但作为院长你必须服从，这种冲突会有吗？

答：这个没办法，这种冲突有。像我们最明显的就是去年津贴制度的改革，教师就有很大意见。但是学校已经通过了，要贯彻，那你要做老师的工作。这从我本意来讲，就很不情愿呀，但是我没办法，这种情况有，而且还不少。有时遇到评估呀，这几年教师们觉得没有什么意义，从当教师来讲，好像是为领导做事，大家不是很情愿，但是作为行政领导，学校布置下来的事还是要做。

从上述两个案例可知，在评估这件事情上，H 和 HE 院长都感受到了来自不同群体的不一致的角色期望而引起的角色冲突，但教育部和学校是推行评估的外力，评估的结果将直接影响到学校的声誉，因此，对学校来说，做好评估工作非常重要；接受评估是"上面"的硬性要求，"上面要求做"，"下级要服从上级"，在这方面 H 院长的控制和影响很小，"就不能听老师的"，只能通过"动员"，"跟老师讲""做思想工作"来改变教师和自己对评估的看法，H 和 HE 院长都采取了顺应和与教师沟通的应对策略。当沟通妥协策略无效时，也会采取"问题上移"的办法来缓解冲突。

问：如果教师和学校对你的要求不一致，你会怎么办呢？

答：这要看哪方面的，如果是政治上的，那就要服从上面的，有组织原则的，服从党委安排。但是如果是事务上的工作，与主管部门意见

不一致，那我们就据理力争，实在说服不了，再往上走。（广西 M 大学外国语学院 H 院长）

案例 3：广西 M 大学艺术学院 HU 院长：

比如教师评优，学校要求必须有一定的科研要求。但是我们学院有的教师整体水平还没有达到这个层次，可是他们的教学水平比较高，我们学院对刚毕业的年轻老师没有科研工作的要求，但对讲师以上的有科研要求，但是教学上主要还是依靠中级以上的教师来支撑。有时候评优是和津贴挂钩，你评不上优秀津贴就要减少，所以这个如何处理？我不可能真正按照学校规定的科研量来评，如果是这样，那么就使许多教学上不错的老师，因为科研上达不到学校规定的要求而评不上优，还不如那些没有科研工作量要求的小年轻，他们因为科研没达标而被卡住了，评不上优，那他们的津贴就要下浮。所以我们只能采取变通的办法，在科研认定方面想一些办法，比如说参与了课题，虽然没有发表论文，但是我们也肯定他的一些科研工作量。虽然学校要求参与正式立项的课题，或者公开发表论文或获奖，我们只能采取折中的办法，算他们的科研工作量，在学校方面也讲得过去，虽然还没有论文，但是实际上也参与了这些工作。

从我的观点来看，我要求教师必须先把教学工作做好。我们毕竟和其他院系有些不同，而且艺术教育这一块，技能教育的成分比较多一些，我们目前还没有达到研究这个阶段，就像我们学校所提出的研究教学型或教学研究型大学，目前我们的阶段是以教学为主。面对这种情况，我就必须要从学院实际出发考虑折中，不可能完全按学校那套来评，但是又不可能不说，因为学校要求你，你不可能不理，这也会行不通，所以必须有折中的办法。

HU 院长工作于一所教学型高校，他对教师评优必须有一定科研工作量的学校规定，是无法改变的，学院目前的师资队伍水平决定着如果完全套用学校规定，将使承担学院主要教学工作的不少教师达不到要求，而教师评优的结果又直接和教师个人收益直接挂钩，稳定这些支撑学院主要教学工作的教师显得非常重要，因此，HU 院长采取了妥协折中的办法。

案例 4：广东 Z 大学教育学院 Z 院长：

我现在实际上扮演了双重角色，既是教师又是行政管理人员。这是客观的，比较明确，有了这个才会有冲突，否则就不会有冲突。客观上，这个角色肯定是有冲突的，这个冲突还在于我们对大学的认识和定位的偏差有关，我们作为教授是个学术研究和教职人员，这个时候它会有它的一些特定的要求。但是现在大学的建制又是行政化的管理方式，把学院和系变成了行政单位，这样的话，行政单位肯定有他自己的规则，比如它的动员方式，做事方式。我现在感到很多压力，就是行政性太强，很多事情下达，要求很快，很急。如果你每天坐办公室，处理行政事务的话，那效率会高些。但我作为一个兼职人员，我又要上课，或者明天要交一篇论文或作一个报告，这样的话，肯定会影响行政事务的完成速度。在这个问题上，我会更在乎作为学者的定位。作为院长好不好，到了我们这个份上，中国的体制说你行，你就行，说你不行，行也不行，所以我没有必要对你领导太负责，我自己会有一个学术的评价标准和做人的原则。在这种冲突当中，当然事关学校大局的事情时，我会掂量的，在一般行政事务上，我更看自己学术的品位与评价，宁可牺牲一些行政的东西，也要保住学术方面的东西。

引起 Z 院长的角色冲突源是学院行政化的运行方式，尽管自己对这种运行方式并不完全认同，但由于这种方式在我国大学中呈进一步加强的趋势，在被动适应的同时，为了缓解冲突，根据自己对行政事务价值的判断和可控制程度采取"顺应或忽视"的应对策略，对"事关学校大局的事情"通常会选择顺应策略，但对不太重要的一般性但又与学术活动发生冲突的行政事务，会选择"宁可牺牲一些行政的东西"的忽视策略。

当院长遇到的角色冲突程度较强，沟通、妥协等应对策略无效的情况下，会选择退场的策略，中途辞职或届满后不再续任。

二、缓解院长角色冲突的措施

院长的角色冲突受环境、组织、角色、个体与人际关系等多因素影响，这些因素可归纳为组织与个体两个层面，缓解院长的角色冲突也可从组织和个体两方面入手。从大学组织层面帮助缓解院长的角色冲突，涉及高校内部管理体制改革、组织文化建设、加强院长的角色建设、完善院长的遴选制度等内容。个体层面主要是致力于提升个体的角色扮演能力和恰当地进行角色分配等。

1. 深化内部管理体制改革，提高院长角色权力与义务的匹配程度

高校内部管理体制是指高校的管理制度、管理机构设置、管理权限分配及内部因素相互影响构成的组织体系，其实质是高校内部各部门和不同利益群体之间的权力、利益分配以及权力之间的协调关系。高校内部管理体制改革的目的是要使高校的教育资源得到合理充分地开发和配置，提高教育教学质量、增进办学效益，实现高等教育人才培养、科学研究及社会服务的三大职能。高校内部管理体制改革必然带来组织体系的重新调整变革，改变体系内的原有结构，改变人、财、物等资源的流向，改变体系内原有的运行规则，其中的重要内容之一，是在纵向组织层次上，重新确定学校与院系之间的权责利关系。随着我国高校规模的扩张，高校管理变得日趋复杂，学校集权的管理体制已经越来越无法有效地适应和满足新的管理要求，重新审视和划分学校与院系之间的权责范围，进行分权是高校适应新环境和新要求的必然选择。

院长的角色冲突就像一面镜子，透过它反映出的是深层次的内部管理体制问题，是由学校内部管理体制引发的。而这些内部管理问题的解决又有赖于深化高校内部管理体制改革，通过深化内部管理体制改革有助于缓解院长的角色冲突。例如，院长面临着想要的人进不来，不想要的人出不去的窘境，反映的是大学人事制度问题，通过深化大学人事制度改革，有助于降低院长在这方面产生角色冲突的可能。院长成为学院各群体期望的焦点，反映的则

是学院内部群体利益表达渠道缺乏或不畅通，通过内部管理体制改革，建立和健全学术委员会、教代会、教师聘任委员会等教师民主参与渠道，也有助于缓解院长由于角色期望的多元化而引起的角色冲突。

每个学院一般都是根据学科知识的分化，由若干系科组成，"系科和相应的单位是学科和专业的化身，这些单位的工作固有特点是创新和开放"①，而给予学院和系科一定的自主权是促进系科有效进行知识创新的重要条件，正如默菲特（E. Morphet）所言，"凡是那些不要求或不涉及地方的首创性和责任心的工作，都应当以集权化的方式去做（或做出决定），并且在集权化的基础上能更有效、更经济地完成工作；凡是那些要求做出与地方需要关系特别密切的决定，并且若集中地做将会妨碍和限制创造性，不利于发挥地方有效的领导和责任心的工作，就应当分权，并在局部层次上加以贯彻。"② 学院内部的很多事务需要发挥院长的主动性和创造性，给予学院和院长一定的自主权，提高院长角色权力与角色义务之间的匹配程度，可以更好地发挥院长应对各种事务的主动性与创造性，提高院长自主协调、平衡来自各方的角色期望与要求的能力，有利于缓解角色冲突。在学院内部建立健全各种沟通渠道有助于院长更好地了解学院内各群体的角色期望与利益诉求，因为角色传递者的角色期望只有在被角色接收者所接收、理解并做出评价之后，才能引起角色接收者的回应。通过完善现代大学制度，在学术权力与行政权力之间保持平衡，发挥它们在各自事务领域应有的作用，可以避免院长承载一些超出其职责之外的角色期望。目前，有的学院虽然建立了院学术委员会、教师聘任委员会等一些专业委员会，其职能主要还是咨询审议，并没有有效发挥反映民意的作用，工会职能发挥不充分，目前更多的只是发挥着组织教工活动，丰富教工生活的作用。因此，通过深化内部管理体制改革，重新定位工会的职能，进一步发挥教师代表大会的作用，建立健全师生民意表达机制，有助于院长更好地接收、理解和评价来自不同群体的角色期望和利益诉求，

---

① 汪家惠，郭广生，白守礼. 美、德大学基层组织的发展及对我们的启示［J］. 中国高等教育，2004（3/4）：63.

② E. Morphet, R Johns, Theodore L. Educationan Organization and Administration：Concepts, Practices and Issues［M］. Englewood Cliffs, NL：Prentice-Hall, 1967：27.

并及时做出回应，从而达到缓解由于角色期望传达不畅而引发的冲突。一些研究也证实，参与管理和决策有助于降低角色冲突。[①] 学校通过深化内部管理体制改革，吸引院长参与学校层面的决策，有助于院长与校领导及职能部门的沟通，吸引教师参与学院决策，有助于院长与教师的沟通，通过沟通交流可以缩小角色期望的差异，或获得对方的理解与支持。因此，各高校非常有必要制定和完善大学章程，发挥大学章程作为大学的"宪法"和指导大学进行自我管理的总纲作用，通过大学章程来明确校—院之间的职权力关系，详细规定学院的机构设置、运行方式、人员构成以及学院和院长的权责范围，通过大学章程来调节学校与学院、学院与校职能部门、院长与党支书记之间的关系。目前我国虽然也有一些大学颁布了各自的大学章程，但章程条文规定依然过粗，对学院和院长的权责利的规定不甚明确，学院拥有的自主权与其承担的职责不相适应，这都不利于院长有效地履行其角色职责。

2. 加强院长角色建设，促进院长职业化发展

角色建设是旨在促进角色扮演而进行的明确角色规范，强化角色意识，组织角色学习以及提高角色扮演能力等活动。

进行院长的角色建设首先要重塑院长角色。院长职位虽然横跨学科子系统和行政子系统，但它不是分属于两个子系统中的学者和管理者角色的简单重叠，它是学科和学院事业部门交汇融合后创造出的一种新角色，它既有别于单一的学者，也不同于纯粹的行政管理者。同时也正是这种交汇融合把院长和纯粹的学者、行政管理人员区别开来，也正是这种融合，使院长角色兼具学术属性与行政属性，使我们往往要求院长既要有较高的学术水平，又要有较好的行政管理能力，这两方面的要求共同塑造了院长作为学院首席学术管理者的角色。院长就是院长，他是学院的首席学术管理者，他承担的活动就是进行学术管理和领导学院发展。

其次，根据新的角色定位来制定院长的角色规范。通过重塑院长角色，有利于纠正把院长视为临时性兼职的看法，学校应该根据院长新的角色定位来制定院长的角色规范，强化院长作为学院首席学术管理者的角色意识，明

① Fisher, C. D, Gittelson, R. A Meta-analysis of the Correlates of the Role Conflict and Ambiguity [J] . Journal of Applied Psychology, 1983 (68): 320－333.

确其工作职责和角色权力的义务，完善院长工作岗位责任制，明晰院长角色的操作规则和服务公约等。虽然越来越多的大学制定了自己的大学章程，但对于院长的权、责、利与角色规范等方面的规定还不明确，无法有效地规范院长的角色扮演行为。学校应该根据新的角色定位来制定院长的考核和薪酬标准。一般来说，考核标准应该根据角色定位和角色功能来制定，应该反映各角色的特点，通过发挥考核标准的导向作用，促进院长角色功能的实现。现在对院长的考核实行的是双重标准，既要按照教授的标准进行教学、科研工作的考核，又要遵照干部的要求进行德、能、勤、绩四方面的评价。教授的考核标准遵循的是学术导向，以教学工作量、科研产出和经费等为主要指标，更多的是对个体学术活动的产出和贡献大小进行考评，而干部的考核遵循的是组织绩效导向，以实际的管理绩效和为组织整体所创造的价值为主要指标，强调的是为组织整体所做出的贡献。目前对大学院长实行的双重考核标准，人为地使院长的教师和管理者角色处于一种分离对立状态，这在一定程度上加剧了院长的角色冲突。

在美国大学，院长的职业化程度比较高，对院长履职状况的考核通常包括学院管理工作的表现和管理业绩，科研工作一般不纳入考核范围。考核方式包括年度的直接考评和四年一次的大考评。考评的主要内容是看学院在该院长履职期间所取得的成绩和发生的变化，这些变化包括学院的名次、资金筹集和资金使用情况、科研经费、新聘人员的素质、生源质量、毕业生就业率、学术成果的质量、有效的沟通能力以及学院师生的支持率等。与严格的考核相配套，美国大学也建立了因校制宜的薪酬管理制度，薪酬通常都是由契约规定的，契约规定院长的工资与职责范围、经营学院的业绩等因素挂钩。[①] 这既是一种工作保障制度，也是一种激励制度，通过该制度，激励院长把主要精力投入到学院的管理工作中去，激励院长不断追求职业发展与职业目标的自我实现。总的来说，在美国大学中，院长的薪酬都很高，通常要高于普通教师的薪酬标准，院长的薪酬一般采用年薪制，薪水主要包括基本工资、住房开支、汽车费用、人寿保险、分期补贴、自选的私人俱乐部成员

① 张雪珍，陈丽璐．美国研究型大学的院长任用方式及启示［J］．复旦教育论坛．2007（06）：76－80．

费、完成合同的福利、业绩奖金等。"在美国大多数大学和学院中，虽然院长的工资不是全院最高的，但通常比教授的工资要高，这也是院长职位的吸引力之一。这一方面是因为院长全年受聘，工作时间比教师长，更重要的是，选择担任院长后，在与学科内其他同事的竞争中，使自己处于一种不利的竞争地位。"① 因此，我国大学应该根据院长作为首席学术管理者的角色定位来制定考核评价方式，根据其作为首席学术管理者角色扮演的状况和所取得的管理成绩作为考评标准，并在此基础上确定薪酬标准，引导院长全身心地投身于学术管理，促进院长的职业化发展。院长的薪酬标准应该高于教授，这既是对选择担任专职院长而牺牲个人学术发展的一种补偿，也是为了增强院长职位的吸引力。

第三，组织院长进行任职培训与角色学习，提高角色扮演能力。通过第三章的研究可知，不同任职时间的院长感受到的角色冲突存在显著差异，角色冲突随任职时间的增加而下降，任职时间少于 4 年的院长角色冲突程度最高，任职达 8 年以上的角色冲突最低，任职时间越长，其对院长角色的理解和角色扮演能力也相应越强，因此，组织院长进行任职培训与角色学习有助于帮助院长降低角色冲突。院长任职培训的出发点是为了提高院长的管理技能和角色扮演能力，培训的内容可包括管理技能和角色扮演技能等内容。管理者为了成功实现组织目标所需要的技能，罗伯特·卡茨（Robert Katz）提出了三种基本的管理技能：技术技能、人际技能和概念技能。② 技术技能主要指应用专业知识或技术的能力。人际技能包括与人共事，理解他人和激励他人的能力。在当今竞争日益激烈的组织环境中，管理者在管理活动中，通常是通过别人或和别人一起来完成工作，所以成功的管理者要想取得管理成功，单凭技术技能是不可能取得成功的，要求他们还必须具备良好的人际交往技能，这对于主要和人打交道的大学院长来说尤其重要。概念技能是指具备足够的智力水平去分析和诊断复杂的情况的能力。有的管理者可能在技术

---

① Tucker A, Bryan R A. The Academic Dean: Dove, Dragon, and Diplomat (2nd ed.) . American Council on Education [M] . New York: MacMillian Publishing Company, 1991: 13.

② 斯蒂芬·罗宾斯, 蒂莫西·贾奇. 组织行为学（第 12 版）[M] . 李原, 等译. 北京: 中国人民大学出版社, 2008: 7.

技能和人际技能方面表现很出色，但如果他们不能理性地加工和解释所掌握的信息，同样会导致管理失败，所以对于任何一位成功的管理者来说，同时具备这三项管理技能显得非常必要。沟通技巧也是有效领导的关键因素，院长应努力在学院内部创造一种对话的环境，尊重学院共同体内处于边缘或反对群体的声音。沟通技巧还包括冲突管理技巧，因为在学院内部或学系之间发生冲突是不可避免的，尤其是资源有限的情况下，在决定资源分配与流向时，这种冲突会更加激烈，这些冲突的有效解决，都需要院长具备较强的管理技能。目前，不少人似乎认为担任院长并不一定需要接受专门的培训和学习，他们同样可以胜任，我国大多数院长也确实是在没有接受专门的管理训练后直接走向院长岗位的，他们的管理知识或技能主要是通过实践经验总结而来，或者是通过自学而获得。尽管实践摸索和经验总结也是获得管理技能的途径之一，但依靠这种方式获得的管理技能通常需要组织付出一定的发展代价，尽管这种代价经常被人们所忽视，而且也并非人人都可以通过管理实践学到所需的管理技能。然而，通过专门的管理培训可以减小这种"试错摸索"而给组织发展带来的代价，缩短摸索周期，提高院长的管理能力，让他们更好地胜任院长职位要求，引导学院走向卓越，实现组织目标。

除了进行管理技能培训外，还应该对院长进行角色技能培训，提高角色认知，指导院长进行角色学习，增强角色扮演能力。

正确的角色认知是成功进行角色扮演的重要条件，角色认知既包括对自我角色的认知，也包括对他人角色的认知和对角色期待的认知，直接影响着院长对院长角色的价值取向与目标追求。通过提高院长的角色认知水平，有助于院长明确角色职责，增强角色冲突的自我调节能力和角色扮演意识。

角色学习是指个体学习扮演社会角色的过程。由于角色行为不是天生的，而是后天习得的，通过后来的角色学习来获得更多的角色扮演技能。角色学习不只是简单地、消极地、被动地学习、模仿和接受已有的行为规范和行为方式，而且要在社会期望和个人生活经验的基础上，创造性地开展学习。从社会角度来看，社会和其他成员对每一个社会角色都抱有一定的期望，但没有也不可能给每一个角色扮演者规范某种固定不变的行为方式；从个人角度来看，由于个人的经验、知识、能力及性格上的差异，他们对社会期望的理解也不尽相同，角色扮演者在学习中不可避免地会加上自己的理解和创造，这样就形成了自己的角色行为模式，呈现出各具特色的角色行为风格。通过角色学习可以让院长角色扮演者更好地适应院长角色要求，熟悉角色规范，减少角色模糊的发生，也可让院长避免承载一些本不属于院长角色的期望。学校在任命或聘任院长时，可以通过文字的形式明确院长的工作职责以及应该遵循的工作规范，让师生形成合理的角色期望，从而降低角色冲突。

角色扮演技能指个体成功地、有效地扮演角色所必需的智力品质和交往方式，包括能力倾向、社会生活经验、与人共事的技巧和特殊的角色训练等。[①] 通常包括认识技能和运动技能两方面。角色认识技能是指个人在与他人相互作用的过程中，根据所获取的信息，正确地判断自己和他人的社会地位、推知适宜的角色期望的能力。其包括的内容比较广泛，主要包括角色知觉、感情移入的体验深度、角色扮演方式的选择和人际关系的敏感性四个方面。角色运动技能是指为了有效完成角色扮演行为所必需的身体各种肌肉运动或动作的学习能力。对任何一位角色扮演者来讲，面对社会性刺激，要求他做出相应的姿势、动作、表情和言语音调等运动反应，这些反应通常具有表意性功能。角色扮演者通过其所做出的动作、面部表情、手势、姿态和言语的速度、声调、节奏等，来表达自己的情感和思想。角色运动技能和认识技能是紧密联系的，认识技能属于内隐的心智技能，运动技能属于外显的动作技能。它们两者可以相互转化，认识技能可以外化为运动技能，运动技能也可以内化为认识技能。它们在有效的角色扮演中的作用是统一的。索怀特（Thornwaite）和海默（Heimer）研究发现，员工扮演规定的角色行为的能力与其工作效率和满意度水平具有很强的联系。[②] 通过提高角色扮演技巧，可以增强院长的角色行为能力，从而达到提高其工作效率和满意度水平，保证其对院长职位的承诺和角色投入。

美国大学十分重视对院长等管理人员的进修与培训工作，它们认为培训是推进高校管理人员职业化的一项有效手段，培训主要包括职前培训和在职

---

① 赵中天. 社会心理学［M］. 北京：中央党校出版社，2001：73.

② Mark. Wickham, Melissa. Parker. Reconceptualising organisational role theory for contemporary organisational contexts［J］. Journal of Managerial Psychology, 2007, 22（5）：440－464.

培训两种形式。建立了制度化和规范化的院长培训制度，培训内容的针对性也较强，美国大学和学院协会将大学院长培训内容归纳为五大类：发展战略管理，资源和财政管理，信息管理，人员管理，学院运行管理等。该协会还将院长培训内容，按权重排列了以下顺序：组织领导、学院发展战略计划、改革管理、决策和宏观控制、预算管理、人力资源管理、沟通技能、干部管理、资源配置、谈判和调解技能、会议控制、私人事务管理、对信息系统进行电脑化管理、学生行为管理、时间管理和交流技巧、人际关系技巧、目标设立等；培训形式多样，常用的形式有会议，研讨班和专题培训项目等。负责培训的机构专业性强，通常由各种专业协会承担，例如，美国院长会议协会（ACAD）、美国大学和学院协会（AACU），或者有关专业研究中心，例如，位于圣地亚哥的创新性领导中心（Center for CreativeLeadership）等，有些大学也承担这些培训任务，主要是哈佛大学教育学院、纽约州立大学雪城培训中心，以及卡内基－梅隆大学约翰－海恩兹公共政策和管理学院等。[①]

第四，恰当进行角色分配，学习时间管理技术。面对多种难以调和的角色时，恰当进行角色分配，选择承担最有价值的角色，也是缓解角色冲突的重要方法之一。美国社会心理学家古德在《角色紧张》一文中提出了解决这种冲突的具体方法：即从各种互为交叉的角色中挣脱出来，把有限的时间和精力用到那些对自己更有价值的角色上。至于一个角色是否有价值取决于这样三个方面：该角色对个体意义如何；不扮演某些角色可能会产生的积极和消极的结果；周围的人对你拒绝某些角色的反应。[②] 面对角色冲突，受各种条件限制，有时院长要学会对多种角色进行比较与权衡，选择承担更有价值的角色，这样可以使自己避免更多的角色冲突。

事务过多，时间不足常常造成院长角色间冲突，通过学习时间管理技术，可以提高工作效率，缓解时间不足引发的角色冲突。院长可以遵循以下几个原则进行时间管理：列出每天要完成的事情；根据重要程度和紧要程度对这些事情进行排序；根据优先顺序安排日程；了解自己一天的周期状况，在最

---

① 张雪珍，陈丽璘. 美国研究型大学的院长任用方式及启示［J］. 复旦教育论坛，2007（6）：76－80.

② Good W. G . The Role-Strain Theory ［J］. American Sociological Review, 1955（2）：20－21.

清醒和最有效的时间段内完成工作中最重要的部分。

为了缓解院长由于职责过多而工作负荷过重的难题，美国有的大学借鉴工商企业界实行共同执行官的做法，也在尝试实行共同院长（co-dean）的做法。1999 年，哈佛教育研究院实行共同院长，由两个管理者分享院长职位，一个办公室，两张桌子，两台电脑，一起召开会议，他们在共同分担院长职责的同时，也同时分享工资待遇，他们同时从事着各自的研究，这对我国也极具启示意义。

3. 发挥组织文化的整合作用，降低组织间异质化程度

多元的大学组织文化是引起院长角色冲突的重要因素。企业化的管理文化被学校科层系统引进到大学管理之后，严重挤压着学院文化，引起学院文化与管理文化之间的冲突，这两种文化的冲突对同时身处学科和管理两个子系统之中的院长来说尤为激烈。

组织文化是在组织内形成的，为所有组织成员所共有的观念、价值取向以及行为规范等表现形式。文化对组织发展具有独特的功能与作用，例如，文化具有标志功能、规范功能、约束功能、凝聚功能、适应功能等。文化的整合功能是指文化通常为组织成员提供了一套言行举止的标准，具有引导和塑造组织成员的态度与行为的作用，从而促进他们有效地沟通与合作。文化确定了一个组织的价值和信念，正是通过这样一套价值体系指导和调节着组织成员的日常工作关系，从而决定着在一个组织里人们如何进行相互沟通，鼓励哪些行为，哪些行为是不可接受的，以及如何进行权力和地位的分配。罗宾斯则把文化看作是组织"正规化的替代物"，他说："强劲的组织文化会提高员工行为的一致性。在这个意义上，我们可以认为，强劲的组织文化是正规化的替代物。"① 大量对学校组织文化的研究发现，文化可以提高组织的效率及生产力，可以提高组织成员的工作满意度；可以提高组织的协作能力，从而能够更好地促进交流，解决出现的问题；文化可以培养师生员工以及管理人员的奉献精神和组织认同感，促进组织内共同愿景的建立；文化能增强学校师生员工和整个社区的凝聚力、动力和活力；文化还有助于改善人们的

---

① 斯蒂芬·罗宾斯，蒂莫西·贾奇. 组织行为学 [M]. 李原，等译. 北京：中国人民大学出版社，1997：525.

日常行为，并让人们把更多的精力关注于那些重要及有价值的事务上。文化在整合组织内部成员的观念、价值取向以及行为规范等方面的作用被越来越广泛地重视。"组织文化裨益成员为组织奉献心力，预防疏离感，是提升组织效能的利器。组织文化更可以培养成员的一种'同质效果'，以提高组织中的多元价值趋向同一目标的可能性，"① 达到整合成员间差异的作用。文化在促进组织间融合，增强组织凝聚力方面的作用除了被企业界和学校广泛重视外，甚至被用到军事领域，为军事管理者所强调，美国军事记者托马斯·里克斯曾在自己的著作《塑造军队》中指出："文化就像是黏合剂，能够贯穿于军事战役的始终，从而使军队紧密团结在一起。文化是塑造团队的价值和前提，有了这种特有的文化，海军陆战队才能够成为海军陆战队，正是文化使他们团结一致。"②

对大学进行文化建设，发挥文化管理的作用，应从大学作为学术组织的属性出发，基于大学组织的学术使命和共同责任，把大学作为一个学术文化组织来看待，以此来审视大学组织内的各种活动，克服那种盲目照搬企业管理的一般方法来管理大学。通过大学组织文化建设，有助于在具体的历史环境及条件下将学院内部成员的事业心和成功欲转化成方向一致的奋斗目标、信条和行为准则，形成组织成员的精神支柱和精神动力，为组织的共同目标而努力奋斗。通过组织文化建设可以使学院内各成员形成一套共享的价值观念，在统一组织全体成员的行动方向、深化大家对于共同利益和目标的认识的同时，也能够把整个组织引向一个共同的目标。由大学内部不同群体不一致的角色期望而引起的角色冲突反应的是各群体不一致的利益诉求和目标差异，通过以确立共同愿景和价值观为核心的组织文化的建设，发挥组织文化对各群体的整合作用，培育共同的价值观念和群体意识，增强对学院组织的认同感，确立一致的组织目标，缩小各群体的目标差异，从而达到缓解院长角色冲突的效果。

---

① 陈木金. 学校领导研究：从混沌理论研究彩绘学校经营的天空［M］. 北京：九州出版社，2006：35.

② 特伦斯·迪尔肯特·彼德森. 校长在塑造学校文化中的角色［M］. 北京：中国青年出版社，2006：11.

4. 完善院长遴选制度，提高院长人选与角色要求之间的适应程度

除了组织因素外，个体与院长职位、院长角色要求的不匹配也是产生角色冲突的重要原因。根据约翰·霍兰德（John Holland）的人格——工作适应性理论，为了顺利完成某项工作，需要个体的人格特点与他的工作之间相匹配，当人格与职业相匹配时，会产生最高的满意度和最低的流动率。① 当个体具有与某一工作要求相匹配的人格特质时，可以取得更高的工作绩效，当个体价值观与工作要求相匹配时，表现出更高的职位承诺。从提高组织人力资源使用效率出发，今天的管理者不仅要关注求职者是否具备完成某项工作的知识与技能，还要关注求职者是否具备与某一职位要求相适应的人格特质，是否具备灵活性来适应变化的情景，以及是否具有组织忠诚等。对后者的关注使美国大学在选聘院长时异常谨慎和严格，通常都有一套规范、程序化的院长遴选制度，规定有严格的选聘程序。

下面以美国得克萨斯大学的院长遴选为例来说明美国大学的院长遴选程序。当院长职位出现空缺时，通常由负责学术事务的副校长向校长推荐成立遴选委员会，委员会成员包括各系教师代表、职工代表、学生代表、学院外部代表等，有时还必须考虑委员会成员在性别、种族等方面的代表性，体现出代表来源的多样化。学术事务副校长在和遴选委员会商议后开始起草该院长职位的详细规定，然后在全国各大媒体（包括网络、杂志和报纸）上公开刊登招聘启事，接收申请人的申请材料。收到申请材料后，遴选委员会和学术事务副校长开始审阅申请者的材料，并决定邀请面试候选人的人数，以书面形式宣布聘任过程的时间、地点和日程安排。面试完成后，遴选委员会采用集体讨论的方式从候选人中推荐 5 位最适合的人选。如果选不出 5 位候选人，遴选委员会在得到学术事务副校长同意后可以扩大遴选范围，对其他候选人进行面试。学术事务副校长向校长汇报这 5 位候选人的情况并推荐其中一位给校长。如果校长对这 5 位候选人都不满意，那么学术事务副校长可以召集同一个遴选委员会重新准备另外的遴选方案，或者重新成立一个遴选委

---

① 斯蒂芬·罗宾斯，蒂莫西·贾奇. 组织行为学（第 12 版）[M]. 李原，等译. 北京：中国人民大学出版社，2008：112 – 113.

员会，然后重复同样的遴选过程，最后的候选人由校长正式任命。① 得克萨斯大学严格的院长遴选程序，除了为确保遴选过程的公正、透明之外，也是为了确保选聘到与院长职位最匹配的人选，确定最后候选人之前往往要广泛地向曾与其一起工作过或了解他的上级、同事、朋友等了解情况。海因斯（Hynes）把选聘院长与选择配偶相类比，他说："选聘院长就像选择配偶一样，需要谨小慎微，事实上，通过对任期率和离婚率的对比发现，选聘院长可能更为重要。"② 我国台湾各大学根据各校章程基本上都制订有本校的院长遴选办法，规定了院长遴选、续聘和解聘等具体的操作办法，例如，根据《国立成功大学学院院长遴选作业准则》，要求在媒体上进行公告，成立至少9人组成的学院院长遴选委员会，其中院外代表至少2人，院长遴选委员会推荐候选人经由校长任命；学院院长之续聘，于任期届满六个月前或因故出缺时组成院长续聘评鉴委员会，就院长是否续聘做成决定，送院务会议备查。续聘评鉴委员会应有三分之二以上委员出席始得开议，应有出席委员三分之二以上之赞成，方得作成决定院长续聘与否之决议。若院长获同意续聘，则报请校长续聘；若院长未获同意续聘，则依各该学院院长遴选办法规定重新遴选。院长任期三年，续任一届，院长人选须具备教授资格。

　　然而，我国大学在院长的遴选中，很多高校尚没有建立起严格规范的院长遴选、续聘和解聘等具体的操作办法，对院长候选人的人格与角色之间的匹配度关注不够。在院长选聘中过分关注个人的学术成就，往往是"学而优则仕"，有的高校则把担任院长作为留住人才的手段，甚至是对优秀人才的一种奖励，忽视了从人格与角色之间的匹配度来考量院长候选人，从而为某些院长在履职过程中发生角色冲突埋下了隐患。院长职位要求其担任者具有较强的责任意识、奉献牺牲精神、公正无私、为人正派、胸怀宽广、视野开阔。为了促进人选与院长职位要求之间的更好匹配，我国大学要重视院长的选聘工作，尽快制定和完善大学章程，通过发挥大学章程这一学校"宪法"

① 张雪珍，陈丽璘. 美国研究型大学的院长任用方式及启示［J］. 复旦教育论坛，2007（6）：76－80.

② Hynes, W. J. Successful Proactive Recruiting Strategies: Quest for the Best. In J. B. Bennett and D. J. Figuli (eds.), Enhancing Departmental Leadership［M］. New York: American Council on Education/Macmillan, 1990: 52.

的作用，明确规定院长遴选、续聘和解聘等具体的操作办法，健全选聘程序，完善院长遴选制度，明确院长职责，细化人选条件，以确保选聘到与院长职位要求最匹配的人选，必要时可以参考组织行为学研究的成果，对候选人进行人格类型测试和人才素质测评，提高院长担任者与院长角色要求之间的匹配程度。另外，建立起能上能下的用人机制，减少由于用人失误而给学院造成的发展代价和机会成本。

5. 加大对院长工作的支持，注重群体间关系的开发

美国劳工组织进行的一项全国性研究发现，工资和福利并不是人们喜欢并留在他们工作岗位的主要理由，更重要的是员工工作的质量和他们从工作环境中得到的支持。① 越来越多的证据表明，社会支持——也就是个体与同事或上级主管的融洽关系——能够消减压力带来的影响。② 角色资源供应不足是院长产生角色冲突的重要原因之一，为了提高院长的工作投入，学校应加强对院长工作的支持，给予院长更多的资源支持，充分信任院长的工作，为院长更好地履行职责创造良好的环境，让他们通过担任院长，不仅能在经济上体现其价值，而且在精神追求上也能得到肯定。鉴于院长"双肩挑"在短期内无法改变的现实，学校要采取措施来帮助院长平衡管理和学术活动，提高对院长职务的承诺。可为院长配备科研助手，支持院长的科研团队建设；减免院长的教学科研工作量，鼓励院长专职从事管理工作；允许院长实行弹性工作制，灵活安排自己的时间；给予院长一定的学术休假等。例如，为了资助二级学院院长在任职期间业务进修，帮助他们了解掌握国内外高等院校，科研院所教学科研发展新动向，学习新知识、新技术，树立新理念，促进学科建设更快、更好地发展，广西大学于 2003 年制订了《广西大学院长进修基金使用管理暂行办法》，设立专项基金用于资助院长赴国内外有关高等院校，科研院所从事为期 3 个月到 1 年的学术研究，收到了较好的预期效果。

角色期望的不一致是导致院长角色冲突的另一重要原因，角色期望的不

---

① 斯蒂芬·罗宾斯，蒂莫西·贾奇. 组织行为学（第 12 版）［M］. 李原，孙健敏，译. 北京：中国人民大学出版社，2008：4.

② 斯蒂芬·罗宾斯，蒂莫西·贾奇. 组织行为学（第 12 版）［M］. 李原，孙健敏，译. 北京：中国人民大学出版社，2008：572.

一致反映的是不同群体在态度、观念和需要之间的差异。群体间关系的开发致力于改变群体间的态度、观念和刻板印象。[①] 可以降低误解，促进群体间的理解。因此，院长面对来自学校、教师、学生等不同的角色期望而感到无所适从时，可主动进行沟通，让他们了解自己的处境，取得别人的理解，通过加强与各成员的沟通与交流，减少因为角色期望差异而引起的角色冲突。

---

① 斯蒂芬·罗宾斯，蒂莫西·贾奇. 组织行为学（第 12 版）［M］. 李原，孙健敏，译. 北京：中国人民大学出版社，2008：562.

第六章

大学院长的工作倦怠
与工作满意度研究

第一节　问题的提出

工作倦怠指个体因为不能有效地应对工作上延续不断的各种压力而产生的一种长期性反应，包括情绪衰竭、玩世不恭与成就感低落三个方面。情绪衰竭是指个人认为自己所有的情绪资源都已经耗尽，感觉工作特别累，压力特别大，对工作缺乏冲劲和动力，在工作中会有挫折感、紧张感，甚至出现害怕工作的情况。玩世不恭是指个体会刻意与工作以及其他与工作相关的人员保持一定的距离，对工作不像以前那么热心和投入，总是很被动地完成自己分内的工作，对自己工作的意义表示怀疑，并且不再关心自己的工作是否有贡献。成就感低落是指个体会对自身持有负面的评价，认为自己不能有效地胜任工作，或者怀疑自己所做工作的贡献，认为自己的工作对社会对组织对他人并没有什么贡献。[①] 国内外研究表明，职业倦怠成为众多行业人力资源管理中普遍面临的问题，工作倦怠会对个体的身心状况和工作以及个体所

---

① Maslach C, Schaufeli W B, Leiter M P. Job Burnout ［J］. Annual Review of Psychology, 2001 (52): 397 – 422.

在的组织产生巨大负面影响。随着工作倦怠的加重，个体的焦虑和抑郁程度会更高，甚至有可能会引发慢性疲劳、头痛和高血压等生理疾病；工作倦怠还会影响个体的工作满意度与组织忠诚，会直接影响组织绩效和组织目标的顺利实现，工作倦怠程度越高，员工的工作满意度越低，跳槽的可能性也越大。

工作满意度指评价个人的工作或工作体验而产生的一种令人愉快的或积极的情绪状态。工作满意度包括报酬、工作性质、工作条件、尊重认可、晋升空间、人际关系等方面。工作满意度对员工的工作态度和工作行为具有重要影响，满意度高的员工工作时更加积极主动，提高工作满意度可以提高员工的组织承诺，降低离职率。

因此，工作倦怠与工作满意度一直是人力资源管理和组织行为学关注的重要问题。学者们对工作倦怠和工作满意度的关系进行了一些研究，主要针对金融业、服务业、公司白领、护士及教师等群体，而很少关注大学中层管理者——二级学院院长。大学院长作为大学的中层管理者，是学院的主要负责人，其工作投入状况会直接影响学院的健康发展，其工作满意度会直接影响院长的工作热情和工作主动性。因此，对大学院长的工作倦怠与工作满意度进行研究，有助于了解我国高校院长的工作状况，对预防院长的工作倦怠和提高工作满意度具有重要的实践意义。

第二节　研究设计

1. 研究对象

本研究对象为我国西部地方高校二级学院院长（校—院—系三级组织结构的高校）或系主任（校—系两级组织结构的高校），采取随机抽样方式，通过电子邮件和书面邮寄相结合，分别向广西、云南、贵州西部三省地方高校共发放问卷300份，回收221份，回收率73.6%，有效问卷206份，其中男性167人，占81.1%，女性39人，占18.9%，从学历职称构成来看，博士65人，占31.6%，硕士89人，占43.2%，学士52人，占25.2%，教授

93 人，占 45.1%，副教授 99 人，占 48.1%，讲师 14 人，占 6.8%。

2. 研究工具

调查问卷包括工作倦怠量表和工作满意度量表。工作倦怠量表采用李超平等修订的工作倦怠量表（MBI-GS），包括情绪衰竭 5 题；玩世不恭 4 题；成就感低落 6 题反向记分，共计 15 题，采用利克特 5 分等级量表，选项从 0 = 从未如此，过渡到 4 = 总是如此，分数越高，工作倦怠越强，该量表已为国内众多研究所采用，实践证实具有较好的信度和效度。[①]

工作满意度量表主要测量员工对工作各方面的情感性评价。本研究采用辛格（Singh）改编的工作满意度量表[②]，并根据中文语言习惯进行了适当修正，共 19 道题，包括报酬、工作性质、工作条件、晋升发展空间、尊重认可、对上级管理者和对下属（教师）满意度等指标。采用利克特 5 分等级量表，选项从 1 = 非常不满意，过渡到 5 = 非常满意，分数越高，工作越满意。

3. 统计方法及信度检验

进行的统计处理主要包括信度分析、方差分析、T 检验和相关分析，采用 Spss18.0 进行。

由于此次调查采用的是比较成熟并被国内外研究者广泛使用的量表，其表面效度被广泛证实，根据所获得的有效问卷进行信度检验，工作倦怠量表 Cronbach's α = 0.8693，工作满意度量表的 Cronbach's α = 0.8882，表明两个量表所得数据具有较高的信度。

4. 研究假设

已有研究表明，工作倦怠和工作满意度受人口学变量、工作本身等因素影响，工作倦怠与工作满意度之间呈负相关关系，工作满意度与离职意向之

---

① 李超平，时勘. 分配公平与程序公平对工作倦怠的影响 [J]. 心理学报，2003 (5)：677 - 684.

② 顾盼. 上下级沟通、角色压力与知识共享及工作满意度研究 [D]. 杭州：浙江大学出版社，2007.

间负相关（李超平[①]、张黎莉[②]、Bedeian[③]、Maslach[④] 等）。因此本研究提出如下研究假设：

假设1：人口学变量对院长的工作倦怠有显著性影响

假设2：人口学变量对院长的工作满意度有显著性影响

假设3：院长的工作倦怠与工作满意度呈负相关

假设4：院长的工作满意度与再任意愿呈正相关

第三节　假设检验与研究结果

一、西部地方高校工作倦怠现状分析

1. 工作倦怠现状

数据分析表明，西部地方高校院长的工作倦怠感比较低，仅为1.10，工作倦怠各维度均值如表6-1，表明目前西部地方高校院长的工作热情较高，工作积极主动，对自己担负的管理工作充满自信。这可能是由于西部地方高校院长的任职时间都不长，任职时间少于4年的占48.5%，任职4年—8年的占31.4%，任职8年以上的占20.1%。

表6-1　工作倦怠各维度均值

	情绪衰竭	玩世不恭	成就感低
均值	1.42	1.09	0.84

2. 人口学变量对工作倦怠的影响

统计结果表明（表6-2），在工作倦怠上，不同性别、年龄、任职时间、

---

① 李超平，时勘. 分配公平与程序公平对工作倦怠的影响 [J]. 心理学报，2003 (5)：677-684.

② 张黎莉，周耀烈. 员工满意度研究综述 [J]. 企业经济，2005 (2)：29-30.

③ Arthur G. Bedeian, Achilles A. Armenakis. A Path-Analytic Study of the Consequences of Role Conflict and Ambiguity [J]. Academy of Management of Journal, 1981, 24 (2)：417-424.

④ Christina Maslach, Wilmar B. Schaufeli, Michael P. Leiter. Job Burnout [J]. Annual Review of Psychology, 2001 (52)：397-422.

职称上都不存在显著差异，但在受教育程度上存在显著差异，通过进一步分析发现，获得博硕士学位的院长与获得学士学位的院长在工作倦怠上存在显著性差异，获得博硕士学位的院长在工作倦怠上要高于获得学士学位的院长。该结果说明，除受教育程度外，其他人口学变量对西部地方高校院长的工作倦怠没有影响，拥有博硕士学位的院长更容易产生工作倦怠。

所以，修正假设1，即除受教育程度外，其他人口学变量对西部地方高校院长的工作倦怠没有显著性影响。

表6-2　工作倦怠的人口学变量差异检验

个体特征变量	分类项目	均值	标准差	Sig.	差异是否显著
性别	男	1.11	0.54	0.648	否
	女	1.03	0.53		
年龄	小于40岁	0.79	0.54	0.065	否
	40岁以上	1.12	0.54		
任职时间	少于4年	1.09	0.51	0.334	否
	4年~8年	1.18	0.42		
	8年以上	0.99	0.73		
职称	教授	1.09	0.56	0.965	否
	副教授	1.08	0.19		
	讲师	1.15	0.45		
受教育程度	博士	1.16	0.50	0.006	是
	硕士	1.10	0.60		
	学士	0.75	0.51		

说明：显著值 P = 0.05

二、西部地方高校院长的工作满意度现状分析

1. 工作满意度现状

数据分析表明，西部地方高校院长的工作满意度一般，均值为3.26，从

各构成维度均值（见表6－3）可知，对报酬和对上级管理者的满意度最低，获得尊重认可及对下级（教师）的满意度最高。受经济发展水平影响，西部高校薪酬水平偏低。通过访谈发现，院长对上级管理者低满意度主要因为学校采取集权型管理方式，学院的自主权受到限制，院长缺乏足够的角色资源去履行其职责，而且不少校领导对院长工作缺乏信任。

表6－3　院长工作满意度各维度均值

	报酬	发展空间	工作条件	工作性质	尊重认可	对上级	对下级
均值	2.74	3.20	3.05	3.25	3.74	2.87	4.00

2. 人口学变量对工作满意度的影响

统计结果表明（表6－4），在工作满意度上，不同性别、年龄、任职时间、职称上都不存在显著差异，但在受教育程度上存在显著差异，通过进一步分析发现，获得博硕士学位的院长与获得学士学位的院长在工作满意度上存在显著性差异，这说明拥有学士学位的院长相对于拥有博硕士学位的院长更容易获得工作满意感。

因此，修正假设2，即除受教育程度外，其他人口学变量对西部地方高校院长的工作满意度没有显著性影响。

表6－4　工作满意度的人口学变量差异检验

个体特征变量	分类项目	均值	标准差	Sig.	差异是否显著
性别	男	3.25	0.44	0.660	否
	女	3.31	0.51		
年龄	小于40岁	3.29	0.56	0.774	否
	40岁以上	3.25	0.44		
任职时间	少于4年	3.25	0.43	0.116	否
	4年－8年	3.17	0.37		
	8年以上	3.39	0.55		

个体特征变量	分类项目	均值	标准差	Sig.	差异是否显著
职称	教授	3.26	0.45	0.814	否
	副教授	3.16	0.47		
	讲师	3.26	0.42		
受教育程度	博士	3.19	0.42	0.000	是
	硕士	3.16	0.39		
	学士	3.69	0.41		

说明：显著值 P = 0.05

三、西部地方高校院长的工作倦怠对工作满意度的影响

对工作倦怠与工作满意进行相关分析，结果表明（表 6 - 5），工作倦怠与工作满意度相关系数 r = - 0.561，P = 0.000，呈显著性负相关。

因此，接受假设 3，即院长的工作倦怠与工作满意度呈负相关。高工作倦怠会降低院长的工作满意度。

表 6 - 5　工作倦怠与工作满意度、再任意愿相关分析

		工作倦怠	工作满意	再任意愿
工作倦怠	Pearson 相关性	1.000	- 0.561**	- 0.085
	显著性（双侧）		0.000	0.299
工作满意	Pearson 相关性	- 0.561**	1.000	- 0.059
	显著性（双侧）	0.000		0.472
再任意愿	Pearson 相关性	- 0.085	- 0.059	1.000
	显著性（双侧）	0.299	0.472	

＊＊ 在 0.01 水平（双侧）上显著相关。

四 、院长的工作满意度对再任意愿的影响

对工作满意度与再任意愿进行相关分析，结果表明（表6－5），院长的工作满意度与再任意愿之间没有显著性正相关，因此，拒绝假设4，即院长的工作满意度与再任意愿没有显著正相关，工作满意度对其再任意愿没有影响。

这一研究结果和其他现有研究结论并不一致。要解释这一结论，就必须考虑学院组织的特点、院长的工作价值观以及院长对该职位的态度。国内外有关工作满意度和离职意愿之间呈负相关的研究结论，大多以公司企业员工为研究对象，而大学具有自身的独特性，在组织结构上不同于这些组织，它是由科层系统和学科系统共同构成的矩阵结构，院长正处于科层与学科两大系统的交汇处，除了归属于学校科层管理系统外，还同时属于更广大的学科系统，通过所属学科可以进行跨院校、跨地区，甚至跨国界地交往，表现出对学校和学科的双重忠诚，对于学科的忠诚甚至高于对学校的忠诚。米利特在《学术团体》中说："人们常说，教师忠诚于他们的学科或专业知识领域要甚于忠诚于他们工作的学院或大学，学术职业强调专业知识的本性促进了他们的学术感，而非对地方或社区的身份感。"[1] 对院长们而言，他们普遍地持有学术取向的工作价值观，把担任院长视为一种临时性的兼职工作，把担任教授，从事学术工作视为自己的本行和终身追求，他们主要不是通过管理成绩，而是通过学术成就来获得学术共同体的认同，主要通过学术成果来体现其价值，对院长职位的情绪依赖度比较低，很少有人愿意把担任院长作为长久职业来对待。他们之所以选择担任院长，有的是出于学校领导的信赖与要求，有的是因为学而优则仕，有的是为了尝试一种新的挑战，作为丰富自己人生经历的一段插曲。当然，也有的是受社会官本位影响，希望通过院长这一职位更好地获取学术资源。另外，行政管理工作往往需要占用大量的时

① Millett, J. The Academic Community: An Essay on Organization [M]. New York: McGraw-Hill, 1962: 70－71.

间与精力，常常与教学科研工作形成冲突，也在一定程度上影响了院长的再任意愿。

第四节　提高院长工作满意度的建议

基于上述研究结果，为了提高院长的工作满意度与工作效果，提出以下建议。

1. 提高工作倦怠预防意识，建立工作倦怠预警机制

研究结果表明，目前西部地方高校院长的工作倦怠感较低，工作热情高，工作积极主动，对自己担负的管理工作充满自信，这对西部地方高校来说非常有利，西部地方高校应抓住这一有利时机，充分发挥院长的主动性与创造性。同时，要提高工作倦怠的预防意识，建立工作倦怠预警机制，及时发现和处置工作中的倦怠问题，以保护院长的工作积极性，促进西部地方高校快速健康发展。

2. 深化高校内部管理体制改革，采取措施提高院长的工作满意度

调查中关于"我对指导我工作的学校的政策制度感到"满意的仅占18.5%，非常不满意占12.1%，不满意占22.6%，一般占46.8%。因此，西部高校要深化内部管理体制改革，理顺校—院两级的权责利关系，进一步扩大学院和院长在教学、科研和管理方面的自主权。

高校要重视院长工作的重要性，积极肯定院长对学校发展所做出的贡献；校领导要关心院长的日常工作，给予院长充分信任，满足院长的尊重需要，从而更好地激励院长努力工作；要进一步改善院长的工作条件，建立正常的职业晋升机制，为院长创造良好的职业发展空间。

3. 积极进行薪酬制度改革，调动院长的积极性与创造性

西部高校要在正视与东部发达省份薪酬差距的基础上，结合高校院长工作的特点，积极进行薪酬制度改革，改善院长的福利待遇，努力缩小与东部省份的差距；建立激励机制，把薪酬福利与院长的工作绩效相结合，调动院长工作的积极性与创造性。

4. 加强措施的针对性，关注院长的高层次需要

鉴于受教育程度对院长的工作倦怠和工作满意度有显著性影响，受过博硕士高层次教育的院长更容易引发工作倦怠，更容易产生不满意感，因此，各高校在预防院长的工作倦怠及提高其工作满意度的实践中，要注意措施的针对性，通过区别对待来提高实效，多关注他们的成就动机和自我实现等高层次需要。

结　语

在我国，院长是大学各主要管理职位中被误解最多而被关注最少的一个群体，常常遭受到人们的种种误解。院长职位是一个角色冲突的典型情境，而院长在大学和学院组织发展中的重要地位，又不应该让它被排挤在研究者的视野之外，为了让院长更好地发挥其在学院发展中的作用，需要有更多的研究者从多个角度来关注和加强对我国大学院长的研究。

院长就像一面镜子，折射出我国大学和学院组织内部一些深层次的问题，例如，面对多样化的角色期望，院长无法有效地满足，这涉及大学内部治理结构的改革；资源供应不足，尤其是制度资源供应不足而引发的角色压力与角色冲突，反映的是校—院两级权职关系的重新调整问题；院长承担了太多的行政事务，加剧了管理者与学者之间的角色冲突，反映出我国大学管理中的行政泛化现象，是大学行政权力与学术权力失去应有平衡的体现。

本研究同时也存在以下不足。在对我国大学院长角色冲突的现状分析中，有些变量没有涉及，例如，学院规模、区域位置、院长就职动机等。在影响院长角色冲突的五因素中，个体因素中的人格特质、动机和人际关系因素的研究还不够深入，对院长工作倦怠的调查样本局限在西南三省。从组织行为学视角来看，角色冲突本身又可以作为一个自变量，它对院长的工作满意度、职位忠诚、流动率、组织内的公民行为、工作场所中的越轨行为等都会产生影响。本研究虽然也涉及了工作满意度，但这方面的内容还可以专门深入研究。本研究对角色冲突与流动率、组织内的公民行为、工作场所中的越轨行为之间的关系还没有涉及，这些都可以作为专题进行深入研究。由于受条件所限，本研究的角色压力、角色冲突仅仅限定在院长管理情境之内，限定在大学和学院场域之中，对于院长的工作角色与家庭角色、生活角色之间的冲突、院长与教职工、院长与校领导以及院长与书记等组织成员间的冲突暂未列入，这些都是有待深入开展的很有研究价值的主题。另外，研究对象也仅指向公办普通本科高校的大学院长，对于高职高专和民办高校、独立学院的院系负责人没有涉及，虽然本研究的结论对于我们理解这些高校的院系负责人也具有参考价值，但投资主体的不同，办学目标和人才培养定位上的不同，是否也会对院系负责人的角色扮演产生不同的影响呢？以上几个方面都有待后续研究的延续。

参 考 文 献

（一）专著

[1] 埃里克·古尔德．吕博，张鹿，译．公司文化中的大学［M］．北京：北京大学出版社，2005.

[2] 爱弥尔·涂尔干．李康，译．教育思想的演进［M］．上海：上海人民出版社，2003.

[3] 安德烈耶娃．西方现代社会心理学［M］．北京：人民教育出版社，1987.

[4] 彼德·康戴夫．冲突事务管理——理论与实践［M］．何云峰，等．译．世界图书出版公司，1998.

[5] 别敦荣．中美大学学术管理［M］．武汉：华中理工大学出版社，2000.

[6] 伯顿·克拉克．王承绪，译．高等教育系统——学术组织的跨国研究［M］．杭州：杭州大学出版社，1994.

[7] 伯恩鲍姆，著．大学运行模式［M］．别敦荣，等．译．青岛：中国海洋大学出版社，2003.

[8] 约翰·布鲁贝克，著．高等教育哲学［M］．王承绪，等．译．杭州：浙江教育出版社，1987.

[9] 丹尼尔·布尔斯廷，著．时殷弘，等译．美国人——殖民地历程［M］．上海：上海译文出版社，1997.

[10] 丁水木，张绪山．社会角色论［M］．上海：上海社会科学院出版社，1992.

[11] 菲利普·阿特巴赫．比较高等教育：知识、大学与发展［M］．北京：人民教育出版社，2000.

[12] 风笑天．社会学导论［M］．武汉：华中科技大学出版社，1997.

[13] 弗洛德·福勒，著．孙振东，等译．调查研究方法［M］．重庆：重庆大学出版社，2004.

[14] 格莱夫斯，著．吴康，译．中世教育史［M］．上海：华东师范大学出版社，2005.

[15] 龚敏．组织行为学［M］．上海：上海财经大学出版社，2002.

[16] 郭朝阳．冲突管理：寻找矛盾的正面效应［M］．广州：广东经济出版社，2000.

[17] 郝平．北京大学创办史实考源［M］．北京：北京大学出版社，1998.

[18] 贺国庆．近代欧洲对美国教育的影响［M］．保定：河北大学出版社，2000.

[19] 贺国庆，王保星，朱文富．外国高等教育史［M］．北京：人民教育出版社，2006.

[20] 贺国庆．德国和美国大学发达史［M］．北京：人民教育出版社，1998.

[21] 赫钦斯，著．汪利兵，译．美国高等教育［M］．杭州：浙江教育出版社，2001.

[22] 何东昌．中华人民共和国重要教育文献［M］．海口：海南出版社，2003.

[23] 亨利·罗索夫斯基，著．谢宗仙，周灵芝，马宝兰，译．美国校园文化——学生·教授·管理［M］．济南：山东人民出版社，1996.

[24] 胡建华．现代中国大学制度的原点：50 年代初期的大学改革［M］．南京：南京师范大学出版社，2001.

[25] 黄福涛．外国高等教育史［M］．上海：上海教育出版社，2003.

[26] 杰弗里菲佛，杰勒尔德·萨兰基克．组织的外部控制——对组织资源依赖的分析［M］．北京：东方出版社，2006.

[27] 国家高级教育行政学院．中国高等教育体制改革世纪报告［M］．北京：人民教育出版社，2001.

[28] 金东日．现代组织理论与管理［M］．天津：天津大学出版社，2003.

[29] 金以林．近代中国大学研究：1895—1949［M］．北京：中央文献出版社，2000.

[30] 科塞，著．孙立平，等译．社会冲突的功能［M］．北京：华夏出版社，1989.

[31] 克拉克·科尔，玛丽安·盖德，著．赵炬明，译．大学校长的多重生活：时间、地点与性格［M］．桂林：广西师范大学出版社，2008.

[32] 克拉克·科尔，著．陈学飞，等译．大学的功用［M］．南昌：江西教育出版社，1993.

[33] 劳伦斯·克雷明，著．周玉军，等．译．美国教育史 1：殖民地时期的历程［M］．北京：北京师范大学出版社，2003.

[34] 劳伦斯·纽曼，克罗伊格，著．刘梦，译．社会工作研究方法：质性和定量方法的应用［M］．北京：中国人民大学出版社，2007.

[35] 李兴业．巴黎大学［M］．长沙：湖南教育出版社，1988.

［36］梁丽娟. 剑桥大学［M］. 长沙：湖南教育出版社，1990.

［37］刘国权. 大学组织行为［M］. 长沙：湖南人民出版社，2005.

［38］斯蒂芬·罗宾斯，著. 柯江华，译. 组织行为学精要（原书第 7 版）［M］. 北京：机械工业出版社，2003.

［39］罗伯特·默顿，著. 唐少杰，等译. 社会理论和社会结构［M］. 南京：译林出版社，2006.

［40］马克·汉森，著. 冯大鸣，译. 教育管理与组织行为［M］. 上海：上海教育出版社，2004.

［41］明茨伯格，著. 孙耀君，译. 经理工作的性质［M］. 北京：团结出版社，1999.

［42］纽斯特罗姆，戴维斯，著. 陈兴珠，译. 组织行为学：工作中的人类行为［M］. 北京：经济科学出版社，2000.

［43］欧文·戈夫曼，著. 徐江敏，译. 日常生活中的自我表演［M］. 昆明：云南人民出版社，1988.

［44］罗伯特·欧文斯，著. 窦卫霖，等译. 教育组织行为学［M］. 上海：华东师范大学出版社，2001.

［45］裘克安. 牛津大学［M］. 长沙：湖南教育出版社，1986.

［46］壤鑫圭，唐良炎. 中国近代教育史资料汇编：学制演变［M］. 上海：上海教育出版社，1991.

［47］斯蒂芬·罗宾斯，蒂莫西·贾奇，著. 李原，等译. 组织行为学（第 12 版）［M］. 北京：中国人民大学出版社，2008.

［48］宋恩荣，章咸. 中华民国教育法规选编［M］. 南京：江苏教育出版社，2005.

［49］宋林飞. 西方社会学理论［M］. 南京：南京大学出版社，1997.

［50］特伦斯·迪尔肯特·彼德森. 校长在塑造学校文化中的角色［M］. 北京：中国青年出版社，2006.

［51］乔纳森·特纳，著. 邱泽奇，译. 社会学理论的结构［M］. 北京：华夏出版社，2001.

［52］乔纳森·特纳，著. 范伟达，译. 现代西方社会学理论［M］. 天津：天津人民出版社，1988.

［53］滕大春. 美国教育史（第二版）［M］. 北京：人民教育出版社，2001.

［54］王乐夫. 领导学：理论、实践与方法［M］. 北京：高等教育出版社，2002.

［55］韦尔热，著. 王晓辉，译. 中世纪大学［M］. 上海：上海人民出版社，2007.

［56］奚从清，俞国良. 角色理论研究［M］. 杭州：杭州大学出版社，1991.

［57］谢建社，朱明．社会冲突管理的理论与实践［M］．南昌：江西人民出版社，2005.

［58］谢默霍恩，亨特，奥斯本，著．组织行为学（第8版）［M］．刘丽娟，等．译．北京：清华大学出版社，2005.

［59］希尔德·德·里德 - 西蒙斯．欧洲大学史（第一卷）：中世纪大学［M］．张斌贤，等．译．保定：河北大学出版社，2007.

［60］希尔德·德·里德 - 西蒙斯．贺国庆，等译．欧洲大学史（第二卷）：近代早期的欧洲大学（1500—1800）［M］．保定：河北大学出版社，2007.

［61］阎光才．识读大学：组织文化的视角［M］．北京：教育科学出版社，2002.

［62］姚启和．高等教育管理学［M］．武汉：华中理工大学出版社，2000.

［63］约翰·范德格拉夫，编著．王承绪，张维平，译．学术权力——七国高等教育管理体制比较［M］．杭州：浙江教育出版社，2001.

［64］约翰·布鲁贝克，著．吴元训，译．教育问题史［M］．合肥：安徽教育出版社，1991.

［65］詹姆斯·麦格雷戈·伯恩斯，著．常健，孙海云，译．领导论［M］．北京：中国人民大学出版社，2006.

［66］张德．组织行为学［M］．北京：高等教育出版社，2004.

［67］张慧洁．中外大学组织变革［M］．上海：复旦大学出版社，2005.

［68］赵中天．社会心理学［M］．北京：中央党校出版社，2001.

［69］郑登云．中国高等教育史［M］．上海：华东师范大学出版社，1994.

［70］中国蔡元培研究会编．蔡元培全集（第三卷）［M］．杭州：浙江教育出版社，1997.

［71］周春华．中国高等教育行政管理学［M］．武汉：武汉大学出版社，1987.

［72］周晓虹．现代社会心理学史［M］．北京：中国人民大学出版社，1994.

［73］周晓虹．现代西方社会心理学流派［M］．南京：南京大学出版社，1990.

［74］周雪光．组织社会学十讲［M］．北京：社会科学文献出版社，2003.

［75］朱国云．组织理论：历史与流派［M］．南京：南京大学出版社，1997.

［76］Annette Kolodny，Durham．Failing the Future：A Dean Looks at Higher Education in the Twenty-first Century［M］．NC：Duke University Press，1998.

［77］Ashforth. B E. Role Transitions in Organizational Life：An Identity-based Perspective［M］．Mahwah，NJ：Erlbaum：2001.

［78］David F，Bright M. P R. Academic Deanship：Individual Careers and Institutional Roles［M］．San Francisco，CA：Jossey-Bass，2001.

［79］Krahenbuhl G. S. Building the Academic Deanship：Strategies for Success［M］．Connecticut：Praeger Publishers，2004.

［80］Allan G. The Resource Handbook for Academic Deans ［M］. Washington：American Conference of Academic Deans，1999.

［81］Gould J. W. The Academic Deanship ［M］. New York：Teachers College Press，1964.

［82］Katz D，Kahn R. L. The Social Psychology of Organizations ［M］. New York：John Wiley & Sons，1978.

［83］Rudolph F. The American College and University：A history ［M］. Athens，GA：University of Athens Press，1990.

［84］Tucker A，Bryan R A. The Academic Dean：Dove，Dragon，and Diplomat (2nd ed.). American Council on Education ［M］. New York：MacMillian Publishing Company，1991.

［85］William H，Bergquist. The Four Cultures of the Academy：Insights and Strategies for Improving Leadership in Collegiate Organizations ［M］. San Francisco：Jossey-Bass Publishers，1992.

［86］Mimi Wolverton，Walter H，Gmelch et al. The Changing Nature of the Academic Deanship ［M］. San Francisco，CA：Jossey Bass，2001.

（二）期刊论文

［1］任初明. 院长角色冲突的组织学透视 ［J］. 高教探索，2013（1）.

［2］任初明. 学院功能的历史嬗变 ［J］. 高教探索，2011（4）.

［3］任初明. 我国大学院长角色冲突的实证研究 ［J］. 黑龙江高教研究，2008（12）.

［4］方明军，毛晋平. 我国大学教师职业认同现状的调查与分析 ［J］. 高等教育研究，2008（7）.

［5］曾准，陈廷根. 浅谈高校辅导员角色冲突的社会调适 ［J］. 社会科学家，2008（7）.

［6］刘献君. 以改革创新精神推进学校发展 ［J］. 河北科技大学学报（社会科学版），2008（6）.

［7］蒋金魁. 学校转型性变革中校长角色冲突探析 ［J］. 现代教育论丛，2008（6）.

［8］曹爱华. 高校女教师的角色冲突与协调发展 ［J］. 高教探索，2008（5）.

［9］任初明. 大学院长角色的性质转变 ［J］. 现代大学教育，2008（5）.

［10］朱炜. 高校辅导员角色冲突的调查与分析 ［J］. 山东省青年管理干部学院学报，2008（2）.

［11］高飞. 高校教师角色冲突及其调适 ［J］. 黑龙江高教研究，2007（12）.

［12］陈贵虎. 从社会学视角探讨教师角色冲突 ［J］. 教育与职业，2007（11）.

［13］姚波，孙晓琳．角色压力对信息技术专业人员工作态度影响的实证研究［J］．统计研究，2007（11）．

［14］张雪珍，陈丽璘．美国研究型大学的院长任用方式及启示［J］．复旦教育论坛，2007（6）．

［15］张人杰．教师角色冲突解决方法的教育社会学研究之批判［J］．华东师范大学学报（教育科学版），2007（4）．

［16］刘耀军．系主任在教学管理中的作用探讨［J］．太原师范学院学报（社会科学版），2007（3）．

［17］马文·彼得森．大学和学院组织模型：历史演化的视角［J］．北京大学教育评论，2007（1）．

［18］石广盛．欧洲中世纪大学研究［D］．复旦大学博士论文，2007．

［19］顾盼．上下级沟通、角色压力与知识共享及工作满意度研究［D］．浙江大学，2007．

［20］侯晓宇．角色压力的消极应对［D］．吉林大学，2007．

［21］王觅也．角色压力与工作倦怠关系的实证研究［D］．西南交通大学，2007．

［22］黄赐英．教师的角色冲突浅析［J］．当代教育科学，2006（6）．

［23］赵青．销售人员的前摄性应对方式、个体特征与角色压力对工作投入的作用研究［D］．杭州：浙江大学，2006．

［24］周玲．大学组织冲突研究［D］．华东师范大学，2006．

［25］孙曼．白领工作者角色压力、工作倦怠与组织承诺的关系研究［D］．同济大学，2006．

［26］刘秋颖，苏彦捷．个体工作压力源中的角色冲突与其人格的关系［J］．西南师范大学学报（人文社会科学版），2005（5）．

［27］陈伟．组织学视域中的系主任分析［J］．扬州大学学报（高教研究版），2005（2）．

［28］常桐善，理查德·哈耐特．美国大学系主任管理和领导角色探析［J］．清华大学教育研究，2005（1）．

［29］杨秀玉，孙启林．教师的角色冲突与职业倦怠研究［J］．外国教育研究，2004（9）．

［30］廖玲珠．内部稽核人员角色压力及工作满足与内部稽核工作品质关系之研究［J］．当代会计，2004，5（2）．

［31］陶成．美国大学系主任的角色定位［J］．世界教育信息，2004（5）．

［32］郭思．情绪应对，角色压力，控制感和工作倦怠的关系研究［D］．杭州：浙江大

学，2004.

[33] 刘尧. 大学教育学院院长的素质要求 [J]. 南阳师范学院学报，2003 (5).

[34] 朴雪涛，林群. 大学系主任角色行为研究 [J]. 交通高教研究，2002 (2).

[35] 陈宝金. 教师角色冲突的解决策略 [J]. 教育探索，2002 (2).

[36] 李冬梅. 中小学教师角色模糊、角色冲突对工作满意度及三者对职业倦怠的影响 [D]. 长春：东北师范大学，2002.

[37] 孙龙存，张廷贵. 知识经济时代教师面临的角色冲突探微 [J]. 教学与管理，2001 (20).

[38] 刘玉新，张建卫，张建设. 论组织角色失调与应对策略 [J]. 华北电力大学学报（社会科学版），2000 (1).

[39] 陈伟. 论系主任管理的环境特性及权力构成 [J]. 广西师院学报（哲学社会科学版），1999 (2).

[40] 明庆华. 试析教师的心理角色及其冲突 [J]. 湖北大学学报（哲学社会科学版），1998 (2).

[41] 董泽芳. 社会转型期的教师角色冲突 [J]. 华中师范大学学报（哲学社会科学版），1996 (6).

[42] 戚业国. 论大学学院制度的形成、发展与改革 [J]. 高等教育研究，1996 (5).

[43] 王琴媛. 高校系主任队伍建设浅探 [J]. 江苏高教，1996 (4).

[44] 程菊斐，叶利贞. 论冲突的防范和解决 [J]. 浙江师大学报（社会科学版），1996 (2).

[45] 朱利·鲍，约翰·克雷斯威尔. 中国高校系主任的职责 [J]. 教育发展研究，1994 (3).

[46] 陈洲，尹福荣. 论领导角色冲突及其表现类型 [J]. 理论探讨，1993 (6).

[47] 李德林. 理想的系主任 [J]. 沈阳大学学报，1993 (3).

[48] 马桂英，盛晓华. 论领导角色冲突的类型、原因及表现 [J]. 理论探讨，1993 (2).

[49] 眭依凡. 大学系主任研究 [J]. 上海高教研究，1990 (1).

[50] 苏渭昌. 五十年代的院系调整 [J]. 中国高教研究，1989 (4).

[51] 比德尔. 角色理论的主要概念和研究 [J]. 曾霖生，译. 国外社会科学文摘，1988 (11).

[52] 崔韵琛. 关于系主任负责制的思考 [J]. 广西师范学院学报（哲学社会科学版），1988 (2).

[53] 约翰·朗巴蒂, 乔玲. 社区大学系主任的任务 [J]. 广州大学学报（社会科学版）, 1987 (2).

[54] 严琴. 系主任未来的任务 [J]. 高等教育研究, 1985 (1).

[55] 许美德. 美国的学院朝大学的过渡 [J]. 外国教育资料, 1983 (3).

[56] Bowker, L. H. The Academic Dean: A Descriptive Study [J]. Teaching Socioloty, 1982 (3).

[57] Chung, B. G, Sehneider, B. Serving Multiple Masters: Role Conflict Experienced by Service Employees [J]. The Journal of Services Marketing, 2002, 16 (1).

[58] Cordes C, Dougherty T. W. A Review and an Integration of Research on Job Burnout [J]. Academy of Management Review, 1993, 18 (4).

[59] Gardner, W. E. Once a Dean: Some Reflections [J]. Journal of Teacher Education, 1992, 43 (5).

[60] Good W. G. The Role-Strain Theory [J]. American Sociological Review, 1955 (2).

[61] Heck R. H et al. Administrative Effectiveness in Higher Education: Improving Assessment Procedures [J]. Research in Higher Education, 2000, 41 (6).

[62] House R. J. Role Conflict and Multiple Authority in Complex Organizations [J]. California Management Review (pre-1986): Summer, 1970 (12).

[63] James C. Sarros, Mimi Wolverton, Walter H. Gmelch, Marvin L. Wolverton. Stress in Academic Leadership: U. S. and Australian Department Chairs/heads [J]. The Review of Higher Education, 1999, 22 (2).

[64] Jones M. L. Role Conflict: Cause of Burnout or Energizer? [J]. Social Work, 1993, 38 (2).

[65] Joni Mina Montez, Mimi Wolverton, Walter H. Gmelch. The Roles and Challenges of Deans [J]. Review of Higher Education, 2003, 26 (2).

[66] Kim Brookes et al. Role theory: A framework to investigate the community nurse role in contemporary health care systems [J]. Contemporary Nurse: a Journal for the Australian Nursing Profession, 2007 (25).

[67] Lamborn, M. L. Motivation and Job Satisfaction of Deans of Schools of Nursing [J]. Journal of Professional Nursing, 1991 (1).

[68] Linda, L. W et al. Stress Factors and Community College Deans: The Stresses of Their Role Identified [J]. Community College Review, 2003, 31 (3).

[69] Marietta, D. F. The Social Dimension of Academic Discipline as a Discriminator of Aca-

demic Deans' Administrative Behaviors [J] . Review of Higher Education, 2005, 29 (1).

[70] Mark W, Melissa P. Reconceptualising organisational role theory for contemporary organisational contexts [J] . Journal of Managerial Psychology, 2007, 22 (5): 440 – 464.

[71] Martin J. L. A Preliminary Theory for Explaining the Effective Leadership of Academic Deans [D] . University of Wisconsin, 1993.

[72] Oded. Shenkar, Y. Z. Role Conflict and Role Ambiguity of Chief Executive Officers in International Joint Ventures [J] . Journal of International Business Studies, 1992, 23 (1).

[73] Pearce, J. L. Bringing Some Clarity to Role Ambiguity Research [J] . Academy of Management Review, 1981, 6 (4).

[74] Pence, J. L. Deans' Dilemmas [J] . Liberal Education, 2003, 89 (4).

[75] Peterson MF, Smith PB, Akande A, et al. Role Conflict, Ambiguity, and Overload: A 21-nation Study [J] . Academy of Management Journal, 1995, 38 (2).

[76] Ray Friedman, Joel M. Podolny. Differentiation of Boundary Spanning Roles: Labor Negotiations and Implications for Role Conflict [J] . Administrative Science Quarterly, 1992, 37 (1).

[77] Reissman, L. A Study of Role Conceptions in Bureaucracy [J] . Social Forces, 1949 (27).

[78] Rhoads. et al. The Multiple Dimensions of Role Ambiguity and Their Impact Upon Psychological and Behavioral Outcomes of Industrial Salespeople [J] . Journal of Personal Selling, 1994, 14 (3).

[79] Rizzo, et al. Role Conflict and Ambiguity in Complex Organizations [J] . Administrative Science Quarterly, 1970, 15 (2).

[80] Scott R. A. The "Amateur Dean" in a Complex University: An Essay on Role Ambiguity [J] . Liberal Education, 1979, 65 (4).

[81] Shumate M, Fulk J. Boundaries and Role Conflict When Work and Family are Colocated: A Communication Network and Symbolic Interation Approach [J] . Human Relations, 2004, 57 (1).

[82] Timothy J Fogarty, Jagdip Singh, Gary K Rhoads et al. Antecedents and Consequences of Burnout in Accounting: Beyond the Role Stress Model [J] . Behavioral Research in Accounting, 2000 (12).

［83］Tondra L. et al. Is a Principal still a Teacher?：US Women Administrators' Accounts of Role Conflict and Role Discontinuity ［J］. School Leadership and Management, 2005, 25 (3).

［84］Twombly, Susan B. The Process of Choosing a Dean ［J］. Journal of Higher Education, 1992, 63 (6).

［85］Van Sell E. A. Role conflict and Role Ambiguity：Integration of the Literature and Directions for Future Research ［J］. Human Relations, 1981 (34).

［86］Walter H. Gmelch, Mimi Wolverton , Marvin L. The Academic Dean：An Imperiled Species Searching for Balance ［J］. Research in Higher Education, 1999, 40 (6).

［87］Doyle Z. Williams. A Personal Perspective "On Deaning" ［J］. Decision Line, 2004 (October).

［88］Wolverton Mimi, Wolverton Marvin L. et al. The Impact of Role Conflict and Ambiguity on Academic Deans ［J］. The Journal of Higher Education, 1999, 70 (1).

我国大学院系负责人工作状况调查问卷

尊敬的院长（主任）：

您好，本调查主要是了解您担任院长（主任）的一些情况，本问卷采用不记名方式，结果将严格保密，仅为研究所用，本次调查对我们非常重要，感谢您的帮助和支持。

第一部分：请您将下列描述与您在现任工作中的真实感受进行比较，并在最适当的数字上打"√"或加黑，评价尺度如下。

1	2	3	4	5	6	7
完全不符合	基本不符合	不太符合	不确定	有些符合	基本符合	完全符合

代号	题　　项	评价尺度
01	在不同情况下，我必须以不同的方式来处理同一类事情	1 2 3 4 5 6 7
02	上级指派的任务，我常常缺乏足够的人手去完成	1 2 3 4 5 6 7
03	有时为了完成一项任务，我不得不违背学校的某些政策或规则	1 2 3 4 5 6 7
04	有时候，我同时要在两个工作方式不同的团体中工作	1 2 3 4 5 6 7
05	不同的人对我会有不同的工作要求	1 2 3 4 5 6 7

代号	题　项	评价尺度
06	我所做的事会符合某些人的要求，但未必能符合其他人的要求	1 2 3 4 5 6 7
07	我缺乏足够的资源或材料去完成我的工作任务	1 2 3 4 5 6 7
08	我经常被要求做一些不是很必要的事情	1 2 3 4 5 6 7
09	学校缺乏一些政策与规则来协助我完成工作	1 2 3 4 5 6 7
10	学校的政策或规则有相互矛盾的情形	1 2 3 4 5 6 7
11	在工作上，我很清楚自己拥有多少权力	1 2 3 4 5 6 7
12	我的工作有着明确的计划和目标	1 2 3 4 5 6 7
13	工作时我把时间分配得很恰当	1 2 3 4 5 6 7
14	我很清楚我的工作职责是什么	1 2 3 4 5 6 7
15	在工作上，我清楚地知道别人对我的期望是什么	1 2 3 4 5 6 7
16	上级对我的工作任务都说明得很清楚	1 2 3 4 5 6 7
17	有时候，在下班时间，我还得继续我的工作	1 2 3 4 5 6 7
18	不重要的会议花去我太多时间，以致损失了许多工作时间	1 2 3 4 5 6 7
19	有时我要同时负责多项工作或任务	1 2 3 4 5 6 7
20	我每天的工作多得做不完	1 2 3 4 5 6 7
21	我觉得我无法挪出时间来休假	1 2 3 4 5 6 7
22	我的工作似乎越来越复杂	1 2 3 4 5 6 7
23	学校和教师对我的工作有些要求是不合理的	1 2 3 4 5 6 7
24	上级或学校指派给我的工作有时太难或太复杂	1 2 3 4 5 6 7
25	我缺乏足够的训练或经验来恰当地完成我的工作	1 2 3 4 5 6 7
26	学校和教师对我的期望超出我的能力	1 2 3 4 5 6 7

第二部分：下面是对院长（主任）面临的压力陈述，请根据您的实际情况做出选择，并在最适当的数字上打"√"或加黑，评价尺度如下。

1	2	3	4	5	6
完全没有	稍微有一点	比较小	一般	比较大	非常大

序号	内容陈述	评价尺度					
27	日常行政任务的压力	1	2	3	4	5	6
28	与上级领导相处的压力	1	2	3	4	5	6
29	与本院（系）教师相处的压力	1	2	3	4	5	6
30	与本院（系）学生相处的压力	1	2	3	4	5	6
31	提升自己学术水平的压力	1	2	3	4	5	6
32	用于科研工作的时间压力	1	2	3	4	5	6
33	在学术方面获得他人认可的压力	1	2	3	4	5	6
34	在行政方面获得他人认可的压力	1	2	3	4	5	6
35	为学院（系）筹集资金的压力	1	2	3	4	5	6
36	学科专业建设的压力	1	2	3	4	5	6
37	提高学院（系）教学水平的压力	1	2	3	4	5	6
38	师资队伍建设的压力	1	2	3	4	5	6
39	改进课程质量的压力	1	2	3	4	5	6
40	提高本院（系）整体科研水平的压力	1	2	3	4	5	6
41	提高本院（系）社会服务能力的压力	1	2	3	4	5	6
42	指导教师申报课题或项目的压力	1	2	3	4	5	6
43	促进本院（系）采用现代技术的压力	1	2	3	4	5	6

第三部分：下面是一些关于您的基本情况

44. 您的性别：1. 男　　2. 女

45. 您的年龄是_____岁

46. 您的民族：1. 汉族　　2. 少数民族

47. 您的婚姻状况：1. 未婚　　2. 已婚　　3. 其他（离异/分居）

48. 您的政治面貌：1. 中共党员　　2. 非中共党员

49. 您的职称：　1. 教授　　　2. 副教授　　　3. 讲师　　4. 助教

50. 您拥有的最高学位是：1. 博士　　2. 硕士　　3. 学士　　4. 其他

51. 到目前为止，您担任院长（主任）的时间长度是：_____年（指正职或主持工作的副职）

52. 担任院长（系主任）期间，您平均每年公开发表学术论文_____篇

53. 在身份认同方面，您认为自己是：1. 教师　2. 既是教师又是行政人员　3. 行政人员

54. 您对自己担任院长（系主任）工作满意度的自我评价是：

　　1. 非常不满意　　2. 不太满意　　3. 基本满意　　4. 比较满意　　5. 非常满意

55. 本届任期满后，您还愿意担任院长（系主任）吗？

　　1. 愿意　　2. 不愿意　　3. 不确定

56. 您所在的学校是：

　　1. "985"高校　　　　2. "211"高校（不包括"985"高校）

　　3. 一般本科高校　　　　4. 专科学校（高职高专）

57. 您所在学院（系）所属学科是：

　　1. 哲学　2. 经济学　3. 法学　　4. 教育学　5. 文学　　6. 历史学

　　7. 理学　8. 工学　　9. 农学　　10. 医学　　11. 管理学　12. 军事学

我国大学院长角色冲突访谈提纲

1. 您如何看待院长这个职位？您认为自己在担任院长的过程中扮演了哪些角色？

2. 您在担任院长过程中，有没有感受到角色冲突？

3. 您觉得产生上述角色冲突的原因有哪些？

4. 当您遇到角色冲突情境时，您一般是如何处理和应对的？

5. 在现有的大学管理体制下，您作为院长的自主性和创造性发挥得如何？作为院长，您觉得自己面临的主要困难或挑战有哪些？

6. 为了让院长更好地扮演其角色，履行其职责，您觉得学校需要做些什么？

附录3

我国大学院长职业倦怠与工作满意度调查

尊敬的院长（主任）：

   本调查主要是了解您担任院长（系主任）的一些情况，本问卷采用不记名方式，结果将严格保密，仅为研究所用，本次调查对我们非常重要，感谢您的帮助和支持。

   第一部分：下面是一些关于您的基本情况

1. 您的性别：1. 男   2. 女

2. 您的年龄是_____岁

3. 您的政治面貌：1. 中共党员 2. 非中共党员

4. 您的职称：   1. 教授   2. 副教授   3. 讲师 4. 助教

5. 您拥有的最高学位是：1. 博士   2. 硕士   3. 学士   4. 其他

6. 到目前为止，您担任院长（主任）的时间长度是：_____年（指正职或主持工作的副职）

7. 担任院长（系主任）期间，您平均每年公开发表学术论文_____篇

8. 在身份认同方面，您认为自己是：

   1. 教师   2. 既是教师又是行政人员   3. 行政人员

9. 本届任期满后，您还愿意担任院长（系主任）吗？

   1. 不愿意   2. 不确定   3. 愿意

10. 您所在学院（或系）的教师规模是：

   1. 小于50人   2. 50—100人   3. 100—150人   4. 150人以上

11. 您所在的学校是：

1. "985 工程" 高校　　　2. "211 工程" 高校（不包括 "985 工程" 高校）

3. 一般本科高校　　　　4. 专科学校（高职高专）

　　第二部分：请您将下列描述与您在担任院长（系主任）工作中的真实感受进行比较，并在最适当的数字上打 "√" 或加红，评价尺度如下。

代号	题　项	从未如此	很少如此	有时如此	经常如此	总是如此
01	工作时，我总是感到无精打采	0	1	2	3	4
02	下班的时候，我经常感到一天的工作让我精疲力竭	0	1	2	3	4
03	早晨起床不得不去面对一天的工作时，我感觉非常累	0	1	2	3	4
04	整天工作对我来说确实压力很大	0	1	2	3	4
05	工作让我有快要崩溃的感觉	0	1	2	3	4
06	自从开始担任院长（系主任），我对这份工作越来越不感兴趣	0	1	2	3	4
07	我对担任院长（系主任）这份工作不像以前那样热心了	0	1	2	3	4
08	我怀疑自己所做的工作的意义	0	1	2	3	4
09	我对自己所做的工作是否有贡献越来越不关心	0	1	2	3	4
10	我能有效地解决工作中出现的问题	0	1	2	3	4
11	我觉得我在为学校和学院做贡献	0	1	2	3	4
12	在我看来，我擅长于院长（系主任）这份工作	0	1	2	3	4
13	当完成工作上的一些事情时，我感到非常高兴	0	1	2	3	4
14	我感到自己完成了很多有价值的工作	0	1	2	3	4
15	我自信自己能够有效地完成各项工作	0	1	2	3	4

第三部分：下面是对您担任院长（系主任）工作满意度的陈述，请根据您的实际情况做出选择，并在最适当的数字上打"√"或加红，评价尺度如下。

序号	内容陈述	非常不满意	不满意	一般	满意	非常满意
16	我对担任院长（系主任）期间做出的贡献和所获报酬之间的差距，感到	1	2	3	4	5
17	我对自己担任院长（系主任）所获得的报酬总数，感到	1	2	3	4	5
18	我对与我职位相应的福利计划（假期、补贴等），感到	1	2	3	4	5
19	我对在担任院长（系主任）工作中学到新技能的机会，感到	1	2	3	4	5
20	我对在担任院长（系主任）工作中追求卓越的机会，感到	1	2	3	4	5
21	我对在担任院长（系主任）工作中所获得的未来的晋升机会，感到	1	2	3	4	5
22	我对担任院长（系主任）的工作条件（办公室空间、位置等），感到	1	2	3	4	5
23	我对院长（系主任）的工作性质，感到	1	2	3	4	5
24	我对指导我工作的学校的政策制度，感到	1	2	3	4	5
25	我对因为担任院长（系主任）而获得尊重的程度，感到	1	2	3	4	5
26	我对因为担任院长（系主任）而获得认可的程度，感到	1	2	3	4	5
27	我对我的工作对学校的重要性程度，感到	1	2	3	4	5
28	我对学校上级的技术方面的能力，感到	1	2	3	4	5
29	我对学校上级对我工作的关心程度，感到	1	2	3	4	5
30	我对学校上级领导、和同事开展工作的能力，感到	1	2	3	4	5
31	我对学校上级帮助我实现目标的情况方面，感到	1	2	3	4	5
32	我对教师对我的态度，感到	1	2	3	4	5
33	我对我所接触的教师，感到	1	2	3	4	5
34	我对教师对我的尊重程度，感到	1	2	3	4	5

后　记

　　本书是在我的博士论文基础上修改整理而成，在整理书稿的过程中，博士学习期间的点点滴滴又浮现在脑际。

　　人们常把人生比作航船，生命航线往往会因为受教育过程中遇到一位好老师而改变。回首三十几年的风雨历程，我幸运地遇到过三次，初中一次，是英语老师，高中一次，是语文老师，现在又是一次，是我的导师刘献君教授。前两次是两位老师因为所教班级发生调整而顺手把我调到他们班，让我到了一个学风更好的班集体，为后来顺利考上重点高中和大学创造了条件，帮助我实现了从农村到城市的跳跃，它改变了我的生存环境；而这一次改变的却是实现我人生意义与价值的方式，正是在导师刘献君教授的引导下，我走向了学术职业，并明确了自己的学术方向。

　　回首博士学习生活，刘老师既为经师，更为人师，身教甚于言传，在细微中影响着我。怎能忘记，老师"不下水永远学不会游泳"的入学教诲；怎能忘记，三次大年初一的电话问候，老师都是在办公室接听；怎能忘记，围绕着"问题、理论、资料、方法和结论"五个研究要素，老师带我们行万里路，读万卷书；怎能忘记从论文选题到修改，老师循循善诱的启发与点拨，所有这些都历历在目，让我受益终生。

　　我要感谢华中科大辽阔的校园，她让我体悟到了"明德厚学，求是创新"的校训真谛，让我懂得"有容乃大"的胸襟；我要感谢华中科大笔直的校园马路,她让我学会了严谨;我要感谢别敦荣教授,他那刨根究底的启发追问,让我学会了慎思;我要感谢赵炬明教授,他那"做学者,还是做老百姓?"的质问,告诫我做学问要言之有理;我要感谢张应强教授,他那不要"胡说八道"的忠告,警示我做研究要论之有据;我要感谢逝去的涂又光教授,他那让人击打灵魂的话语,把我从半醉半醒中唤起;我要感谢周光礼教授,他那睿智的思维,总是在我迷惘中给予信心与希望。在论文写作与修改期间,也得到了美国伊利诺伊州立大学林曾教授、华中师范大学郭文安教授、华中科技大学陈敏教授及徐海涛博士的悉心指导与帮助,他们提出了很多极富启发性的宝贵意见与建议,让我受益良多。我要感谢一起学习的同学,他们让我留下了又一段美好的人生回忆。这份发自于心的感谢,有如陈年的老酒,将随着岁月的流逝而变得越加醇厚,益加珍贵。

在书稿付梓之际,我要深深地感谢那些为本研究默默填写调查问卷和接受访谈的院长们,在发放问卷和联系访谈对象时,担心他们会因为工作太忙而谢绝我的邀请,他们确实也有充足的理由可以这样做,但让我倍感欣慰的是,他们都在百忙中抽出时间接受了访谈,他们儒雅的谈吐,深邃的思想,谦恭的仪态也让我受益匪浅,透过一份份书写工整的调查问卷,传递着他们对本研究的关爱和支持。

任初明
2013 年 2 月 2 日于广西大学

出 版 人　所广一
责任编辑　夏辉映
版式设计　杨玲玲
责任校对　贾静芳
责任印制　曲凤玲

图书在版编目（CIP）数据

大学院长的角色研究／任初明著 . —北京：教育
科学出版社，2013.4
　ISBN 978 – 7 – 5041 – 7332 – 4

　Ⅰ.①大…　Ⅱ.①任…　Ⅲ.①高等学校—院长—工作
—研究　Ⅳ.①G647.17

　中国版本图书馆 CIP 数据核字（2013）第 055225 号

大学院长的角色研究
DAXUE YUANZHANG DE JUESE YANJIU

出版发行	**教育科学出版社**		
社　　址	北京·朝阳区安慧北里安园甲 9 号	市场部电话	010 – 64989009
邮　　编	100101	编辑部电话	010 – 64989363
传　　真	010 – 64891796	网　　址	http://www.esph.com.cn
经　　销	各地新华书店		
制　　作	北京金奥都图文制作中心		
印　　刷	保定市中画美凯印刷有限公司		
开　　本	169 毫米×239 毫米　16 开	版　　次	2013 年 4 月第 1 版
印　　张	16.25	印　　次	2013 年 4 月第 1 次印刷
字　　数	241 千	定　　价	46.00 元